ま　え　が　き

　総務省統計局では、我が国の人口について、国勢調査によって５年ごとに詳細に把握するとともに、国勢調査の間の時点においては、国勢調査による人口を基に、その後の人口動向を他の人口関連資料から得て、我が国における人口の最新の状況を推計し、「人口推計」として公表しています。

　この「人口推計」では、毎月１日現在の「全国　年齢（５歳階級）、男女別人口」について、概算値を当月下旬に、確定値を５か月後に公表しています。また、10月１日現在の「全国　年齢（各歳）、男女別人口」及び「都道府県　年齢（５歳階級）、男女別人口」について、翌年の４月に公表しています。

　なお、2017年（平成29年）４月からは、国の行政機関が作成する特に重要な統計である基幹統計として公表を行っています。

　本報告書は、本年４月に公表した人口推計（2023年（令和５年）10月１日現在）の結果を収録したものです。人口推計の結果が、各種施策の基礎資料として、また、我が国の人口動向の分析資料として、各方面で活用されることを期待しています。

　　令和６年６月

　　　　　　　　　　　　　　　　総務省統計局長

　　　　　　　　　　　　　　　岩　佐　哲　也

JN121384

PREFACE

Japan's population is grasped in detail through the Population Census every five years, and for the intercensal period, the latest population of Japan which are estimated by using the census population as the base and obtaining from other data sources on population changes during the intercensal period are released as the "current population estimates" by the Statistics Bureau.

The Statistics Bureau releases the population estimates as of the first day of each month by five-year age group and sex for Japan at the end of the month. It also releases the annual population estimates, as of October 1 of the previous year, "by age (single years) and sex for Japan" as well as "by age (five-year groups) and sex for Prefectures" in April.

In addition, since April 2017, the Statistics Bureau has released the population estimates as fundamental statistics which are important statistics compiled by administrative organs.

This report contains the annual estimates of population as of October 1, 2023 which was released in April.　I hope this report will be of use in many fields as basic data for various policies and as data for various analyses on Japan's population.

June　2024

IWASA Tetsuya
Director-General
Statistics Bureau
Ministry of Internal Affairs and Communications
Japan

目　　次

CONTENTS

結 果 の 概 要

I 全国人口

1 人口の動向

> **総人口は 59 万 5 千人の減少、13 年連続の減少**
> **日本人人口は減少幅が 12 年連続で拡大**

2023年（令和5年）10月1日現在の総人口は1億2435万2千人で、2022年10月から2023年9月までの1年間に59万5千人（-0.48%）の減少となった。

我が国の総人口は2005年に戦後初めて前年を下回った後、2008年にピークとなり、2011年以降、13年連続で減少している。

日本人人口は1億2119万3千人で、前年に比べ83万7千人（-0.69%）の減少となり、減少幅は12年連続で拡大している。 **（表1、図1、表2）**

表1　総人口及び日本人人口の推移（2015年〜2023年）

年　次	総人口			日本人人口		
	10月1日現在人口（千人）	増減数[1]（千人）	増減率[2]（%）	10月1日現在人口（千人）	増減数[1]（千人）	増減率[2]（%）
2015年	127,095 [3]	-142	-0.11	125,319 [3]	-243	-0.19
2016	127,042	-53	-0.04	125,071	-248	-0.20
2017	126,919	-123	-0.10	124,745	-327	-0.26
2018	126,749	-170	-0.13	124,349	-395	-0.32
2019	126,555	-193	-0.15	123,886	-463	-0.37
2020	126,146 [4]	-409	-0.32	123,399 [4]	-487	-0.39
2021	125,502	-644	-0.51	122,780	-618	-0.50
2022	124,947	-556	-0.44	122,031	-750	-0.61
2023	124,352	-595	-0.48	121,193	-837	-0.69

注1）2020年までの増減数には補間補正数（平成27年（2015年）国勢調査人口を基に算出した人口推計と、令和2年（2020年）国勢調査人口との差を各年に配分して算出したもの）を含む。
　2）前年10月から当年9月までの増減数を前年人口（期間初めの人口＝期首人口）で除したもの
　3）平成27年（2015年）国勢調査人口。日本人人口は、国籍不詳をあん分した人口
　4）令和2年（2020年）国勢調査人口。日本人人口は、不詳補完値

図1　総人口の人口増減数及び人口増減率の推移（1950年〜2023年）

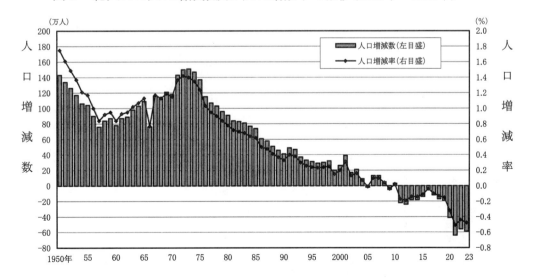

注）人口増減率は、前年10月から当年9月までの人口増減数を前年人口（期首人口）で除したもの

表2　総人口の推移（2000年～2023年）

（単位　千人）

年次	10月1日現在人口	人口増減（前年10月～当年9月）									
		純増減[1]		自然動態[2]			社会動態[3]				
		増減数	増減率(%)[4]	出生児数	死亡者数	自然増減	入国者数	出国者数	社会増減	日本人	外国人
2000年	126,926 [5]	259	0.20	1,194	968	226	18,462	18,424	38	-50	88
2001	127,316	390	0.31	1,185	966	219	19,266	19,120	146	66	79
2002	127,486	170	0.13	1,176	981	195	16,321	16,372	-51	-104	53
2003	127,694	208	0.16	1,138	1,023	115	15,038	14,970	68	3	65
2004	127,787	93	0.07	1,126	1,024	103	17,673	17,709	-35	-77	42
2005	127,768 [5]	-19	-0.01	1,087	1,078	9	18,951	19,004	-53	-103	50
2006	127,901	133	0.10	1,091	1,090	1	2,836	2,835	1	-60	61
2007	128,033	132	0.10	1,102	1,104	-2	2,882	2,879	4	-75	79
2008	128,084	51	0.04	1,108	1,142	-35	2,864	2,908	-45	-110	65
2009	128,032	-52	-0.04	1,087	1,146	-59	3,114	3,237	-124	-77	-47
2010	128,057 [5]	26	0.02	1,083	1,188	-105	2,840	2,840	0	4	-4
2011	127,834	-223	-0.17	1,074	1,256	-183	2,686	2,765	-79	-28	-51
2012	127,593	-242	-0.19	1,047	1,248	-201	2,757	2,836	-79	-23	-56
2013	127,414	-179	-0.14	1,045	1,277	-232	2,796	2,782	14	-23	37
2014	127,237	-177	-0.14	1,022	1,274	-252	2,911	2,874	36	-23	60
2015	127,095 [5]	-142	-0.11	1,025	1,301	-275	3,080	2,985	94	-1	95
2016	127,042	-53	-0.04	1,004	1,300	-296	3,361	3,228	134	-2	136
2017	126,919	-123	-0.10	966	1,343	-377	3,615	3,464	151	4	147
2018	126,749	-170	-0.13	945	1,370	-425	3,848	3,687	161	-3	165
2019	126,555	-193	-0.15	895	1,380	-485	4,182	3,973	209	1	208
2020	126,146 [5]	-409	-0.32	871	1,372	-501	1,997	1,955	42	21	21
2021	125,502	-644	-0.51	831	1,440	-609	632	667	-35	-7	-28
2022	124,947	-556	-0.44	799	1,530	-731	1,596	1,421	175	-16	191
2023	124,352	-595	-0.48	758	1,595	-837	3,250	3,008	242	2	240

注1)　2020年までの純増減には補間補正数を含む。このため、純増減は自然増減と社会増減の計とは一致しない。
　2)　「人口動態統計」（厚生労働省）による。
　3)　「出入国管理統計」（出入国在留管理庁）による。2005年までの日本人については、海外滞在90日以内の入国者数、出国者数を含めている。
　4)　前年10月から当年9月までの増減数を前年人口（期首人口）で除したもの
　5)　国勢調査人口

男性は16年連続、女性は13年連続の減少

　総人口を男女別にみると、男性は6049万2千人（総人口に占める割合48.6％）で、前年に比べ26万5千人（-0.44％）減少と16年連続の減少、女性は6385万9千人（同51.4％）で33万人（-0.51％）減少と13年連続の減少となった。

　人口性比（女性100人に対する男性の数）は94.7となっており、女性が男性より336万7千人多くなっている。　　　　　　　　　　　　　　　　　　　　　　　　　　（表3）

表3　男女別総人口の推移（2000年～2023年）

（単位　千人）

年次	男						女						人口性比
	10月1日現在人口	純増減[1]		自然増減	社会増減	補間補正数[3]	10月1日現在人口	純増減[1]		自然増減	社会増減	補間補正数[3]	
		増減数	増減率(%)[2]					増減数	増減率(%)[2]				
2000年	62,111 [4]	94	0.15	85	-2	11	64,815 [4]	165	0.26	141	40	-16	95.8
2001	62,265	155	0.25	81	52	21	65,051	236	0.36	138	94	4	95.7
2002	62,295	30	0.05	69	-60	21	65,190	140	0.21	126	10	4	95.6
2003	62,368	73	0.12	28	23	21	65,326	136	0.21	87	45	4	95.5
2004	62,380	12	0.02	22	-31	21	65,407	80	0.12	81	-5	4	95.4
2005	62,349 [4]	-31	-0.05	-25	-28	21	65,419 [4]	12	0.02	34	-25	4	95.3
2006	62,387	38	0.06	-26	7	57	65,514	95	0.14	27	-6	73	95.2
2007	62,424	37	0.06	-25	6	57	65,608	95	0.14	23	-2	73	95.1
2008	62,422	-2	-0.00	-41	-18	57	65,662	53	0.08	6	-27	73	95.1
2009	62,358	-64	-0.10	-55	-67	57	65,674	12	0.02	-5	-57	73	95.0
2010	62,328 [4]	-30	-0.05	-74	-13	57	65,730 [4]	56	0.09	-31	13	73	94.8
2011	62,207	-120	-0.19	-108	-37	25	65,627	-103	-0.16	-75	-42	14	94.8
2012	62,080	-128	-0.21	-116	-37	25	65,513	-114	-0.17	-85	-42	14	94.8
2013	61,985	-95	-0.15	-129	9	25	65,429	-84	-0.13	-103	5	14	94.7
2014	61,901	-84	-0.14	-136	27	25	65,336	-93	-0.14	-115	9	14	94.7
2015	61,842 [4]	-59	-0.10	-147	63	25	65,253 [4]	-83	-0.13	-128	31	14	94.8
2016	61,816	-26	-0.04	-156	79	51	65,226	-27	-0.04	-140	54	59	94.8
2017	61,753	-63	-0.10	-197	87	47	65,165	-61	-0.09	-180	64	56	94.8
2018	61,673	-81	-0.13	-220	97	43	65,076	-89	-0.14	-205	65	51	94.8
2019	61,588	-85	-0.14	-249	127	37	64,967	-109	-0.17	-237	82	46	94.8
2020	61,350 [4]	-238	-0.39	-259	2	18	64,797 [4]	-171	-0.26	-242	40	32	94.7
2021	61,019	-331	-0.54	-314	-16	-	64,483	-313	-0.48	-294	-19	-	94.6
2022	60,758	-261	-0.43	-371	110	-	64,189	-294	-0.46	-359	65	-	94.7
2023	60,492	-265	-0.44	-423	158	-	63,859	-330	-0.51	-414	84	-	94.7

注1)　前年10月から当年9月までの増減数
　2)　前年10月から当年9月までの増減数を前年人口（期首人口）で除したもの
　3)　国勢調査人口を基に算出した人口推計と、その次の国勢調査人口との差を各年に配分して算出したもの
　4)　国勢調査人口

17年連続の自然減少、減少幅は拡大

　自然増減（出生児数－死亡者数）をみると、出生児数は、第2次ベビーブーム期（1971年～1974年）以降は減少傾向が続いており、2023年は75万8千人で前年に比べ4万2千人の減少となった。一方、死亡者数は、159万5千人で前年に比べ6万5千人の増加となった。

　この結果、出生児数が死亡者数を83万7千人下回り、17年連続の自然減少となり、減少幅は拡大している。男女別にみると、男性は42万3千人の減少、女性は41万4千人の減少となり、男性は19年連続、女性は15年連続の自然減少となった。

（表2、表3、図2、図3）

日本人は3年ぶりの社会増加、外国人は2年連続の社会増加

　社会増減（入国者数－出国者数）をみると、入国者数は325万人で前年に比べ165万4千人の増加、出国者数は300万8千人で前年に比べ158万7千人の増加となった。この結果、入国者数が出国者数を24万2千人上回り、2年連続の社会増加となった。男女別にみると、男性・女性共に2年連続の社会増加となっている。

　日本人・外国人の別にみると、日本人は2千人の社会増加、外国人は24万人の社会増加となり、日本人は3年ぶりの社会増加、外国人は2年連続の社会増加となっている。

（表2、表3、図2）

図2　要因別人口増減数の推移（1985年～2023年）

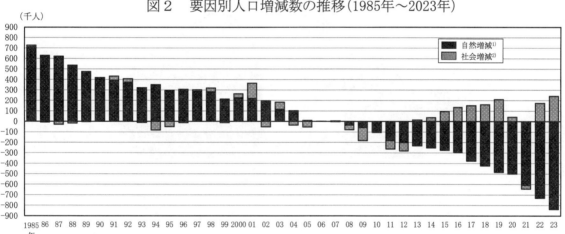

注1）「人口動態統計」（厚生労働省）による。
　　2）「出入国管理統計」（出入国在留管理庁）による。2005年までの日本人については、海外滞在90日以内の入国者数、出国者数を含めている。

図3　男女別出生児数及び死亡者数の推移（1970年～2023年）

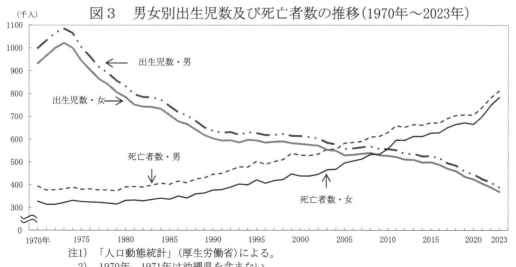

注1）「人口動態統計」（厚生労働省）による。
　　2）1970年、1971年は沖縄県を含まない。

2　年齢別人口

> **15歳未満人口は前年に比べ32万9千人の減少**
> **総人口に占める割合は11.4%で過去最低**
> **65歳以上人口は前年に比べ9千人の減少となった一方、割合は29.1%と過去最高**

　　我が国の人口ピラミッドは、近年、出生児数が第2次ベビーブーム期（1971年〜1974年）をピークとして減少傾向が続いていることを反映し、二つのベビーブーム期の人口が膨らんだ形となっている。

　　年齢3区分別にみると、15歳未満人口は1417万3千人で前年に比べ32万9千人の減少、15〜64歳人口は7395万2千人で前年に比べ25万6千人の減少、65歳以上人口は3622万7千人で前年に比べ9千人の減少となった。65歳以上人口の減少は、1950年以降初めてとなる。75歳以上人口は2007万8千人で前年に比べ71万3千人の増加となり、初めて2000万人を超えた。

（図4、表4）

図4　我が国の人口ピラミッド（2023年10月1日現在）

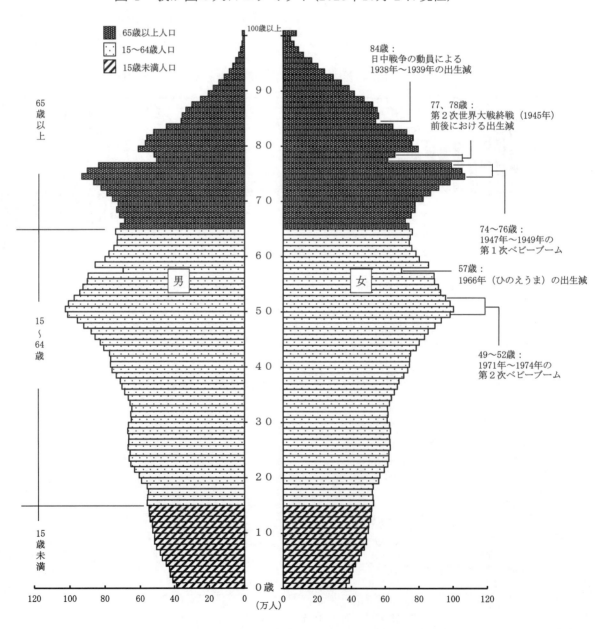

　総人口に占める割合をみると、15歳未満人口が11.4%、15〜64歳人口が59.5%、65歳以上人口が29.1%となった。前年に比べると、15歳未満人口が0.2ポイント低下し、15〜64歳人口が0.1ポイント上昇、65歳以上人口が0.1ポイント上昇している。

　総人口に占める割合の推移をみると、15歳未満人口は、1975年（24.3%）以降一貫して低下を続け、2023年（11.4%）は過去最低となっている。15〜64歳人口は、1982年（67.5%）以降上昇していたが、1992年（69.8%）にピークとなり、その後は低下を続け、2023年は過去最低であった前年に比べ0.1ポイント上昇し、59.5%となった。

　一方、65歳以上人口は、1950年（4.9%）以降一貫して上昇が続いており、2023年は29.1%と過去最高となった。

　なお、75歳以上人口も1950年（1.3%）以降一貫して上昇が続いており、2023年は前年に比べ0.6ポイント上昇し、16.1%と過去最高となった。　　**（図5、表4）**

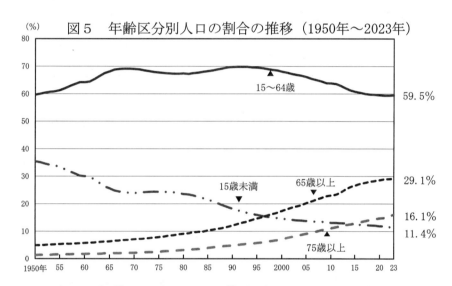

図5　年齢区分別人口の割合の推移（1950年〜2023年）

表4　年齢3区分別人口の推移（1950年〜2023年）

年　次	人　口　（千人）					総人口に占める割合　（%）			
	総　数	15歳未満	15〜64歳	65歳以上	うち75歳以上	15歳未満	15〜64歳	65歳以上	うち75歳以上
1950年	83,200	29,430	49,661	4,109	1,057	35.4	59.7	4.9	1.3
1955	89,276	29,798	54,730	4,747	1,388	33.4	61.3	5.3	1.6
1960	93,419	28,067	60,002	5,350	1,626	30.0	64.2	5.7	1.7
1965	98,275	25,166	66,928	6,181	1,874	25.6	68.1	6.3	1.9
1970	103,720	24,823	71,566	7,331	2,213	23.9	69.0	7.1	2.1
1975	111,940	27,232	75,839	8,869	2,842	24.3	67.7	7.9	2.5
1980	117,060	27,524	78,884	10,653	3,661	23.5	67.4	9.1	3.1
1985	121,049	26,042	82,535	12,472	4,713	21.5	68.2	10.3	3.9
1990	123,611	22,544	86,140	14,928	5,986	18.2	69.7	12.1	4.8
1995	125,570	20,033	87,260	18,277	7,175	16.0	69.5	14.6	5.7
2000	126,926	18,505	86,380	22,041	9,012	14.6	68.1	17.4	7.1
2005	127,768	17,585	84,422	25,761	11,639	13.8	66.1	20.2	9.1
2006	127,901	17,435	83,731	26,604	12,166	13.6	65.5	20.8	9.5
2007	128,033	17,293	83,015	27,464	12,703	13.5	65.0	21.5	9.9
2008	128,084	17,176	82,300	28,216	13,218	13.5	64.5	22.1	10.4
2009	128,032	17,011	81,493	29,005	13,710	13.3	63.9	22.7	10.8
2010	128,057	16,839	81,735	29,484	14,194	13.1	63.8	23.0	11.1
2011	127,834	16,705	81,342	29,752	14,708	13.1	63.6	23.3	11.5
2012	127,593	16,547	80,175	30,793	15,193	13.0	62.9	24.1	11.9
2013	127,414	16,390	79,010	31,898	15,603	12.9	62.1	25.1	12.3
2014	127,237	16,233	77,850	33,000	15,917	12.8	61.3	26.0	12.5
2015	127,095	15,945	77,282	33,868	16,322	12.5	60.8	26.6	12.8
2016	127,042	15,809	76,673	34,560	16,891	12.4	60.4	27.2	13.3
2017	126,919	15,641	76,190	35,087	17,444	12.3	60.0	27.6	13.7
2018	126,749	15,473	75,796	35,479	17,913	12.2	59.8	28.0	14.1
2019	126,555	15,259	75,542	35,754	18,402	12.1	59.7	28.3	14.5
2020	126,146	15,032	75,088	36,027	18,602	11.9	59.5	28.6	14.7
2021	125,502	14,784	74,504	36,214	18,674	11.8	59.4	28.9	14.9
2022	124,947	14,503	74,208	36,236	19,364	11.6	59.4	29.0	15.5
2023	124,352	14,173	73,952	36,227	20,078	11.4	59.5	29.1	16.1

注）各年10月1日現在。1950年〜2005年、2010年及び2015年は国勢調査人口（年齢不詳をあん分した人口）、
　　2020年は国勢調査人口（不詳補完値）による。
　　1970年までは沖縄県を含まない。
　　2006年〜2009年、2011年〜2014年の総数は、補間補正人口。このため、年齢別人口の合計と総数は一致しない。

＜参考＞

〔 元号別人口 〕

元号別にみると、明治・大正生まれの人口は35万8千人（総人口に占める割合0.3％）、昭和生まれの人口は8558万7千人（同68.8％）、平成生まれの人口は3482万6千人（同28.0％）、令和生まれの人口は358万2千人（同2.9％）となった。

また、戦後生まれの人口は1億932万人となり、総人口に占める割合は87.9％となった。
（**参考表1**）

参考表1　元号別人口及び割合

(単位 千人)

	2023年 10月1日 現在人口	2023年 総人口に占める割合(%)	2022年 10月1日 現在人口	2022年 総人口に占める割合(%)
明治・大正生まれ	358	0.3	502	0.4
昭和生まれ	85,587	68.8	87,002	69.6
平成生まれ	34,826	28.0	34,616	27.7
令和生まれ	3,582	2.9	2,826	2.3
戦後生まれ	109,320	87.9	108,745	87.0

〔 各国の年齢3区分別人口 〕

我が国の人口の年齢構造を各国と比べてみると、15歳未満人口割合は韓国に次いで低く、65歳以上人口割合は最も高い水準となっており、老年化指数が200を超える数少ない国となっている。
（**参考表2**）

参考表2　各国の年齢3区分別人口の割合及び年齢構造指数

国名	総数 (千人)	総人口に占める割合(%) 15歳未満	15～64歳	65歳以上	年齢構造指数 年少人口指数 1)	老年人口指数 2)	従属人口指数 3)	老年化指数 4)
インド	1,428,628	24.9	68.0	7.1	36.6	10.4	47.0	28.4
中国	1,425,671	16.8	68.9	14.3	24.3	20.7	45.0	85.0
アメリカ合衆国	339,997	17.7	64.7	17.6	27.3	27.2	54.5	99.5
インドネシア	277,534	24.9	68.1	7.0	36.5	10.3	46.9	28.2
パキスタン	240,486	36.1	59.5	4.3	60.7	7.3	68.0	12.0
ナイジェリア	223,805	42.8	54.3	3.0	78.8	5.5	84.3	7.0
ブラジル	216,422	20.0	69.8	10.2	28.7	14.6	43.3	51.1
バングラデシュ	172,954	25.5	68.2	6.3	37.4	9.2	46.6	24.5
ロシア	144,444	17.6	66.3	16.2	26.5	24.4	50.9	92.0
メキシコ	128,456	24.0	67.4	8.6	35.6	12.7	48.4	35.8
エチオピア	126,527	39.3	57.5	3.2	68.3	5.5	73.8	8.0
日本	124,352	11.4	59.5	29.1	19.2	49.0	68.2	255.6
フィリピン	117,337	30.0	64.4	5.6	46.6	8.7	55.3	18.7
エジプト	112,717	32.6	62.5	4.9	52.2	7.9	60.1	15.1
コンゴ民主共和国	102,263	46.5	50.6	2.9	91.9	5.7	97.6	6.2
ベトナム	98,859	22.2	68.3	9.5	32.5	14.0	46.5	43.0
イラン	89,173	23.3	68.8	7.9	33.8	11.5	45.3	34.1
トルコ	85,816	23.0	68.1	8.9	33.8	13.1	46.9	38.9
ドイツ	83,295	14.0	63.3	22.7	22.1	36.0	58.1	162.6
タイ	71,801	15.2	68.8	16.0	22.1	23.2	45.3	104.8
イギリス	67,737	17.2	63.3	19.5	27.2	30.7	57.9	113.0
タンザニア	67,438	43.1	53.8	3.1	80.2	5.8	85.9	7.2
フランス	64,757	17.0	61.0	22.0	28.0	36.1	64.0	129.1
南アフリカ	60,414	28.3	65.8	5.9	43.0	8.9	51.9	20.7
イタリア	58,871	12.2	63.3	24.5	19.3	38.6	57.9	200.5
ケニア	55,101	37.2	59.9	2.9	62.2	4.9	67.0	7.8
ミャンマー	54,578	24.4	68.6	7.0	35.6	10.3	45.8	28.8
コロンビア	52,085	21.1	69.5	9.4	30.4	13.5	43.9	44.4
韓国	51,784	11.2	70.4	18.4	16.0	26.1	42.1	163.6
ウガンダ	48,582	44.4	53.9	1.7	82.5	3.2	85.7	3.9
スーダン	48,109	40.7	55.7	3.6	73.1	6.4	79.5	8.8
スペイン	47,520	13.5	65.8	20.7	20.5	31.5	52.0	154.0
アルゼンチン	45,774	22.7	65.2	12.1	34.9	18.5	53.4	53.0
アルジェリア	45,606	30.4	62.9	6.6	48.4	10.5	58.9	21.7
イラク	45,505	37.3	59.3	3.4	63.0	5.7	68.7	9.1
アフガニスタン	42,240	42.8	54.8	2.4	78.2	4.4	82.6	5.6
ポーランド	41,026	14.9	66.5	18.5	22.5	27.9	50.3	124.0

資料：United Nations,"World Population Prospects, The 2022 Revision"による2023年の年央推計値（うち人口が4000万人以上の国）
日本は人口推計（2023年10月1日現在）

注 1) $\dfrac{\text{15歳未満人口}}{\text{15～64歳人口}} \times 100$　　2) $\dfrac{\text{65歳以上人口}}{\text{15～64歳人口}} \times 100$

　　3) $\dfrac{\text{15歳未満人口＋65歳以上人口}}{\text{15～64歳人口}} \times 100$　　4) $\dfrac{\text{65歳以上人口}}{\text{15歳未満人口}} \times 100$

Ⅱ　都道府県別人口

1　人口の動向

> ### 東京都が全国人口の11.3%を占める

　2023年10月1日現在の都道府県別の人口は、東京都が1408万6千人と最も多く、次いで神奈川県（922万9千人）、大阪府（876万3千人）、愛知県（747万7千人）、埼玉県（733万1千人）となっており、以下人口600万人台が1県、500万人台が3道県、300万人台が1県、200万人台が6府県、100万人台が21県、100万人未満が10県となっている。人口順位を前年と比べると、北海道と福岡県の順位が入れ替わった。

　全国に占める割合をみると、東京都が最も高く、11.3%となっている。なお、全国に占める割合が5%以上となっているのは6都府県で、全国人口の42.7%となり、前年に比べ0.2ポイント上昇、4%以上の9都道府県で55.3%となり、前年に比べ0.2ポイントの上昇となった。　　　　　　　　　　　　　　　　　　　　　　　　（**表5**）

表5　都道府県別人口及び全国人口に占める割合（各年10月1日現在）

人口順位	都道府県	2023年 人口（千人）	2023年 全国に占める割合(%)	2022年 人口（千人）	2022年 全国に占める割合(%)	人口順位	都道府県	2023年 人口（千人）	2023年 全国に占める割合(%)	2022年 人口（千人）	2022年 全国に占める割合(%)
－	全　　　国	124,352	100.0	124,947	100.0	24	鹿児島県	1,549	1.2	1,563	1.3
1	東 京 都	14,086	11.3	14,038	11.2	25	沖 縄 県	1,468	1.2	1,468	1.2
2	神奈川県	9,229	7.4	9,232	7.4	26	滋 賀 県	1,407	1.1	1,409	1.1
3	大 阪 府	8,763	7.0	8,782	7.0	27	山 口 県	1,298	1.0	1,313	1.1
4	愛 知 県	7,477	6.0	7,495	6.0	28	奈 良 県	1,296	1.0	1,306	1.0
5	埼 玉 県	7,331	5.9	7,337	5.9	29	愛 媛 県	1,291	1.0	1,306	1.0
6	千 葉 県	6,257	5.0	6,266	5.0	30	長 崎 県	1,267	1.0	1,283	1.0
7	兵 庫 県	5,370	4.3	5,402	4.3	31	青 森 県	1,184	1.0	1,204	1.0
8	福 岡 県	5,103	4.1	5,116	4.1	32	岩 手 県	1,163	0.9	1,181	0.9
9	北 海 道	5,092	4.1	5,140	4.1	33	石 川 県	1,109	0.9	1,118	0.9
10	静 岡 県	3,555	2.9	3,582	2.9	34	大 分 県	1,096	0.9	1,107	0.9
11	茨 城 県	2,825	2.3	2,840	2.3	35	宮 崎 県	1,042	0.8	1,052	0.8
12	広 島 県	2,738	2.2	2,760	2.2	36	山 形 県	1,026	0.8	1,041	0.8
13	京 都 府	2,535	2.0	2,550	2.0	37	富 山 県	1,007	0.8	1,017	0.8
14	宮 城 県	2,264	1.8	2,280	1.8	38	香 川 県	926	0.7	934	0.7
15	新 潟 県	2,126	1.7	2,153	1.7	39	秋 田 県	914	0.7	930	0.7
16	長 野 県	2,004	1.6	2,020	1.6	40	和歌山県	892	0.7	903	0.7
17	岐 阜 県	1,931	1.6	1,946	1.6	41	山 梨 県	796	0.6	802	0.6
18	群 馬 県	1,902	1.5	1,913	1.5	42	佐 賀 県	795	0.6	801	0.6
19	栃 木 県	1,897	1.5	1,909	1.5	43	福 井 県	744	0.6	753	0.6
20	岡 山 県	1,847	1.5	1,862	1.5	44	徳 島 県	695	0.6	704	0.6
21	福 島 県	1,767	1.4	1,790	1.4	45	高 知 県	666	0.5	676	0.5
22	三 重 県	1,727	1.4	1,742	1.4	46	島 根 県	650	0.5	658	0.5
23	熊 本 県	1,709	1.4	1,718	1.4	47	鳥 取 県	537	0.4	544	0.4

人口増加は東京都のみ、増加率は拡大

人口増減率を都道府県別にみると、増加は東京都のみで、人口増加率は0.34％となり、前年に比べ0.14ポイントの拡大、2年連続の増加となった。

一方、減少は46道府県となっている。

人口減少率が1％以上となったのは、秋田県（-1.75％）、青森県（-1.66％）、岩手県（-1.47％）など15県で、前年から1県増加している。

図6　都道府県別人口増減率

人口減少率が前年に比べ拡大したのは38道府県で、うち山梨県（対前年差0.32ポイント）が最も拡大している。人口減少率が縮小したのは群馬県（同0.09ポイント）など6府県となっており、神奈川県及び千葉県は同率となっている。（**図6、表6**）

表6　都道府県別人口増減率

(単位　％)

人口増減率順位	都道府県	人口増減率 2023年	人口増減率 2022年	人口増減率順位	都道府県	人口増減率 2023年	人口増減率 2022年	人口増減率順位	都道府県	人口増減率 2023年	人口増減率 2022年
－	全　国	-0.48	-0.44	16	宮 城 県	-0.68	-0.44	31	宮 崎 県	-0.96	-0.84
1	東 京 都	0.34	0.20	17	佐 賀 県	-0.74	-0.64	33	福 井 県	-1.12	-1.00
2	沖 縄 県	-0.02	-0.01	18	山 梨 県	-0.75	-0.43	34	鳥 取 県	-1.14	-0.91
3	神奈川県	-0.04	-0.04	18	岐 阜 県	-0.75	-0.77	35	愛 媛 県	-1.16	-1.09
4	埼 玉 県	-0.08	-0.05	18	静 岡 県	-0.75	-0.70	36	山 口 県	-1.21	-1.06
5	千 葉 県	-0.15	-0.15	21	石 川 県	-0.78	-0.67	37	新 潟 県	-1.22	-1.12
6	滋 賀 県	-0.16	-0.11	21	広 島 県	-0.78	-0.72	38	長 崎 県	-1.25	-1.06
7	大 阪 府	-0.22	-0.27	23	奈 良 県	-0.79	-0.72	39	和歌山県	-1.27	-1.13
8	愛 知 県	-0.25	-0.29	24	長 野 県	-0.80	-0.65	39	島 根 県	-1.27	-1.05
9	福 岡 県	-0.26	-0.15	25	岡 山 県	-0.84	-0.74	39	徳 島 県	-1.27	-1.14
10	茨 城 県	-0.53	-0.43	26	三 重 県	-0.88	-0.77	42	福 島 県	-1.31	-1.20
11	熊 本 県	-0.55	-0.57	27	鹿児島県	-0.89	-0.87	43	高 知 県	-1.37	-1.22
12	京 都 府	-0.57	-0.45	28	香 川 県	-0.91	-0.87	44	山 形 県	-1.42	-1.31
13	栃 木 県	-0.60	-0.65	29	北 海 道	-0.93	-0.82	45	岩 手 県	-1.47	-1.32
13	群 馬 県	-0.60	-0.69	30	大 分 県	-0.95	-0.68	46	青 森 県	-1.66	-1.39
13	兵 庫 県	-0.60	-0.55	31	富 山 県	-0.96	-0.87	47	秋 田 県	-1.75	-1.59

注）　人口増減率（％）　=　$\dfrac{\text{人口増減（前年10月～当年9月）}}{\text{前年10月1日現在人口}}$　×100

人口増減　=　自然増減＋社会増減

　さらに人口増減の要因をみると、東京都は2年連続の自然減少・社会増加となっている。

　一方、人口が減少した46道府県は全て自然減少となっており、うち埼玉県、千葉県、神奈川県など21道府県が社会増加、他の25県が社会減少となっている。前年と比較すると、岐阜県及び静岡県の2県が社会減少から社会増加に転じており、大分県は社会増加から社会減少に転じている。　　　　　　　　　　　　　　　（図7、表7）

図7　都道府県別人口の増減要因（自然増減率及び社会増減率）

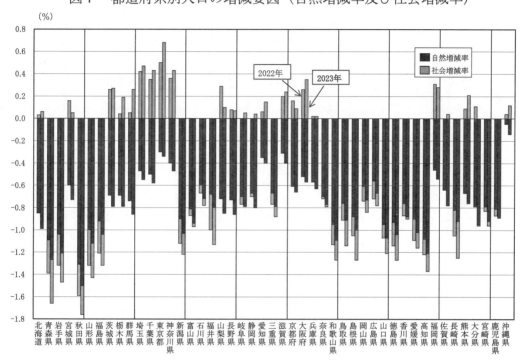

表7　人口増減要因別都道府県

増減要因		都道府県名 2023年	都道府県名 2022年	都道府県数 2023年	都道府県数 2022年
人口増加	自然増加・社会増加			0	0
	自然増加・社会減少			0	0
	自然減少・社会増加	東京都	東京都	1	1
人口減少	自然増加・社会減少			0	0
	自然減少・社会増加	北海道 宮城県 茨城県 栃木県 群馬県 埼玉県 千葉県 神奈川県 山梨県 長野県 岐阜県 静岡県 愛知県 滋賀県 京都府 大阪府 兵庫県 福岡県 佐賀県 熊本県 沖縄県	北海道 宮城県 茨城県 栃木県 群馬県 埼玉県 千葉県 神奈川県 山梨県 長野県 愛知県 滋賀県 京都府 大阪府 兵庫県 福岡県 佐賀県 熊本県 大分県 沖縄県	21	20
	自然減少・社会減少	青森県 岩手県 秋田県 山形県 福島県 新潟県 富山県 石川県 福井県 三重県 奈良県 和歌山県 鳥取県 島根県 岡山県 広島県 山口県 徳島県 香川県 愛媛県 高知県 長崎県 大分県 宮崎県 鹿児島県	青森県 岩手県 秋田県 山形県 福島県 新潟県 富山県 石川県 福井県 岐阜県 静岡県 三重県 奈良県 和歌山県 鳥取県 島根県 岡山県 広島県 山口県 徳島県 香川県 愛媛県 高知県 長崎県 宮崎県 鹿児島県	25	26

全ての都道府県で自然減少し、減少率が拡大

　自然増減を都道府県別にみると、全ての都道府県が前年に引き続き自然減少となっている。
　自然減少率は、秋田県が1.50％と最も高く、次いで青森県が1.27％、岩手県及び高知県が1.21％などとなっている。自然減少率は前年に比べ全ての都道府県で拡大しており、最も拡大したのは秋田県（対前年差0.19ポイント）で、次いで青森県（同0.18ポイント）などとなっている。　　　　　　　　　　　　　　　　　　　**（表8、図8）**

表8　都道府県別人口の自然増減率

（単位　％）

自然増減率順位	都道府県	自然増減率		自然増減率順位	都道府県	自然増減率		自然増減率順位	都道府県	自然増減率	
		2023年	2022年			2023年	2022年			2023年	2022年
－	全　国	-0.67	-0.58	16	熊本県	-0.76	-0.67	31	宮崎県	-0.92	-0.79
1	沖縄県	-0.14	-0.05	17	奈良県	-0.77	-0.70	33	富山県	-0.94	-0.81
2	東京都	-0.34	-0.30	18	佐賀県	-0.78	-0.64	34	大分県	-0.95	-0.79
3	愛知県	-0.40	-0.35	19	茨城県	-0.79	-0.69	35	北海道	-0.99	-0.85
3	滋賀県	-0.40	-0.31	19	栃木県	-0.79	-0.69	36	島根県	-1.00	-0.88
5	神奈川県	-0.47	-0.40	19	岐阜県	-0.79	-0.70	37	愛媛県	-1.02	-0.90
6	福岡県	-0.54	-0.46	19	三重県	-0.79	-0.67	38	新潟県	-1.03	-0.90
7	埼玉県	-0.55	-0.47	23	福井県	-0.80	-0.68	39	福島県	-1.04	-0.92
8	大阪府	-0.57	-0.52	23	静岡県	-0.80	-0.67	39	徳島県	-1.04	-0.93
9	千葉県	-0.58	-0.50	25	山梨県	-0.85	-0.72	41	山口県	-1.07	-0.95
10	兵庫県	-0.63	-0.57	26	群馬県	-0.86	-0.74	42	和歌山県	-1.09	-0.95
11	京都府	-0.66	-0.61	26	長野県	-0.86	-0.73	43	山形県	-1.12	-1.00
12	広島県	-0.67	-0.56	28	香川県	-0.88	-0.76	44	岩手県	-1.21	-1.04
13	石川県	-0.72	-0.60	29	鹿児島県	-0.89	-0.81	44	高知県	-1.21	-1.08
14	宮城県	-0.73	-0.60	30	鳥取県	-0.91	-0.76	46	青森県	-1.27	-1.09
14	岡山県	-0.73	-0.61	31	長崎県	-0.92	-0.82	47	秋田県	-1.50	-1.31

注）　自然増減率（％）＝ 自然増減（前年10月～当年9月）／前年10月1日現在人口 ×100
　　　自然増減　＝　出生児数－死亡者数

図8　都道府県別人口の自然増減率

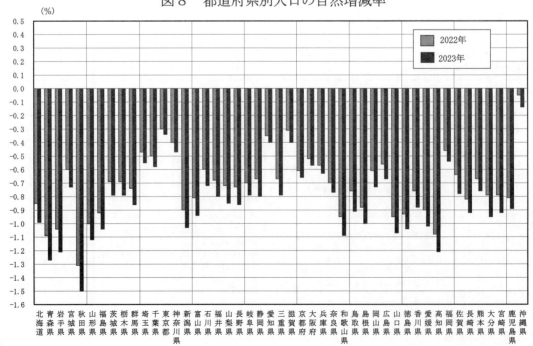

岐阜県及び静岡県で社会減少から社会増加に転じる

　社会増減を都道府県別にみると、増加が22都道府県、減少が25県となっている。

　社会増加率は、東京都が0.68％と最も高く、次いで埼玉県が0.47％、千葉県及び神奈川県が0.43％などとなっている。増加となっている22都道府県のうち前年に比べ増加率が拡大したのは群馬県（対前年差0.21ポイント）など14都道府県で、岐阜県及び静岡県は前年の社会減少から社会増加に転じている。

　一方、社会減少率は、青森県が0.39％と最も高く、次いで福井県及び長崎県が0.33％、山形県が0.31％などとなっている。減少となっている25県のうち8県では減少率が拡大、13県は縮小、大分県は前年の社会増加から社会減少に転じた。

（表9、図9）

表9　都道府県別人口の社会増減率

（単位　％）

社会増減率順位	都道府県	社会増減率 2023年	社会増減率 2022年	社会増減率順位	都道府県	社会増減率 2023年	社会増減率 2022年	社会増減率順位	都道府県	社会増減率 2023年	社会増減率 2022年
－	全　国	0.19	0.14	16	長 野 県	0.07	0.08	31	広 島 県	-0.11	-0.16
1	東 京 都	0.68	0.50	17	北 海 道	0.06	0.03	33	山 口 県	-0.14	-0.12
2	埼 玉 県	0.47	0.42	18	宮 城 県	0.05	0.16	33	愛 媛 県	-0.14	-0.19
3	千 葉 県	0.43	0.35	18	岐 阜 県	0.05	-0.07	35	高 知 県	-0.16	-0.14
3	神奈川県	0.43	0.36	20	静 岡 県	0.04	-0.03	36	和歌山県	-0.18	-0.18
5	大 阪 府	0.35	0.26	20	佐 賀 県	0.04	0.00	37	新 潟 県	-0.19	-0.22
6	福 岡 県	0.28	0.31	22	兵 庫 県	0.02	0.02	38	鳥 取 県	-0.23	-0.15
7	茨 城 県	0.27	0.26	23	鹿児島県	-0.00	-0.06	38	徳 島 県	-0.23	-0.21
8	群 馬 県	0.26	0.05	24	大 分 県	-0.01	0.11	40	岩 手 県	-0.26	-0.28
9	滋 賀 県	0.24	0.20	25	奈 良 県	-0.02	-0.02	40	秋 田 県	-0.26	-0.28
10	熊 本 県	0.21	0.09	25	香 川 県	-0.02	-0.11	42	島 根 県	-0.27	-0.17
11	栃 木 県	0.19	0.04	27	富 山 県	-0.03	-0.06	43	福 島 県	-0.28	-0.29
12	愛 知 県	0.15	0.06	28	宮 崎 県	-0.04	-0.04	44	山 形 県	-0.31	-0.32
13	沖 縄 県	0.12	0.04	29	石 川 県	-0.06	-0.07	45	福 井 県	-0.33	-0.32
14	山 梨 県	0.10	0.29	30	三 重 県	-0.09	-0.10	45	長 崎 県	-0.33	-0.23
15	京 都 府	0.09	0.16	31	岡 山 県	-0.11	-0.13	47	青 森 県	-0.39	-0.30

注）　社会増減率（％）　＝　$\dfrac{\text{社会増減（前年10月〜当年9月）}}{\text{前年10月1日現在人口}}$　×100

　　　社会増減　　　　　＝　都道府県間転入超過数＋都道府県別入国超過数
　　　都道府県間転入超過数　＝　都道府県間転入者数－都道府県間転出者数
　　　都道府県別入国超過数　＝　都道府県別入国者数－都道府県別出国者数

図9　都道府県別人口の社会増減率

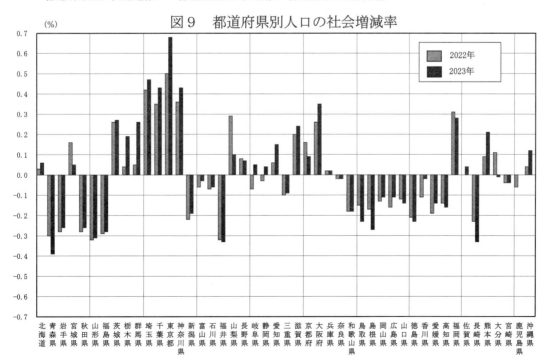

2　年齢別人口

15歳未満人口の割合が75歳以上人口の割合を上回るのは沖縄県のみ

　年齢3区分別人口の割合を都道府県別にみると、15歳未満人口の割合は沖縄県が16.1％と最も高く、次いで滋賀県が13.0％、佐賀県が12.9％、熊本県が12.8％、宮崎県及び鹿児島県が12.7％などとなっている。一方、秋田県が9.1％と最も低く、次いで青森県が10.0％、北海道が10.1％、岩手県が10.3％、高知県が10.5％などとなっている。15歳未満人口の割合は前年に比べ全ての都道府県で低下している。　　　　　　（表10）

表10　都道府県、年齢3区分別人口の割合（各年10月1日現在）

（単位　％）

都道府県	2023年				2022年			
	15歳未満	15～64歳	65歳以上	うち75歳以上	15歳未満	15～64歳	65歳以上	うち75歳以上
全　　国	11.4	59.5	29.1	16.1	11.6	59.4	29.0	15.5
北 海 道	10.1	56.9	33.0	18.0	10.3	56.9	32.8	17.3
青 森 県	10.0	54.8	35.2	18.7	10.2	55.0	34.8	18.0
岩 手 県	10.3	54.7	35.0	19.0	10.6	54.9	34.6	18.4
宮 城 県	11.1	59.7	29.2	15.2	11.3	59.8	28.9	14.6
秋 田 県	9.1	51.9	39.0	21.2	9.3	52.1	38.6	20.6
山 形 県	10.7	54.2	35.2	18.9	10.9	54.3	34.8	18.4
福 島 県	10.8	56.0	33.2	17.2	11.0	56.3	32.7	16.5
茨 城 県	11.1	58.3	30.6	16.3	11.3	58.3	30.4	15.6
栃 木 県	11.1	58.7	30.2	15.6	11.4	58.7	29.9	14.9
群 馬 県	11.0	58.0	30.9	16.9	11.3	57.9	30.8	16.3
埼 玉 県	11.3	61.2	27.4	15.2	11.5	61.1	27.4	14.5
千 葉 県	11.2	60.7	28.1	15.7	11.4	60.6	28.0	15.0
東 京 都	10.7	66.5	22.8	12.9	10.9	66.3	22.8	12.5
神奈川県	11.2	62.9	25.9	14.7	11.4	62.8	25.8	14.1
新 潟 県	10.7	55.4	33.8	18.4	10.9	55.5	33.5	17.7
富 山 県	10.8	56.2	33.1	19.0	10.9	56.1	33.0	18.2
石 川 県	11.6	57.9	30.5	17.1	11.8	57.9	30.3	16.2
福 井 県	12.0	56.5	31.5	17.3	12.2	56.6	31.2	16.5
山 梨 県	10.9	57.3	31.7	17.4	11.1	57.4	31.5	16.7
長 野 県	11.4	55.9	32.7	18.7	11.6	55.9	32.5	18.0
岐 阜 県	11.6	57.2	31.2	17.4	11.9	57.1	31.0	16.6
静 岡 県	11.4	57.6	31.0	17.1	11.7	57.6	30.7	16.4
愛 知 県	12.4	61.9	25.7	14.4	12.6	61.7	25.6	13.8
三 重 県	11.5	57.9	30.6	17.1	11.7	57.9	30.5	16.4
滋 賀 県	13.0	60.0	27.0	14.6	13.2	60.0	26.8	13.9
京 都 府	10.8	59.4	29.7	17.2	11.1	59.3	29.6	16.3
大 阪 府	11.2	61.1	27.7	16.1	11.4	60.9	27.7	15.4
兵 庫 県	11.7	58.3	30.0	16.9	11.9	58.3	29.8	16.1
奈 良 県	11.2	56.2	32.6	18.5	11.4	56.3	32.4	17.5
和歌山県	11.1	54.7	34.2	19.3	11.2	54.8	34.0	18.5
鳥 取 県	12.0	54.7	33.3	18.1	12.2	54.8	33.1	17.4
島 根 県	11.8	53.2	35.0	19.7	12.0	53.3	34.7	19.0
岡 山 県	11.9	57.1	31.0	17.7	12.1	57.1	30.8	17.0
広 島 県	12.1	57.8	30.1	17.0	12.3	57.7	29.9	16.3
山 口 県	11.0	53.7	35.3	20.0	11.2	53.6	35.2	19.3
徳 島 県	10.6	54.1	35.3	19.3	10.7	54.3	35.0	18.3
香 川 県	11.6	55.9	32.6	18.2	11.8	55.8	32.4	17.4
愛 媛 県	11.1	54.8	34.2	18.9	11.3	54.8	33.9	18.1
高 知 県	10.5	53.2	36.3	20.7	10.6	53.3	36.1	19.9
福 岡 県	12.6	58.9	28.5	15.2	12.8	58.9	28.3	14.6
佐 賀 県	12.9	55.4	31.7	16.6	13.2	55.4	31.4	16.1
長 崎 県	12.1	53.6	34.3	18.2	12.3	53.8	33.9	17.5
熊 本 県	12.8	54.9	32.3	17.4	13.0	54.9	32.1	16.9
大 分 県	11.6	54.2	34.2	18.8	11.8	54.2	33.9	18.1
宮 崎 県	12.7	53.6	33.7	18.0	12.9	53.7	33.4	17.3
鹿児島県	12.7	53.5	33.8	17.8	12.9	53.6	33.5	17.2
沖 縄 県	16.1	60.1	23.8	11.3	16.3	60.2	23.5	10.9

15～64歳人口の割合は、東京都が66.5%と最も高く、次いで神奈川県が62.9%、愛知県が61.9%、埼玉県が61.2%などとなっている。一方、秋田県が51.9%と最も低く、次いで島根県及び高知県が53.2%、鹿児島県が53.5%などとなっている。15～64歳人口の割合は前年に比べ、東京都、愛知県、大阪府など13都府県で増加、15道県で同率、19県で低下している。

65歳以上人口の割合は、秋田県が39.0%と最も高く、次いで高知県が36.3%、山口県及び徳島県が35.3%などとなっており、36道県で30%以上となっている。一方、東京都が22.8%と最も低く、次いで沖縄県が23.8%、愛知県が25.7%などとなっている。

また、75歳以上人口の割合をみると、秋田県が21.2%と最も高く、次いで高知県が20.7%、山口県が20.0%などとなっており、3県で20%を上回っている。一方、最も低い沖縄県が11.3%となった。

なお、15歳未満人口の割合が75歳以上人口の割合を下回っているのは、46都道府県となっており、上回っているのは沖縄県のみとなっている。　　　　（表10）

15歳未満人口の対前年増減率は全ての都道府県で減少

15歳未満人口の対前年増減率を都道府県別にみると、全ての都道府県で減少となっている。対前年減少率は秋田県が4.1%と最も高く、次いで岩手県が3.7%、青森県が3.6%などとなっている。

対前年減少率が最も拡大しているのは和歌山県（対前年差0.8ポイント）で、次いで大分県（同0.7ポイント）などとなっている。全ての都道府県で対前年減少率が拡大している。　　　　（表11）

表11　都道府県別15歳未満人口の対前年増減率

(単位 %)

都道府県	対前年増減率		都道府県	対前年増減率		都道府県	対前年増減率	
	2023年	2022年		2023年	2022年		2023年	2022年
全 国	-2.3	-1.9	富 山 県	-2.7	-2.2	島 根 県	-2.5	-2.0
北 海 道	-3.0	-2.6	石 川 県	-2.6	-2.3	岡 山 県	-2.3	-2.0
青 森 県	-3.6	-3.1	福 井 県	-2.7	-2.4	広 島 県	-2.5	-2.2
岩 手 県	-3.7	-3.4	山 梨 県	-2.4	-1.9	山 口 県	-2.8	-2.3
宮 城 県	-2.9	-2.3	長 野 県	-2.7	-2.2	徳 島 県	-2.4	-2.0
秋 田 県	-4.1	-3.8	岐 阜 県	-2.9	-2.5	香 川 県	-2.7	-2.3
山 形 県	-3.5	-2.9	静 岡 県	-3.1	-2.7	愛 媛 県	-3.0	-2.5
福 島 県	-3.3	-2.7	愛 知 県	-2.1	-1.9	高 知 県	-2.7	-2.6
茨 城 県	-2.5	-2.2	三 重 県	-2.7	-2.4	福 岡 県	-1.6	-1.1
栃 木 県	-3.1	-2.7	滋 賀 県	-2.0	-1.8	佐 賀 県	-2.4	-1.9
群 馬 県	-2.8	-2.5	京 都 府	-2.6	-2.2	長 崎 県	-2.8	-2.2
埼 玉 県	-1.9	-1.6	大 阪 府	-1.8	-1.6	熊 本 県	-1.9	-1.5
千 葉 県	-1.9	-1.4	兵 庫 県	-2.2	-1.8	大 分 県	-2.8	-2.1
東 京 都	-1.4	-1.2	奈 良 県	-2.3	-2.0	宮 崎 県	-2.3	-1.9
神 奈 川 県	-2.1	-1.7	和 歌 山 県	-2.8	-2.0	鹿 児 島 県	-2.3	-1.8
新 潟 県	-3.0	-2.8	鳥 取 県	-2.3	-1.8	沖 縄 県	-1.6	-1.0

注）対前年増減率（%）＝$\left(\dfrac{当年の15歳未満人口}{前年の15歳未満人口} - 1 \right) \times 100$

対前年増加率は 65 歳以上人口では沖縄県、75 歳以上人口では埼玉県が最も高い

　65歳以上人口の対前年増減率を都道府県別にみると、19都県で増加、28道府県で減少となっている。対前年増加率は沖縄県が1.6%と最も高く、次いで滋賀県が0.6%、宮城県が0.4%、栃木県及び神奈川県が0.3%などとなっている。全国平均（-0.0%）を上回っているのは19都県となっている。

　また、75歳以上人口の対前年増減率をみると、全ての都道府県で増加となっている。対前年増加率は埼玉県が4.7%と最も高く、次いで滋賀県が4.6%などとなっている。全国平均（3.7%）を上回っているのは18府県となっている。　　　　　　　　（表12）

表12　都道府県別65歳以上人口の対前年増減率

(単位 %)

都道府県	65歳以上	うち75歳以上	都道府県	65歳以上	うち75歳以上	都道府県	65歳以上	うち75歳以上
全　　国	-0.0	3.7	富 山 県	-0.7	3.5	島 根 県	-0.7	2.6
北 海 道	-0.3	3.1	石 川 県	-0.1	4.5	岡 山 県	-0.3	3.5
青 森 県	-0.4	2.1	福 井 県	-0.2	3.5	広 島 県	-0.2	3.5
岩 手 県	-0.3	1.7	山 梨 県	0.0	3.1	山 口 県	-0.7	2.6
宮 城 県	0.4	3.7	長 野 県	-0.2	2.8	徳 島 県	-0.3	4.0
秋 田 県	-0.7	1.2	岐 阜 県	-0.2	4.1	香 川 県	-0.3	3.9
山 形 県	-0.3	1.6	静 岡 県	0.0	3.8	愛 媛 県	-0.4	3.0
福 島 県	0.0	2.8	愛 知 県	0.2	4.5	高 知 県	-0.8	2.5
茨 城 県	0.1	4.1	三 重 県	-0.2	3.7	福 岡 県	0.2	3.9
栃 木 県	0.3	4.2	滋 賀 県	0.6	4.6	佐 賀 県	0.1	2.6
群 馬 県	-0.1	3.5	京 都 府	-0.2	4.5	長 崎 県	-0.0	2.6
埼 玉 県	0.2	4.7	大 阪 府	-0.3	4.1	熊 本 県	0.0	2.6
千 葉 県	0.1	4.5	兵 庫 県	0.1	4.2	大 分 県	-0.3	3.0
東 京 都	0.1	3.5	奈 良 県	0.0	4.4	宮 崎 県	-0.2	3.1
神奈川県	0.3	4.2	和歌山県	-0.6	2.9	鹿児島県	0.1	2.6
新 潟 県	-0.4	2.6	鳥 取 県	-0.4	3.0	沖 縄 県	1.6	4.0

注1）対前年増減率（%）$\left(\dfrac{\text{当年の65（75）歳以上人口}}{\text{前年の65（75）歳以上人口}} - 1 \right) \times 100$

　2）対前年増減率0.0は増加に含める。

<参考>

〔 ３大都市圏別人口 〕

　都道府県別人口を３大都市圏別に合算してみると、東京圏は3690万３千人、名古屋圏は1113万５千人、大阪圏は1796万３千人となっており、 ３大都市圏の人口は6600万１千人となっている。

　全国に占める割合をみると、前年に比べ東京圏で0.2ポイント上昇、名古屋圏及び大阪圏は同率となっている。 ３大都市圏では0.2ポイント上昇している。 **（参考表３）**

参考表３　３大都市圏別人口の推移（1980年〜2023年）

年　次	人　口（千人）					全国に占める割合（%）				
	全　国	3大都市圏計	東京圏	名古屋圏	大阪圏	全　国	3大都市圏計	東京圏	名古屋圏	大阪圏
1980年	117,060	55,922	28,699	9,869	17,355	100.0	47.8	24.5	8.4	14.8
1985	121,049	58,342	30,273	10,231	17,838	100.0	48.2	25.0	8.5	14.7
1990	123,611	60,464	31,797	10,550	18,117	100.0	48.9	25.7	8.5	14.7
1995	125,570	61,646	32,577	10,810	18,260	100.0	49.1	25.9	8.6	14.5
2000	126,926	62,870	33,418	11,008	18,443	100.0	49.5	26.3	8.7	14.5
2001	127,316	63,235	33,687	11,064	18,483	100.0	49.7	26.5	8.7	14.5
2002	127,486	63,494	33,905	11,104	18,486	100.0	49.8	26.6	8.7	14.5
2003	127,694	63,788	34,148	11,144	18,496	100.0	50.0	26.7	8.7	14.5
2004	127,787	64,006	34,328	11,183	18,495	100.0	50.1	26.9	8.8	14.5
2005	127,768	64,185	34,479	11,229	18,477	100.0	50.2	27.0	8.8	14.5
2006	127,901	64,480	34,713	11,283	18,484	100.0	50.4	27.1	8.8	14.5
2007	128,033	64,806	34,985	11,334	18,487	100.0	50.6	27.3	8.9	14.4
2008	128,084	65,083	35,227	11,370	18,486	100.0	50.8	27.5	8.9	14.4
2009	128,032	65,249	35,396	11,367	18,486	100.0	51.0	27.6	8.9	14.4
2010	128,057	65,455	35,619	11,346	18,490	100.0	51.1	27.8	8.9	14.4
2011	127,834	65,497	35,684	11,337	18,476	100.0	51.2	27.9	8.9	14.5
2012	127,593	65,508	35,721	11,334	18,452	100.0	51.3	28.0	8.9	14.5
2013	127,414	65,579	35,820	11,335	18,423	100.0	51.5	28.1	8.9	14.5
2014	127,237	65,674	35,958	11,332	18,384	100.0	51.6	28.3	8.9	14.4
2015	127,095	65,811	36,131	11,331	18,349	100.0	51.8	28.4	8.9	14.4
2016	127,042	66,002	36,328	11,341	18,332	100.0	52.0	28.6	8.9	14.4
2017	126,919	66,155	36,505	11,340	18,309	100.0	52.1	28.8	8.9	14.4
2018	126,749	66,296	36,682	11,335	18,279	100.0	52.3	28.9	8.9	14.4
2019	126,555	66,442	36,856	11,332	18,255	100.0	52.5	29.1	9.0	14.4
2020	126,146	66,411	36,914	11,291	18,205	100.0	52.6	29.3	9.0	14.4
2021	125,502	66,211	36,862	11,233	18,115	100.0	52.8	29.4	9.0	14.4
2022	124,947	66,097	36,874	11,183	18,041	100.0	52.9	29.5	9.0	14.4
2023	124,352	66,001	36,903	11,135	17,963	100.0	53.1	29.7	9.0	14.4

注1）各年10月１日現在。1980年〜2000年、2005年、2010年、2015年及び2020年は国勢調査人口による。
　2）東京圏　　　　東京都、神奈川県、埼玉県、千葉県
　　名古屋圏　　　愛知県、岐阜県、三重県
　　大阪圏　　　　大阪府、兵庫県、京都府、奈良県

Summary of the Results

1 Population for Japan

[Total Population]

- The total population was 124,352 thousand, a decrease of 595 thousand compared with the previous year. The rate of decrease was 0.48 percent. The total population decreased for the thirteenth year in a row.

- The male population was 60,492 thousand, a decrease of 265 thousand (0.44 percent), while the female population was 63,859 thousand, a decrease of 330 thousand (0.51 percent).

- The natural change of the male population was negative for the nineteenth year in a row, and that of the female population was negative for the fifteenth year in a row.

- The migration change of the Japanese population was positive for the first time in three years, and that of the foreign population was positive for the two years in a row.

[Population by Age Group]

- The population under 15 years old was 14,173 thousand (11.4 percent of the total population).

- The population aged 15 to 64 was 73,952 thousand (59.5 percent of the total population).

- The population aged 65 years old and over was 36,227 thousand (29.1 percent of the total population).

Table 1　Composition of Population (as of October 1, 2023)

(Thousand persons, %)

	Population	Percentage distribution	Number of change over the year	(Rate)
Total	124,352	(100.0)	-595	(-0.48)
Male	60,492	(48.6)	-265	(-0.44)
Female	63,859	(51.4)	-330	(-0.51)
Population under 15 years old	14,173	(11.4)	-329	(-2.27)
Population aged 15 to 64	73,952	(59.5)	-256	(-0.35)
Population aged 65 years old and over	36,227	(29.1)	-9	(-0.03)

Figure 1　Number and Rate of Population change

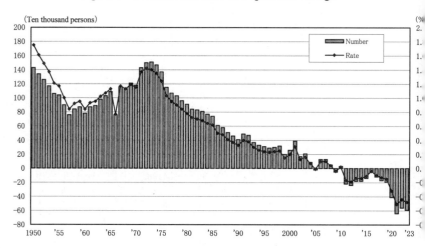

Figure 2　Population Pyramid

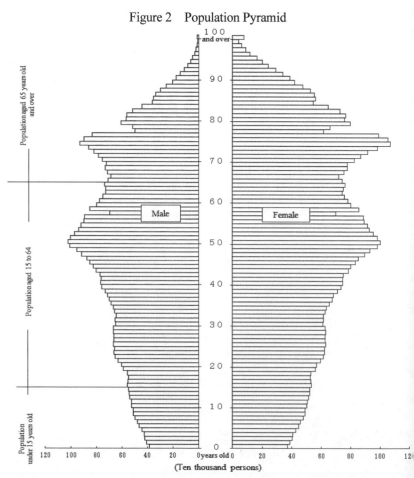

2 Population by Prefecture

[Population]

- The top five prefectures in population were Tokyo-to, Kanagawa-ken, Osaka-fu, Aichi-ken and Saitama-ken. These prefectures account for 37.7 percent of the total population.
- Tokyo-to had the largest population in 2023 (11.3 percent of the total population).

Table 2　Population for Prefectures

	Prefecture	Population (Thousand persons)	Percentage distribution (%)
	Japan	124,352	100.0
1	Tokyo-to	14,086	11.3
2	Kanagawa-ken	9,229	7.4
3	Osaka-fu	8,763	7.0
4	Aichi-ken	7,477	6.0
5	Saitama-ken	7,331	5.9

Table 3　Rates of Population Change for Prefectures

(%)

	Prefecture	Rates of Population Change			Prefecture	Rates of Population Change
	Japan	-0.48	⋮		⋮	⋮
1	Tokyo-to	0.34	43	Kochi-ken	-1.37
2	Okinawa-ken	-0.02	44	Yamagata-ken	-1.42
3	Kanagawa-ken	-0.04	45	Iwate-ken	-1.47
4	Saitama-ken	-0.08	46	Aomori-ken	-1.66
5	Chiba-ken	-0.15	47	Akita-ken	-1.75

[Rates of Population Change]

- The population increased only in Tokyo-to.
- The population decreased in 46 prefectures. Akita-ken had the highest rate of decrease in population.

[Population by Age Group]

- The percentage of the population under 15 years old was the highest in Okinawa-ken and lowest in Akita-ken.
- The percentage of the population aged 15 to 64 was the highest in Tokyo-to and lowest in Akita-ken.
- The percentage of the population aged 65 years old and over was the highest in Akita-ken and lowest in Tokyo-to, and it increased in 44 prefectures.

Figure 3　Rates of Population Change

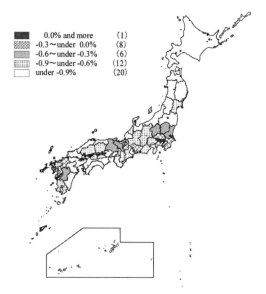

0.0% and more	(1)
-0.3～under 0.0%	(8)
-0.6～under -0.3%	(6)
-0.9～under -0.6%	(12)
under -0.9%	(20)

Table 4　Percentage of Population by Age (3 Groups) for Prefectures

(%)

	under 15 years old				15 to 64 years old				65 years old and over		
	Prefecture	Percentage			Prefecture	Percentage			Prefecture	Percentage	
		2023	2022			2023	2022			2023	2022
	Japan	11.4	11.6		Japan	59.5	59.4		Japan	29.1	29.0
1	Okinawa-ken	16.1	16.3	1	Tokyo-to	66.5	66.3	1	Akita-ken	39.0	38.6
2	Shiga-ken	13.0	13.2	2	Kanagawa-ken	62.9	62.8	2	Kochi-ken	36.3	36.1
3	Saga-ken	12.9	13.2	3	Aichi-ken	61.9	61.7	3	Yamaguchi-ken	35.3	35.2
4	Kumamoto-ken	12.8	13.0	4	Saitama-ken	61.2	61.1	3	Tokushima-ken	35.3	35.0
5	Miyazaki-ken	12.7	12.9	5	Osaka-fu	61.1	60.9	5	Aomori-ken	35.2	34.8
5	Kagoshima-ken	12.7	12.9	⋮	⋮	⋮	⋮	5	Yamagata-ken	35.2	34.8
⋮	⋮	⋮	⋮	42	Nagasaki-ken	53.6	53.8	⋮	⋮	⋮	⋮
43	Kochi-ken	10.5	10.6	42	Miyazaki-ken	53.6	53.7	43	Shiga-ken	27.0	26.8
44	Iwate-ken	10.3	10.6	44	Kagoshima-ken	53.5	53.6	44	Kanagawa-ken	25.9	25.8
45	Hokkaido	10.1	10.3	45	Shimane-ken	53.2	53.3	45	Aichi-ken	25.7	25.6
46	Aomori-ken	10.0	10.2	45	Kochi-ken	53.2	53.3	46	Okinawa-ken	23.8	23.5
47	Akita-ken	9.1	9.3	47	Akita-ken	51.9	52.1	47	Tokyo-to	22.8	22.8

統　　計　　表

STATISTICAL　TABLES

統
計
表

〔注　意〕

単位未満は四捨五入してあるので、合計の数字と内訳の計は必ずしも一致しない。

Note : Figures may not add up to totals because of rounding.

第1表　年　齢　（各　歳）、男　女　別　人　口
Table 1.　Population by Age (Single Years), Sex and Sex ratio

（単位　千人）

年　　齢 Age	総　人　口　Total population				日 本 人 人 口　Japanese population			
	男 女 計 Both sexes	男 Male	女 Female	人口性比 Sex ratio *	男 女 計 Both sexes	男 Male	女 Female	人口性比 Sex ratio *
総　数　Total	124,352	60,492	63,859	94.7	121,193	58,902	62,291	94.6
0 歳 years old	757	388	369	105.2	739	379	360	105.1
1	797	409	388	105.4	780	400	380	105.4
2	828	423	404	104.8	810	414	396	104.7
3	835	427	408	104.6	819	418	400	104.6
4	871	446	425	104.8	853	437	417	104.8
5	915	468	447	104.8	897	459	438	104.8
6	939	480	459	104.7	922	471	450	104.6
7	979	502	477	105.3	961	493	468	105.3
8	1,004	514	490	105.0	987	506	481	105.0
9	1,002	514	488	105.4	985	505	480	105.4
10	1,027	525	501	104.8	1,010	517	494	104.7
11	1,030	527	503	104.8	1,014	519	495	104.7
12	1,056	541	514	105.2	1,041	534	507	105.2
13	1,065	546	519	105.2	1,051	539	512	105.2
14	1,070	548	521	105.2	1,057	542	515	105.2
15	1,090	559	532	105.1	1,076	552	525	105.1
16	1,084	556	528	105.4	1,070	549	521	105.3
17	1,075	551	524	105.2	1,061	544	517	105.1
18	1,089	559	530	105.5	1,064	546	518	105.4
19	1,156	593	562	105.6	1,105	567	537	105.5
20	1,176	606	569	106.4	1,111	572	539	106.3
21	1,227	632	595	106.3	1,146	589	557	105.8
22	1,269	653	616	106.1	1,163	596	567	105.1
23	1,285	663	622	106.6	1,169	599	570	105.0
24	1,280	657	622	105.6	1,170	596	573	104.0
25	1,300	668	631	105.8	1,186	604	582	103.9
26	1,294	665	629	105.9	1,182	602	580	103.7
27	1,291	664	626	106.0	1,182	603	580	104.0
28	1,302	670	632	106.0	1,198	611	587	104.1
29	1,293	666	627	106.1	1,197	611	585	104.4
30	1,262	650	612	106.1	1,168	597	571	104.6
31	1,270	653	617	105.9	1,185	606	579	104.5
32	1,260	647	614	105.3	1,180	602	578	104.2
33	1,283	657	626	104.9	1,202	612	589	103.9
34	1,304	667	637	104.7	1,229	626	603	103.9
35	1,342	687	655	104.8	1,274	650	624	104.3
36	1,376	702	673	104.3	1,312	668	643	103.9
37	1,394	712	682	104.3	1,336	681	655	104.1
38	1,444	734	710	103.5	1,389	707	682	103.6
39	1,492	758	734	103.2	1,438	731	707	103.4
40	1,511	767	744	103.0	1,457	741	717	103.4
41	1,512	766	746	102.7	1,457	741	716	103.4
42	1,523	773	751	103.0	1,476	751	725	103.6
43	1,590	806	784	102.8	1,544	785	759	103.5
44	1,629	826	802	103.0	1,584	807	777	103.8
45	1,689	856	833	102.7	1,648	838	810	103.4
46	1,733	878	854	102.8	1,694	861	832	103.5
47	1,814	920	894	102.9	1,776	903	873	103.5
48	1,887	956	931	102.7	1,851	940	911	103.2
49	1,993	1,010	983	102.8	1,957	995	962	103.3

注)　＊女性100人に対する男性の数

及 び 人 口 性 比－総人口、日本人人口（2023年10月1日現在）
- Total population, Japanese population, October 1, 2023

(Thousand persons)

年　　齢 Age	総　人　口　　Total population				日　本　人　人　口　　Japanese population			
	男 女 計 Both sexes	男 Male	女 Female	人口性比 Sex ratio *	男 女 計 Both sexes	男 Male	女 Female	人口性比 Sex ratio *
50 歳　　years old	2,026	1,023	1,003	102.0	1,990	1,008	982	102.7
51	1,988	1,006	983	102.3	1,952	991	962	103.0
52	1,930	974	956	101.9	1,894	959	934	102.7
53	1,869	942	927	101.6	1,833	928	905	102.5
54	1,837	924	914	101.1	1,803	911	893	102.0
55	1,791	900	891	100.9	1,758	887	871	101.8
56	1,784	895	889	100.6	1,755	883	872	101.3
57	1,391	695	697	99.7	1,364	684	680	100.5
58	1,711	855	856	99.8	1,684	844	840	100.4
59	1,601	799	802	99.5	1,575	788	787	100.1
60	1,558	776	782	99.2	1,532	766	767	99.9
61	1,505	748	757	98.8	1,483	739	744	99.3
62	1,471	729	742	98.3	1,451	721	730	98.8
63	1,476	728	748	97.4	1,457	720	737	97.8
64	1,498	738	760	97.1	1,481	731	750	97.4
65	1,451	711	740	96.1	1,435	704	730	96.4
66	1,405	687	718	95.6	1,390	680	709	95.9
67	1,469	715	754	94.9	1,455	709	745	95.1
68	1,508	732	776	94.4	1,494	726	768	94.6
69	1,499	723	776	93.3	1,486	718	768	93.4
70	1,580	756	824	91.8	1,568	751	817	91.9
71	1,656	788	868	90.8	1,645	783	862	90.9
72	1,737	822	915	89.9	1,727	817	909	89.9
73	1,845	864	981	88.1	1,835	859	976	88.1
74	1,999	931	1,068	87.1	1,989	926	1,063	87.1
75	1,952	900	1,052	85.6	1,943	896	1,047	85.6
76	1,825	836	990	84.5	1,817	832	985	84.5
77	1,116	502	615	81.6	1,110	499	611	81.6
78	1,175	518	657	78.8	1,168	515	653	78.8
79	1,405	610	795	76.7	1,399	607	791	76.8
80	1,327	570	757	75.3	1,321	567	753	75.3
81	1,326	562	765	73.4	1,321	559	761	73.5
82	1,247	520	727	71.5	1,242	518	724	71.6
83	1,090	445	645	69.0	1,086	443	642	69.0
84	905	361	543	66.5	901	360	541	66.6
85	916	355	561	63.2	912	354	559	63.3
86	886	334	552	60.4	883	333	550	60.4
87	827	301	526	57.2	824	300	524	57.3
88	725	252	474	53.2	723	251	472	53.2
89	624	206	418	49.4	622	206	417	49.4
90	562	176	386	45.7	560	176	385	45.7
91	483	144	340	42.3	482	143	339	42.4
92	405	113	293	38.5	404	112	292	38.5
93	327	85	242	35.2	327	85	242	35.2
94	268	65	203	32.0	267	65	202	32.0
95	214	48	166	28.9	213	48	165	28.8
96	148	31	117	26.4	147	31	117	26.4
97	110	21	89	23.8	110	21	89	23.7
98	75	13	63	20.5	75	13	63	20.4
99	50	8	43	17.8	50	8	42	17.8
100 歳以上 and over	87	11	77	13.8	87	11	77	13.8

Note) * Males per 100 females

第 2 表　年　齢　（ 5 歳 階 級 ）、男　女、

Table 2.　Population by Age (Five-Year Groups) and Sex, Monthly Estimates

（単位　千人）

年　齢　階　級 Age groups		男　女　計				
		2022年10月 October 2022	2022年11月 November 2022	2022年12月 December 2022	2023年1月 January 2023	2023年2月 February 2023
		総　人　口				
総　　　数　Total		124,947	124,913	124,861	124,752	124,631
0 ～ 4 歳 years old		4,247	4,236	4,223	4,210	4,192
5 ～ 9		4,948	4,937	4,929	4,925	4,914
10 ～ 14		5,308	5,301	5,297	5,298	5,289
15 ～ 19		5,512	5,514	5,516	5,518	5,509
20 ～ 24		6,263	6,266	6,266	6,259	6,245
25 ～ 29		6,412	6,416	6,420	6,401	6,405
30 ～ 34		6,446	6,441	6,434	6,413	6,413
35 ～ 39		7,212	7,199	7,189	7,168	7,152
40 ～ 44		7,946	7,929	7,915	7,900	7,885
45 ～ 49		9,462	9,439	9,415	9,388	9,347
50 ～ 54		9,435	9,457	9,474	9,496	9,508
55 ～ 59		8,075	8,094	8,112	8,132	8,128
60 ～ 64		7,445	7,458	7,462	7,470	7,464
65 ～ 69		7,535	7,506	7,484	7,467	7,441
70 ～ 74		9,337	9,288	9,245	9,217	9,147
75 ～ 79		7,030	7,076	7,111	7,135	7,195
80 ～ 84		5,743	5,743	5,738	5,735	5,740
85 ～ 89		3,955	3,962	3,969	3,968	3,980
90 ～ 94		1,989	1,998	2,008	2,002	2,019
95 ～ 99		561	564	567	564	571
100 歳 以 上 and over		87	88	88	87	88
（再掲） Regrouped						
15 歳 未 満 Under		14,503	14,474	14,449	14,433	14,395
15 ～ 64		74,208	74,214	74,202	74,146	74,056
65 歳 以 上 and over		36,236	36,225	36,209	36,173	36,180
うち 75 歳 以 上 and over		19,364	19,431	19,481	19,489	19,592
うち 85 歳 以 上 and over		6,592	6,612	6,631	6,620	6,657
		日　本　人　人　口				
総　　　数　Total		122,031	121,969	121,901	121,893	121,721
0 ～ 4 歳 years old		4,163	4,152	4,139	4,128	4,110
5 ～ 9		4,865	4,854	4,846	4,845	4,831
10 ～ 14		5,239	5,232	5,228	5,230	5,218
15 ～ 19		5,418	5,417	5,417	5,421	5,409
20 ～ 24		5,837	5,834	5,830	5,838	5,830
25 ～ 29		5,938	5,935	5,935	5,940	5,936
30 ～ 34		6,074	6,065	6,055	6,053	6,041
35 ～ 39		6,935	6,920	6,908	6,899	6,875
40 ～ 44		7,712	7,694	7,679	7,673	7,650
45 ～ 49		9,276	9,252	9,227	9,206	9,162
50 ～ 54		9,257	9,278	9,296	9,322	9,332
55 ～ 59		7,935	7,954	7,972	7,994	7,988
60 ～ 64		7,347	7,360	7,364	7,372	7,365
65 ～ 69		7,463	7,434	7,412	7,395	7,369
70 ～ 74		9,284	9,235	9,192	9,164	9,093
75 ～ 79		6,994	7,040	7,075	7,099	7,159
80 ～ 84		5,719	5,719	5,714	5,711	5,716
85 ～ 89		3,942	3,949	3,956	3,955	3,967
90 ～ 94		1,984	1,993	2,003	1,997	2,014
95 ～ 99		560	563	566	562	570
100 歳 以 上 and over		87	88	88	86	88
（再掲） Regrouped						
15 歳 未 満 Under		14,268	14,238	14,212	14,203	14,159
15 ～ 64		71,730	71,710	71,683	71,719	71,587
65 歳 以 上 and over		36,033	36,022	36,006	35,970	35,975
うち 75 歳 以 上 and over		19,286	19,353	19,402	19,411	19,513
うち 85 歳 以 上 and over		6,573	6,593	6,613	6,601	6,638

月　別　人　口－総人口、日本人人口（各月１日現在）
- Total population, Japanese population, the First Day, Each Month

(Thousand persons)

	2023年3月 March 2023	2023年4月 April 2023	2023年5月 May 2023	2023年6月 June 2023	2023年7月 July 2023	2023年8月 August 2023	2023年9月 September 2023	2023年10月 October 2023
Total population								
	124,567	124,554	124,477	124,511	124,517	124,439	124,348	124,352
	4,181	4,169	4,154	4,140	4,129	4,114	4,100	4,087
	4,906	4,900	4,889	4,885	4,886	4,867	4,851	4,838
	5,280	5,277	5,268	5,264	5,266	5,259	5,252	5,248
	5,507	5,508	5,516	5,516	5,520	5,515	5,505	5,494
	6,229	6,239	6,247	6,256	6,255	6,245	6,210	6,236
	6,417	6,428	6,421	6,445	6,453	6,458	6,460	6,479
	6,414	6,413	6,394	6,406	6,401	6,393	6,385	6,380
	7,143	7,129	7,104	7,097	7,086	7,062	7,055	7,047
	7,869	7,858	7,839	7,823	7,808	7,786	7,774	7,765
	9,314	9,281	9,246	9,224	9,203	9,172	9,141	9,115
	9,522	9,539	9,549	9,572	9,594	9,612	9,631	9,650
	8,132	8,142	8,158	8,180	8,204	8,233	8,257	8,279
	7,469	7,473	7,480	7,487	7,490	7,495	7,502	7,507
	7,419	7,400	7,390	7,380	7,371	7,356	7,340	7,332
	9,092	9,043	9,003	8,968	8,934	8,902	8,862	8,817
	7,241	7,278	7,318	7,357	7,393	7,425	7,450	7,474
	5,753	5,766	5,782	5,792	5,807	5,831	5,861	5,895
	3,988	3,993	3,998	3,996	3,992	3,988	3,984	3,979
	2,027	2,040	2,043	2,044	2,043	2,044	2,045	2,045
	577	587	589	590	591	593	595	597
	89	91	90	90	89	89	88	87
	14,367	14,346	14,311	14,290	14,281	14,240	14,203	14,173
	74,015	74,010	73,953	74,005	74,015	73,972	73,921	73,952
	36,185	36,198	36,212	36,216	36,220	36,228	36,225	36,227
	19,674	19,755	19,819	19,868	19,915	19,970	20,022	20,078
	6,680	6,711	6,720	6,719	6,715	6,714	6,711	6,708
Japanese population								
	121,631	121,576	121,499	121,448	121,441	121,410	121,270	121,193
	4,097	4,084	4,070	4,055	4,044	4,032	4,015	4,001
	4,822	4,817	4,805	4,800	4,801	4,791	4,767	4,752
	5,209	5,206	5,197	5,192	5,194	5,193	5,179	5,173
	5,407	5,405	5,399	5,396	5,399	5,396	5,381	5,376
	5,822	5,815	5,806	5,804	5,801	5,796	5,777	5,758
	5,936	5,936	5,937	5,936	5,939	5,942	5,942	5,945
	6,032	6,024	6,016	6,008	6,000	5,992	5,977	5,964
	6,860	6,845	6,825	6,808	6,796	6,779	6,762	6,749
	7,633	7,621	7,604	7,582	7,568	7,554	7,532	7,519
	9,128	9,095	9,062	9,036	9,017	8,990	8,953	8,925
	9,345	9,362	9,373	9,394	9,418	9,438	9,454	9,473
	7,992	8,002	8,018	8,039	8,063	8,092	8,115	8,136
	7,369	7,373	7,380	7,386	7,389	7,393	7,399	7,404
	7,347	7,328	7,318	7,308	7,298	7,284	7,267	7,259
	9,038	8,990	8,950	8,915	8,881	8,849	8,809	8,764
	7,205	7,241	7,281	7,320	7,355	7,388	7,412	7,436
	5,728	5,742	5,758	5,767	5,783	5,806	5,837	5,870
	3,975	3,980	3,985	3,983	3,978	3,975	3,970	3,965
	2,022	2,035	2,038	2,039	2,038	2,039	2,040	2,041
	576	586	588	589	590	592	594	596
	88	91	90	90	89	89	88	87
	14,128	14,107	14,072	14,046	14,039	14,017	13,961	13,926
	71,523	71,477	71,421	71,392	71,389	71,372	71,292	71,248
	35,980	35,992	36,007	36,010	36,013	36,021	36,017	36,019
	19,594	19,675	19,739	19,788	19,834	19,889	19,941	19,996
	6,661	6,692	6,701	6,700	6,696	6,695	6,692	6,689

Both sexes

（単位　千人）

年齢階級 Age groups				男				
				2022年10月 October 2022	2022年11月 November 2022	2022年12月 December 2022	2023年1月 January 2023	2023年2月 February 2023
				総　人　口				
総		数	Total	60,758	60,742	60,718	60,658	60,603
0	～	4 歳	years old	2,174	2,168	2,162	2,155	2,146
5	～	9		2,535	2,529	2,525	2,523	2,517
10	～	14		2,720	2,716	2,714	2,714	2,710
15	～	19		2,830	2,831	2,832	2,832	2,827
20	～	24		3,216	3,218	3,217	3,213	3,207
25	～	29		3,295	3,296	3,299	3,287	3,289
30	～	34		3,300	3,298	3,295	3,282	3,284
35	～	39		3,668	3,663	3,658	3,648	3,640
40	～	44		4,028	4,019	4,012	4,005	3,997
45	～	49		4,792	4,781	4,768	4,755	4,735
50	～	54		4,756	4,767	4,776	4,788	4,795
55	～	59		4,036	4,046	4,055	4,065	4,064
60	～	64		3,684	3,690	3,693	3,697	3,695
65	～	69		3,665	3,651	3,640	3,632	3,620
70	～	74		4,405	4,382	4,362	4,347	4,315
75	～	79		3,151	3,173	3,190	3,202	3,231
80	～	84		2,392	2,392	2,390	2,388	2,391
85	～	89		1,429	1,434	1,438	1,436	1,444
90	～	94		560	564	568	566	572
95	～	99		111	112	113	113	114
100 歳	以	上	and over	10	11	11	10	11
（再掲）			Regrouped					
15 歳 未	満		Under	7,428	7,414	7,401	7,392	7,373
15	～	64		37,605	37,609	37,606	37,571	37,533
65 歳	以	上	and over	15,725	15,719	15,711	15,695	15,696
うち 75 歳 以	上		and over	7,655	7,686	7,710	7,716	7,762
うち 85 歳 以	上		and over	2,111	2,120	2,130	2,125	2,140
				日　本　人　人　口				
総		数	Total	59,314	59,283	59,250	59,245	59,161
0	～	4 歳	years old	2,131	2,125	2,119	2,113	2,103
5	～	9		2,492	2,487	2,482	2,481	2,474
10	～	14		2,684	2,681	2,678	2,679	2,673
15	～	19		2,781	2,781	2,781	2,782	2,776
20	～	24		2,987	2,986	2,984	2,987	2,983
25	～	29		3,028	3,027	3,027	3,029	3,026
30	～	34		3,098	3,094	3,089	3,088	3,082
35	～	39		3,529	3,522	3,517	3,513	3,500
40	～	44		3,923	3,913	3,906	3,902	3,891
45	～	49		4,712	4,700	4,688	4,677	4,655
50	～	54		4,685	4,696	4,705	4,720	4,725
55	～	59		3,980	3,989	3,999	4,010	4,008
60	～	64		3,644	3,650	3,652	3,657	3,654
65	～	69		3,634	3,620	3,609	3,601	3,589
70	～	74		4,381	4,358	4,337	4,323	4,291
75	～	79		3,136	3,158	3,174	3,186	3,214
80	～	84		2,383	2,383	2,380	2,379	2,382
85	～	89		1,425	1,429	1,433	1,432	1,439
90	～	94		559	563	567	565	570
95	～	99		111	112	113	112	114
100 歳	以	上	and over	10	11	11	10	11
（再掲）			Regrouped					
15 歳 未	満		Under	7,307	7,292	7,279	7,274	7,251
15	～	64		36,368	36,358	36,347	36,363	36,301
65 歳	以	上	and over	15,639	15,633	15,625	15,608	15,610
うち 75 歳 以	上		and over	7,624	7,655	7,678	7,684	7,730
うち 85 歳 以	上		and over	2,105	2,114	2,124	2,119	2,134

月　別　人　口ー総人口、日本人人口（各月１日現在）（続き）
- Total population, Japanese population, the First Day, Each Month - Continued

(Thousand persons)

Male

2023年3月 March 2023	2023年4月 April 2023	2023年5月 May 2023	2023年6月 June 2023	2023年7月 July 2023	2023年8月 August 2023	2023年9月 September 2023	2023年10月 October 2023
Total population							
60,576	60,572	60,533	60,554	60,553	60,522	60,483	60,492
2,140	2,134	2,126	2,120	2,114	2,107	2,099	2,093
2,513	2,510	2,505	2,503	2,503	2,493	2,485	2,478
2,705	2,703	2,699	2,697	2,698	2,694	2,691	2,689
2,826	2,827	2,831	2,830	2,831	2,829	2,824	2,818
3,200	3,206	3,212	3,217	3,216	3,212	3,196	3,212
3,297	3,303	3,299	3,313	3,318	3,321	3,322	3,333
3,285	3,285	3,276	3,283	3,281	3,278	3,275	3,273
3,636	3,629	3,617	3,614	3,609	3,600	3,596	3,593
3,990	3,984	3,974	3,966	3,957	3,948	3,942	3,938
4,718	4,702	4,685	4,673	4,661	4,646	4,632	4,620
4,802	4,811	4,816	4,827	4,838	4,847	4,858	4,868
4,066	4,071	4,080	4,091	4,104	4,119	4,131	4,143
3,698	3,700	3,704	3,707	3,709	3,712	3,717	3,719
3,609	3,600	3,596	3,591	3,587	3,580	3,572	3,569
4,289	4,267	4,249	4,232	4,217	4,202	4,183	4,161
3,253	3,272	3,291	3,310	3,326	3,341	3,353	3,365
2,398	2,405	2,412	2,415	2,422	2,431	2,444	2,458
1,448	1,452	1,454	1,454	1,452	1,451	1,449	1,448
575	580	581	581	581	582	582	583
116	118	119	119	119	120	120	120
11	11	11	11	11	11	11	11
7,359	7,348	7,330	7,319	7,315	7,294	7,275	7,260
37,518	37,519	37,492	37,522	37,524	37,511	37,493	37,518
15,699	15,705	15,711	15,713	15,714	15,717	15,714	15,714
7,800	7,838	7,867	7,890	7,911	7,936	7,960	7,985
2,149	2,161	2,165	2,165	2,163	2,163	2,162	2,161
Japanese population							
59,117	59,088	59,051	59,022	59,014	58,997	58,937	58,902
2,097	2,091	2,083	2,076	2,070	2,064	2,056	2,049
2,470	2,467	2,462	2,459	2,460	2,454	2,442	2,434
2,668	2,667	2,662	2,659	2,660	2,660	2,653	2,650
2,775	2,774	2,771	2,769	2,769	2,767	2,760	2,757
2,980	2,977	2,973	2,973	2,971	2,968	2,960	2,952
3,027	3,027	3,027	3,027	3,028	3,029	3,029	3,031
3,077	3,073	3,069	3,065	3,061	3,057	3,050	3,043
3,493	3,485	3,475	3,467	3,460	3,452	3,445	3,438
3,882	3,876	3,867	3,856	3,847	3,840	3,831	3,825
4,638	4,621	4,605	4,592	4,580	4,566	4,550	4,537
4,731	4,740	4,746	4,756	4,767	4,777	4,787	4,797
4,009	4,015	4,024	4,035	4,047	4,063	4,074	4,086
3,656	3,658	3,662	3,665	3,667	3,670	3,674	3,677
3,578	3,569	3,565	3,560	3,556	3,549	3,541	3,538
4,265	4,243	4,225	4,208	4,192	4,177	4,159	4,137
3,237	3,256	3,274	3,293	3,310	3,325	3,337	3,349
2,388	2,395	2,402	2,406	2,412	2,422	2,435	2,448
1,443	1,447	1,450	1,449	1,447	1,446	1,445	1,443
573	579	580	580	580	581	581	581
116	118	118	119	119	119	120	120
11	11	11	11	11	11	11	11
7,235	7,225	7,207	7,193	7,190	7,179	7,150	7,132
36,270	36,246	36,220	36,203	36,197	36,188	36,160	36,143
15,612	15,618	15,624	15,626	15,627	15,630	15,627	15,627
7,769	7,806	7,835	7,858	7,879	7,904	7,927	7,952
2,143	2,155	2,158	2,158	2,157	2,157	2,156	2,155

第2表　年　齢　（5　歳　階　級）、男　女、
Table 2.　Population by Age (Five-Year Groups) and Sex, Monthly Estimates

（単位　千人）

年　齢　階　級 Age groups		女				
		2022年10月 October 2022	2022年11月 November 2022	2022年12月 December 2022	2023年1月 January 2023	2023年2月 February 2023
		総　人　口				
総　　　　　数	Total	64,189	64,171	64,143	64,094	64,028
0　～　4　歳	years old	2,073	2,068	2,062	2,055	2,046
5　～　9		2,413	2,408	2,404	2,402	2,397
10　～　14		2,588	2,585	2,583	2,583	2,579
15　～　19		2,682	2,683	2,684	2,686	2,682
20　～　24		3,047	3,049	3,048	3,045	3,038
25　～　29		3,118	3,119	3,121	3,115	3,116
30　～　34		3,146	3,143	3,139	3,131	3,129
35　～　39		3,544	3,536	3,530	3,521	3,512
40　～　44		3,918	3,910	3,903	3,896	3,887
45　～　49		4,671	4,659	4,646	4,633	4,612
50　～　54		4,680	4,690	4,698	4,708	4,713
55　～　59		4,038	4,049	4,057	4,068	4,064
60　～　64		3,761	3,767	3,770	3,773	3,769
65　～　69		3,870	3,855	3,844	3,835	3,821
70　～　74		4,932	4,906	4,884	4,870	4,832
75　～　79		3,878	3,903	3,921	3,933	3,965
80　～　84		3,350	3,351	3,348	3,346	3,349
85　～　89		2,525	2,528	2,531	2,532	2,536
90　～　94		1,429	1,434	1,440	1,436	1,447
95　～　99		449	452	453	451	456
100　歳　以　上	and over	77	77	77	76	77
（再掲）	Regrouped					
15　歳　未　満	Under	7,074	7,061	7,049	7,040	7,022
15　～　64		36,604	36,604	36,597	36,575	36,523
65　歳　以　上	and over	20,511	20,506	20,498	20,479	20,483
うち　75　歳　以　上	and over	11,709	11,745	11,771	11,774	11,830
うち　85　歳　以　上	and over	4,480	4,491	4,502	4,495	4,517
		日　本　人　人　口				
総　　　　　数	Total	62,717	62,687	62,651	62,647	62,560
0　～　4　歳	years old	2,032	2,027	2,021	2,015	2,006
5　～　9		2,373	2,368	2,364	2,363	2,356
10　～　14		2,555	2,552	2,549	2,551	2,545
15　～　19		2,637	2,636	2,636	2,639	2,633
20　～　24		2,850	2,848	2,846	2,851	2,846
25　～　29		2,910	2,909	2,908	2,911	2,909
30　～　34		2,976	2,971	2,966	2,965	2,959
35　～　39		3,405	3,397	3,391	3,387	3,375
40　～　44		3,790	3,781	3,774	3,771	3,759
45　～　49		4,564	4,552	4,539	4,530	4,507
50　～　54		4,572	4,582	4,590	4,603	4,607
55　～　59		3,955	3,965	3,973	3,985	3,981
60　～　64		3,704	3,710	3,712	3,716	3,711
65　～　69		3,829	3,814	3,803	3,794	3,780
70　～　74		4,903	4,877	4,855	4,842	4,803
75　～　79		3,858	3,883	3,901	3,913	3,944
80　～　84		3,336	3,336	3,334	3,331	3,334
85　～　89		2,517	2,520	2,523	2,524	2,527
90　～　94		1,425	1,431	1,436	1,432	1,444
95　～　99		449	451	453	450	456
100　歳　以　上	and over	77	77	77	76	77
（再掲）	Regrouped					
15　歳　未　満	Under	6,960	6,946	6,934	6,929	6,908
15　～　64		35,362	35,351	35,336	35,357	35,287
65　歳　以　上	and over	20,394	20,389	20,381	20,362	20,365
うち　75　歳　以　上	and over	11,662	11,698	11,723	11,726	11,782
うち　85　歳　以　上	and over	4,468	4,479	4,489	4,482	4,504

月　別　人　口－総人口、日本人人口（各月１日現在）（続き）
- Total population, Japanese population, the First Day, Each Month - Continued

(Thousand persons)

			Female				
2023年3月 March 2023	2023年4月 April 2023	2023年5月 May 2023	2023年6月 June 2023	2023年7月 July 2023	2023年8月 August 2023	2023年9月 September 2023	2023年10月 October 2023
Total population							
63,991	63,983	63,944	63,958	63,964	63,917	63,865	63,859
2,041	2,035	2,027	2,021	2,015	2,007	2,000	1,995
2,393	2,390	2,384	2,382	2,382	2,374	2,366	2,360
2,575	2,574	2,569	2,568	2,569	2,565	2,561	2,559
2,681	2,681	2,685	2,686	2,688	2,686	2,681	2,675
3,029	3,033	3,036	3,040	3,039	3,033	3,014	3,024
3,120	3,125	3,122	3,132	3,135	3,137	3,138	3,146
3,129	3,127	3,119	3,123	3,120	3,114	3,110	3,106
3,506	3,499	3,487	3,482	3,477	3,462	3,459	3,454
3,880	3,874	3,865	3,857	3,851	3,838	3,832	3,827
4,595	4,579	4,561	4,551	4,543	4,527	4,509	4,495
4,720	4,728	4,733	4,745	4,757	4,765	4,773	4,782
4,066	4,071	4,078	4,089	4,100	4,115	4,126	4,136
3,771	3,773	3,776	3,780	3,781	3,783	3,786	3,788
3,810	3,800	3,795	3,789	3,784	3,776	3,768	3,763
4,802	4,776	4,754	4,736	4,718	4,700	4,679	4,656
3,988	4,006	4,027	4,048	4,067	4,084	4,096	4,108
3,355	3,361	3,370	3,376	3,385	3,399	3,417	3,437
2,540	2,541	2,544	2,543	2,540	2,537	2,534	2,531
1,452	1,460	1,462	1,462	1,462	1,462	1,462	1,463
461	469	470	471	472	474	475	477
78	80	79	79	78	78	77	77
7,009	6,998	6,981	6,971	6,966	6,946	6,928	6,913
36,496	36,491	36,461	36,484	36,492	36,460	36,427	36,434
20,487	20,494	20,501	20,503	20,505	20,510	20,510	20,512
11,874	11,917	11,953	11,979	12,004	12,034	12,063	12,093
4,531	4,550	4,555	4,555	4,552	4,551	4,549	4,547
Japanese population							
62,514	62,488	62,448	62,425	62,427	62,413	62,333	62,291
2,000	1,994	1,987	1,979	1,974	1,967	1,959	1,953
2,352	2,349	2,344	2,341	2,341	2,337	2,325	2,318
2,541	2,540	2,535	2,533	2,534	2,533	2,526	2,524
2,632	2,631	2,629	2,628	2,630	2,629	2,621	2,619
2,842	2,838	2,833	2,832	2,830	2,828	2,817	2,806
2,909	2,909	2,910	2,910	2,911	2,913	2,913	2,914
2,955	2,951	2,947	2,943	2,939	2,935	2,927	2,921
3,367	3,360	3,350	3,341	3,336	3,327	3,317	3,311
3,750	3,745	3,736	3,727	3,721	3,714	3,701	3,694
4,490	4,474	4,457	4,445	4,437	4,424	4,403	4,388
4,614	4,622	4,627	4,638	4,651	4,661	4,667	4,676
3,982	3,987	3,994	4,004	4,016	4,030	4,041	4,050
3,713	3,714	3,717	3,721	3,722	3,723	3,725	3,727
3,769	3,759	3,753	3,747	3,742	3,735	3,726	3,721
4,774	4,747	4,725	4,707	4,689	4,671	4,650	4,627
3,968	3,986	4,006	4,027	4,046	4,063	4,076	4,088
3,340	3,347	3,356	3,361	3,371	3,384	3,402	3,422
2,531	2,533	2,535	2,534	2,531	2,528	2,525	2,522
1,449	1,456	1,459	1,459	1,458	1,459	1,459	1,459
460	468	469	470	471	473	474	476
78	80	79	79	78	78	77	77
6,893	6,883	6,866	6,853	6,849	6,838	6,811	6,794
35,253	35,231	35,200	35,189	35,192	35,184	35,133	35,106
20,368	20,375	20,382	20,384	20,386	20,391	20,390	20,392
11,825	11,869	11,904	11,930	11,955	11,985	12,013	12,044
4,518	4,537	4,542	4,542	4,539	4,538	4,536	4,534

第3表　年　齢　（5　歳　階　級）、男　女　別

Table 3.　Population and Percentage distribution by Age (Five-Year Groups) and Sex

年　齢　階　級 Age groups	男　女　計　　Both sexes				
	2015年 1)	2020年 2)	2021年	2022年	2023年
人　口（単位　千人）　Population（Thousand persons）					
総　　　数　Total	127,095	126,146	125,502	124,947	124,352
0 ～ 4 歳　years old	5,006	4,541	4,389	4,247	4,087
5 ～ 9	5,319	5,114	5,038	4,948	4,838
10 ～ 14	5,620	5,376	5,357	5,308	5,248
15 ～ 19	6,054	5,706	5,580	5,512	5,494
20 ～ 24	6,091	6,320	6,263	6,263	6,236
25 ～ 29	6,532	6,384	6,379	6,412	6,479
30 ～ 34	7,396	6,714	6,556	6,446	6,380
35 ～ 39	8,417	7,498	7,354	7,212	7,047
40 ～ 44	9,847	8,476	8,173	7,946	7,765
45 ～ 49	8,766	9,868	9,732	9,462	9,115
50 ～ 54	8,024	8,738	9,252	9,435	9,650
55 ～ 59	7,601	7,940	7,824	8,075	8,279
60 ～ 64	8,552	7,442	7,391	7,445	7,507
65 ～ 69	9,759	8,236	7,869	7,535	7,332
70 ～ 74	7,787	9,189	9,672	9,337	8,817
75 ～ 79	6,354	7,065	6,712	7,030	7,474
80 ～ 84	5,026	5,404	5,563	5,743	5,895
85 ～ 89	3,156	3,742	3,872	3,955	3,979
90 ～ 94	1,363	1,811	1,904	1,989	2,045
95 ～ 99	362	500	537	561	597
100 歳 以 上　and over	62	80	85	87	87
（再掲）　Regrouped					
15 歳 未 満　Under	15,945	15,032	14,784	14,503	14,173
15 ～ 64	77,282	75,088	74,504	74,208	73,952
65 歳 以 上　and over	33,868	36,027	36,214	36,236	36,227
65 ～ 74 歳　years old	17,546	17,425	17,541	16,872	16,149
75 歳 以 上　and over	16,322	18,602	18,674	19,364	20,078
割　　合（%）　Percentage distribution					
総　　　数　Total	100.00	100.00	100.00	100.00	100.00
0 ～ 4 歳　years old	3.94	3.60	3.50	3.40	3.29
5 ～ 9	4.19	4.05	4.01	3.96	3.89
10 ～ 14	4.42	4.26	4.27	4.25	4.22
15 ～ 19	4.76	4.52	4.45	4.41	4.42
20 ～ 24	4.79	5.01	4.99	5.01	5.01
25 ～ 29	5.14	5.06	5.08	5.13	5.21
30 ～ 34	5.82	5.32	5.22	5.16	5.13
35 ～ 39	6.62	5.94	5.86	5.77	5.67
40 ～ 44	7.75	6.72	6.51	6.36	6.24
45 ～ 49	6.90	7.82	7.75	7.57	7.33
50 ～ 54	6.31	6.93	7.37	7.55	7.76
55 ～ 59	5.98	6.29	6.23	6.46	6.66
60 ～ 64	6.73	5.90	5.89	5.96	6.04
65 ～ 69	7.68	6.53	6.27	6.03	5.90
70 ～ 74	6.13	7.28	7.71	7.47	7.09
75 ～ 79	5.00	5.60	5.35	5.63	6.01
80 ～ 84	3.95	4.28	4.43	4.60	4.74
85 ～ 89	2.48	2.97	3.09	3.17	3.20
90 ～ 94	1.07	1.44	1.52	1.59	1.64
95 ～ 99	0.28	0.40	0.43	0.45	0.48
100 歳 以 上　and over	0.05	0.06	0.07	0.07	0.07
（再掲）　Regrouped					
15 歳 未 満　Under	12.55	11.92	11.78	11.61	11.40
15 ～ 64	60.81	59.52	59.36	59.39	59.47
65 歳 以 上　and over	26.65	28.56	28.86	29.00	29.13
65 ～ 74 歳　years old	13.81	13.81	13.98	13.50	12.99
75 歳 以 上　and over	12.84	14.75	14.88	15.50	16.15

注　1)　総務省統計局「国勢調査」（年齢不詳の人口を各歳別にあん分した人口）
　　2)　総務省統計局「国勢調査」（不詳補完値）

人　口　及　び　割　合－総人口（各年10月１日現在）
- Total population, October 1, Each Year

年　齢　階　級 Age groups			男　　　　Male				
			2015年 1)	2020年 2)	2021年	2022年	2023年
			人　口（単位　千人）　Population（Thousand persons）				
総	数	Total	61,842	61,350	61,019	60,758	60,492
0 ～ 4 歳		years old	2,561	2,325	2,246	2,174	2,093
5 ～ 9			2,725	2,620	2,581	2,535	2,478
10 ～ 14			2,879	2,756	2,746	2,720	2,689
15 ～ 19			3,112	2,928	2,864	2,830	2,818
20 ～ 24			3,122	3,234	3,205	3,216	3,212
25 ～ 29			3,333	3,279	3,276	3,295	3,333
30 ～ 34			3,751	3,431	3,352	3,300	3,273
35 ～ 39			4,268	3,806	3,736	3,668	3,593
40 ～ 44			4,988	4,299	4,144	4,028	3,938
45 ～ 49			4,422	4,994	4,927	4,792	4,620
50 ～ 54			4,029	4,394	4,658	4,756	4,868
55 ～ 59			3,784	3,967	3,908	4,036	4,143
60 ～ 64			4,210	3,677	3,654	3,684	3,719
65 ～ 69			4,723	3,999	3,824	3,665	3,569
70 ～ 74			3,625	4,337	4,565	4,405	4,161
75 ～ 79			2,817	3,146	2,991	3,151	3,365
80 ～ 84			2,015	2,232	2,310	2,392	2,458
85 ～ 89			1,068	1,324	1,387	1,429	1,448
90 ～ 94			337	499	531	560	583
95 ～ 99			64	93	104	111	120
100 歳 以 上		and over	8	10	10	10	11
（再掲）		Regrouped					
15 歳 未 満		Under	8,164	7,700	7,573	7,428	7,260
15 ～ 64			39,021	38,009	37,724	37,605	37,518
65 歳 以 上		and over	14,657	15,641	15,722	15,725	15,714
65 ～ 74 歳		years old	8,348	8,336	8,389	8,070	7,730
75 歳 以 上		and over	6,309	7,305	7,334	7,655	7,985
			割　合（%）　Percentage distribution				
総	数	Total	100.00	100.00	100.00	100.00	100.00
0 ～ 4 歳		years old	4.14	3.79	3.68	3.58	3.46
5 ～ 9			4.41	4.27	4.23	4.17	4.10
10 ～ 14			4.66	4.49	4.50	4.48	4.44
15 ～ 19			5.03	4.77	4.69	4.66	4.66
20 ～ 24			5.05	5.27	5.25	5.29	5.31
25 ～ 29			5.39	5.35	5.37	5.42	5.51
30 ～ 34			6.07	5.59	5.49	5.43	5.41
35 ～ 39			6.90	6.20	6.12	6.04	5.94
40 ～ 44			8.07	7.01	6.79	6.63	6.51
45 ～ 49			7.15	8.14	8.07	7.89	7.64
50 ～ 54			6.52	7.16	7.63	7.83	8.05
55 ～ 59			6.12	6.47	6.40	6.64	6.85
60 ～ 64			6.81	5.99	5.99	6.06	6.15
65 ～ 69			7.64	6.52	6.27	6.03	5.90
70 ～ 74			5.86	7.07	7.48	7.25	6.88
75 ～ 79			4.56	5.13	4.90	5.19	5.56
80 ～ 84			3.26	3.64	3.79	3.94	4.06
85 ～ 89			1.73	2.16	2.27	2.35	2.39
90 ～ 94			0.54	0.81	0.87	0.92	0.96
95 ～ 99			0.10	0.15	0.17	0.18	0.20
100 歳 以 上		and over	0.01	0.02	0.02	0.02	0.02
（再掲）		Regrouped					
15 歳 未 満		Under	13.20	12.55	12.41	12.23	12.00
15 ～ 64			63.10	61.95	61.82	61.89	62.02
65 歳 以 上		and over	23.70	25.49	25.77	25.88	25.98
65 ～ 74 歳		years old	13.50	13.59	13.75	13.28	12.78
75 歳 以 上		and over	10.20	11.91	12.02	12.60	13.20

Note 1) Statistics Bureau, Ministry of Internal Affairs and Communications, "Population Census"
(Unknown age population is included after being prorated to each age population.)
2) Statistics Bureau, Ministry of Internal Affairs and Communications, "Population Census" (Result with Imputation)

第3表　年齢（5歳階級）、男女別人口及び割合－総人口（各年10月1日現在）（続き）
Table 3.　Population and Percentage distribution by Age (Five-Year Groups) and Sex
－ Total population, October 1, Each Year - Continued

年齢階級 Age groups		女　　　　　　Female				
		2015年 1)	2020年 2)	2021年	2022年	2023年
		人　口（単位　千人）　Population（Thousand persons）				
総　　　　数	Total	65,253	64,797	64,483	64,189	63,859
0 ～ 4 歳	years old	2,445	2,217	2,144	2,073	1,995
5 ～ 9		2,594	2,494	2,457	2,413	2,360
10 ～ 14		2,741	2,620	2,611	2,588	2,559
15 ～ 19		2,942	2,779	2,716	2,682	2,675
20 ～ 24		2,969	3,086	3,058	3,047	3,024
25 ～ 29		3,199	3,105	3,103	3,118	3,146
30 ～ 34		3,645	3,283	3,204	3,146	3,106
35 ～ 39		4,149	3,692	3,618	3,544	3,454
40 ～ 44		4,859	4,178	4,029	3,918	3,827
45 ～ 49		4,344	4,875	4,804	4,671	4,495
50 ～ 54		3,995	4,344	4,594	4,680	4,782
55 ～ 59		3,817	3,973	3,916	4,038	4,136
60 ～ 64		4,342	3,766	3,737	3,761	3,788
65 ～ 69		5,036	4,237	4,045	3,870	3,763
70 ～ 74		4,162	4,852	5,106	4,932	4,656
75 ～ 79		3,537	3,918	3,722	3,878	4,108
80 ～ 84		3,011	3,172	3,253	3,350	3,437
85 ～ 89		2,088	2,418	2,485	2,525	2,531
90 ～ 94		1,026	1,312	1,374	1,429	1,463
95 ～ 99		298	407	433	449	477
100 歳 以 上	and over	53	71	75	77	77
（再掲）	Regrouped					
15 歳 未 満	Under	7,781	7,332	7,212	7,074	6,913
15 ～ 64		38,261	37,079	36,780	36,604	36,434
65 歳 以 上	and over	19,211	20,386	20,492	20,511	20,512
65 ～ 74 歳	years old	9,198	9,089	9,152	8,802	8,419
75 歳 以 上	and over	10,013	11,297	11,340	11,709	12,093
		割　合（%）　Percentage distribution				
総　　　　数	Total	100.00	100.00	100.00	100.00	100.00
0 ～ 4 歳	years old	3.75	3.42	3.32	3.23	3.12
5 ～ 9		3.98	3.85	3.81	3.76	3.69
10 ～ 14		4.20	4.04	4.05	4.03	4.01
15 ～ 19		4.51	4.29	4.21	4.18	4.19
20 ～ 24		4.55	4.76	4.74	4.75	4.74
25 ～ 29		4.90	4.79	4.81	4.86	4.93
30 ～ 34		5.59	5.07	4.97	4.90	4.86
35 ～ 39		6.36	5.70	5.61	5.52	5.41
40 ～ 44		7.45	6.45	6.25	6.10	5.99
45 ～ 49		6.66	7.52	7.45	7.28	7.04
50 ～ 54		6.12	6.70	7.12	7.29	7.49
55 ～ 59		5.85	6.13	6.07	6.29	6.48
60 ～ 64		6.65	5.81	5.80	5.86	5.93
65 ～ 69		7.72	6.54	6.27	6.03	5.89
70 ～ 74		6.38	7.49	7.92	7.68	7.29
75 ～ 79		5.42	6.05	5.77	6.04	6.43
80 ～ 84		4.61	4.90	5.04	5.22	5.38
85 ～ 89		3.20	3.73	3.85	3.93	3.96
90 ～ 94		1.57	2.02	2.13	2.23	2.29
95 ～ 99		0.46	0.63	0.67	0.70	0.75
100 歳 以 上	and over	0.08	0.11	0.12	0.12	0.12
（再掲）	Regrouped					
15 歳 未 満	Under	11.92	11.31	11.18	11.02	10.83
15 ～ 64		58.63	57.22	57.04	57.02	57.05
65 歳 以 上	and over	29.44	31.46	31.78	31.95	32.12
65 ～ 74 歳	years old	14.10	14.03	14.19	13.71	13.18
75 歳 以 上	and over	15.35	17.43	17.59	18.24	18.94

注　1）総務省統計局「国勢調査」
　　　（年齢不詳の人口を各歳別にあん分した人口）
　　2）総務省統計局「国勢調査」（不詳補完値）

Note 1) Statistics Bureau, Ministry of Internal Affairs and Communications, "Population Census"
　　　　(Unknown age population is included after being prorated to each age population.)
　　2) Statistics Bureau, Ministry of Internal Affairs and Communications, "Population Census"
　　　　(Result with Imputation)

第4表　都道府県、男女別人口及び人口性比－総人口、日本人人口（2023年10月 1 日現在）
Table 4. Population by Sex and Sex ratio for Prefectures－Total population, Japanese population, October 1, 2023

（単位　千人）　　　　　　　　　　　　　　　　　　　　　　　　　　　　　　　　　　　　　　（Thousand persons）

都　道　府　県　Prefectures	総　人　口　Total population				日　本　人　人　口　Japanese population			
	男女計 Both sexes	男 Male	女 Female	人口性比 Sex ratio *	男女計 Both sexes	男 Male	女 Female	人口性比 Sex ratio *
全　　　　　国 Japan	124,352	60,492	63,859	94.7	121,193	58,902	62,291	94.6
01 北 海 道 Hokkaido	5,092	2,405	2,688	89.5	5,041	2,380	2,661	89.4
02 青 森 県 Aomori-ken	1,184	559	626	89.3	1,177	556	622	89.4
03 岩 手 県 Iwate-ken	1,163	562	602	93.3	1,154	558	596	93.5
04 宮 城 県 Miyagi-ken	2,264	1,105	1,160	95.2	2,239	1,092	1,147	95.2
05 秋 田 県 Akita-ken	914	432	482	89.6	909	430	479	89.8
06 山 形 県 Yamagata-ken	1,026	498	528	94.2	1,018	494	523	94.5
07 福 島 県 Fukushima-ken	1,767	873	894	97.7	1,751	865	885	97.7
08 茨 城 県 Ibaraki-ken	2,825	1,412	1,412	100.0	2,744	1,369	1,375	99.6
09 栃 木 県 Tochigi-ken	1,897	948	950	99.8	1,848	922	925	99.7
10 群 馬 県 Gumma-ken	1,902	942	960	98.2	1,831	905	926	97.7
11 埼 玉 県 Saitama-ken	7,331	3,640	3,691	98.6	7,113	3,527	3,586	98.4
12 千 葉 県 Chiba-ken	6,257	3,099	3,158	98.1	6,081	3,013	3,068	98.2
13 東 京 都 Tokyo-to	14,086	6,914	7,172	96.4	13,448	6,594	6,854	96.2
14 神 奈 川 県 Kanagawa-ken	9,229	4,578	4,651	98.4	8,970	4,447	4,523	98.3
15 新 潟 県 Niigata-ken	2,126	1,034	1,092	94.7	2,107	1,026	1,082	94.8
16 富 山 県 Toyama-ken	1,007	490	516	95.0	987	480	507	94.8
17 石 川 県 Ishikawa-ken	1,109	539	570	94.5	1,091	529	562	94.1
18 福 井 県 Fukui-ken	744	364	380	95.7	729	357	372	95.9
19 山 梨 県 Yamanashi-ken	796	391	404	96.8	776	382	394	96.8
20 長 野 県 Nagano-ken	2,004	981	1,023	96.0	1,965	963	1,002	96.1
21 岐 阜 県 Gifu-ken	1,931	938	993	94.4	1,868	906	961	94.3
22 静 岡 県 Shizuoka-ken	3,555	1,754	1,801	97.4	3,449	1,702	1,748	97.4
23 愛 知 県 Aichi-ken	7,477	3,726	3,751	99.3	7,195	3,584	3,611	99.2
24 三 重 県 Mie-ken	1,727	844	882	95.7	1,669	815	855	95.3
25 滋 賀 県 Shiga-ken	1,407	695	712	97.5	1,367	673	694	96.9
26 京 都 府 Kyoto-fu	2,535	1,210	1,325	91.3	2,465	1,174	1,290	91.0
27 大 阪 府 Osaka-fu	8,763	4,191	4,572	91.7	8,488	4,053	4,435	91.4
28 兵 庫 県 Hyogo-ken	5,370	2,551	2,819	90.5	5,247	2,490	2,758	90.3
29 奈 良 県 Nara-ken	1,296	609	686	88.8	1,279	601	678	88.7
30 和 歌 山 県 Wakayama-ken	892	420	471	89.2	884	417	467	89.3
31 鳥 取 県 Tottori-ken	537	257	280	91.9	532	255	277	92.2
32 島 根 県 Shimane-ken	650	314	335	93.8	640	310	330	93.9
33 岡 山 県 Okayama-ken	1,847	889	958	92.7	1,814	872	942	92.6
34 広 島 県 Hiroshima-ken	2,738	1,329	1,409	94.3	2,682	1,299	1,383	93.9
35 山 口 県 Yamaguchi-ken	1,298	618	680	90.8	1,279	608	671	90.6
36 徳 島 県 Tokushima-ken	695	332	363	91.7	688	330	359	91.9
37 香 川 県 Kagawa-ken	926	448	478	93.7	910	439	470	93.4
38 愛 媛 県 Ehime-ken	1,291	613	678	90.5	1,277	606	671	90.3
39 高 知 県 Kochi-ken	666	316	351	90.0	660	312	348	89.7
40 福 岡 県 Fukuoka-ken	5,103	2,418	2,685	90.1	5,011	2,369	2,642	89.7
41 佐 賀 県 Saga-ken	795	377	417	90.4	786	373	412	90.5
42 長 崎 県 Nagasaki-ken	1,267	598	670	89.2	1,254	591	663	89.1
43 熊 本 県 Kumamoto-ken	1,709	811	898	90.3	1,685	800	885	90.3
44 大 分 県 Oita-ken	1,096	522	575	90.8	1,079	513	566	90.6
45 宮 崎 県 Miyazaki-ken	1,042	492	550	89.6	1,032	488	544	89.7
46 鹿 児 島 県 Kagoshima-ken	1,549	732	817	89.6	1,533	725	807	89.9
47 沖 縄 県 Okinawa-ken	1,468	723	745	97.0	1,443	708	734	96.5

注）　＊ 女性100人に対する男性の数　　　　　　　　　　　　　Note)　＊　Males per 100 females

32

第5表　都道府県、男女別
Table 5.　Population by Sex for Prefectures

（単位　千人）

都道府県 Prefectures	総人口　男女計 Total population　Both sexes				
	2015年 *	2020年 *	2021年	2022年	2023年
全　　　　　国　Japan	127,095	126,146	125,502	124,947	124,352
01 北 海 道　Hokkaido	5,382	5,225	5,183	5,140	5,092
02 青 森 県　Aomori-ken	1,308	1,238	1,221	1,204	1,184
03 岩 手 県　Iwate-ken	1,280	1,211	1,196	1,181	1,163
04 宮 城 県　Miyagi-ken	2,334	2,302	2,290	2,280	2,264
05 秋 田 県　Akita-ken	1,023	960	945	930	914
06 山 形 県　Yamagata-ken	1,124	1,068	1,055	1,041	1,026
07 福 島 県　Fukushima-ken	1,914	1,833	1,812	1,790	1,767
08 茨 城 県　Ibaraki-ken	2,917	2,867	2,852	2,840	2,825
09 栃 木 県　Tochigi-ken	1,974	1,933	1,921	1,909	1,897
10 群 馬 県　Gumma-ken	1,973	1,939	1,927	1,913	1,902
11 埼 玉 県　Saitama-ken	7,267	7,345	7,340	7,337	7,331
12 千 葉 県　Chiba-ken	6,223	6,284	6,275	6,266	6,257
13 東 京 都　Tokyo-to	13,515	14,048	14,010	14,038	14,086
14 神 奈 川 県　Kanagawa-ken	9,126	9,237	9,236	9,232	9,229
15 新 潟 県　Niigata-ken	2,304	2,201	2,177	2,153	2,126
16 富 山 県　Toyama-ken	1,066	1,035	1,025	1,017	1,007
17 石 川 県　Ishikawa-ken	1,154	1,133	1,125	1,118	1,109
18 福 井 県　Fukui-ken	787	767	760	753	744
19 山 梨 県　Yamanashi-ken	835	810	805	802	796
20 長 野 県　Nagano-ken	2,099	2,048	2,033	2,020	2,004
21 岐 阜 県　Gifu-ken	2,032	1,979	1,961	1,946	1,931
22 静 岡 県　Shizuoka-ken	3,700	3,633	3,608	3,582	3,555
23 愛 知 県　Aichi-ken	7,483	7,542	7,517	7,495	7,477
24 三 重 県　Mie-ken	1,816	1,770	1,756	1,742	1,727
25 滋 賀 県　Shiga-ken	1,413	1,414	1,411	1,409	1,407
26 京 都 府　Kyoto-fu	2,610	2,578	2,561	2,550	2,535
27 大 阪 府　Osaka-fu	8,839	8,838	8,806	8,782	8,763
28 兵 庫 県　Hyogo-ken	5,535	5,465	5,432	5,402	5,370
29 奈 良 県　Nara-ken	1,364	1,324	1,315	1,306	1,296
30 和 歌 山 県　Wakayama-ken	964	923	914	903	892
31 鳥 取 県　Tottori-ken	573	553	549	544	537
32 島 根 県　Shimane-ken	694	671	665	658	650
33 岡 山 県　Okayama-ken	1,922	1,888	1,876	1,862	1,847
34 広 島 県　Hiroshima-ken	2,844	2,800	2,780	2,760	2,738
35 山 口 県　Yamaguchi-ken	1,405	1,342	1,328	1,313	1,298
36 徳 島 県　Tokushima-ken	756	720	712	704	695
37 香 川 県　Kagawa-ken	976	950	942	934	926
38 愛 媛 県　Ehime-ken	1,385	1,335	1,321	1,306	1,291
39 高 知 県　Kochi-ken	728	692	684	676	666
40 福 岡 県　Fukuoka-ken	5,102	5,135	5,124	5,116	5,103
41 佐 賀 県　Saga-ken	833	811	806	801	795
42 長 崎 県　Nagasaki-ken	1,377	1,312	1,297	1,283	1,267
43 熊 本 県　Kumamoto-ken	1,786	1,738	1,728	1,718	1,709
44 大 分 県　Oita-ken	1,166	1,124	1,114	1,107	1,096
45 宮 崎 県　Miyazaki-ken	1,104	1,070	1,061	1,052	1,042
46 鹿 児 島 県　Kagoshima-ken	1,648	1,588	1,576	1,563	1,549
47 沖 縄 県　Okinawa-ken	1,434	1,467	1,468	1,468	1,468

注）　＊　総務省統計局「国勢調査」

人　口－総人口、日本人人口（各年10月 1 日現在）
- Total population, Japanese population, October 1, Each Year

(Thousand persons)

都　道　府　県 Prefectures	総　人　口 Total population			男 Male	
	2015年 *	2020年 *	2021年	2022年	2023年
全　　　　　国　Japan	61,842	61,350	61,019	60,758	60,492
01 北 海 道　Hokkaido	2,537	2,465	2,446	2,427	2,405
02 青 森 県　Aomori-ken	615	583	575	568	559
03 岩 手 県　Iwate-ken	616	583	577	570	562
04 宮 城 県　Miyagi-ken	1,140	1,123	1,117	1,112	1,105
05 秋 田 県　Akita-ken	480	452	446	439	432
06 山 形 県　Yamagata-ken	540	516	511	505	498
07 福 島 県　Fukushima-ken	946	904	894	884	873
08 茨 城 県　Ibaraki-ken	1,454	1,431	1,423	1,418	1,412
09 栃 木 県　Tochigi-ken	982	965	958	952	948
10 群 馬 県　Gumma-ken	973	959	953	947	942
11 埼 玉 県　Saitama-ken	3,628	3,652	3,646	3,643	3,640
12 千 葉 県　Chiba-ken	3,096	3,118	3,111	3,104	3,099
13 東 京 都　Tokyo-to	6,667	6,898	6,875	6,889	6,914
14 神 奈 川 県　Kanagawa-ken	4,559	4,588	4,584	4,579	4,578
15 新 潟 県　Niigata-ken	1,115	1,069	1,057	1,046	1,034
16 富 山 県　Toyama-ken	515	503	498	495	490
17 石 川 県　Ishikawa-ken	559	550	546	543	539
18 福 井 県　Fukui-ken	381	374	371	368	364
19 山 梨 県　Yamanashi-ken	408	397	395	394	391
20 長 野 県　Nagano-ken	1,022	1,000	994	988	981
21 岐 阜 県　Gifu-ken	984	960	952	945	938
22 静 岡 県　Shizuoka-ken	1,821	1,791	1,778	1,766	1,754
23 愛 知 県　Aichi-ken	3,741	3,762	3,746	3,734	3,726
24 三 重 県　Mie-ken	884	864	857	851	844
25 滋 賀 県　Shiga-ken	697	697	696	695	695
26 京 都 府　Kyoto-fu	1,249	1,231	1,223	1,217	1,210
27 大 阪 府　Osaka-fu	4,256	4,236	4,216	4,202	4,191
28 兵 庫 県　Hyogo-ken	2,642	2,600	2,582	2,567	2,551
29 奈 良 県　Nara-ken	644	624	619	614	609
30 和 歌 山 県　Wakayama-ken	453	435	431	426	420
31 鳥 取 県　Tottori-ken	274	264	262	260	257
32 島 根 県　Shimane-ken	333	324	322	318	314
33 岡 山 県　Okayama-ken	922	908	902	896	889
34 広 島 県　Hiroshima-ken	1,376	1,357	1,347	1,338	1,329
35 山 口 県　Yamaguchi-ken	665	637	630	624	618
36 徳 島 県　Tokushima-ken	360	343	340	336	332
37 香 川 県　Kagawa-ken	472	459	455	451	448
38 愛 媛 県　Ehime-ken	654	633	627	620	613
39 高 知 県　Kochi-ken	343	327	323	320	316
40 福 岡 県　Fukuoka-ken	2,410	2,431	2,425	2,423	2,418
41 佐 賀 県　Saga-ken	393	384	382	380	377
42 長 崎 県　Nagasaki-ken	646	617	610	604	598
43 熊 本 県　Kumamoto-ken	841	822	818	814	811
44 大 分 県　Oita-ken	552	533	529	526	522
45 宮 崎 県　Miyazaki-ken	519	505	501	497	492
46 鹿 児 島 県　Kagoshima-ken	773	748	743	738	732
47 沖 縄 県　Okinawa-ken	705	723	723	723	723

Note) * Statistics Bureau, Ministry of Internal Affairs and Communications, "Population Census"

第 5 表　都 道 府 県 、男 女 別
Table 5.　Population by Sex for Prefectures

（単位　千人）

都　道　府　県 Prefectures			総 人 口 Total population		女 Female		
			2015年 *	2020年 *	2021年	2022年	2023年
全	国	Japan	65,253	64,797	64,483	64,189	63,859
01 北　海　道		Hokkaido	2,845	2,760	2,737	2,714	2,688
02 青　森　県		Aomori-ken	694	655	646	636	626
03 岩　手　県		Iwate-ken	664	628	620	611	602
04 宮　城　県		Miyagi-ken	1,194	1,179	1,174	1,168	1,160
05 秋　田　県		Akita-ken	543	507	499	491	482
06 山　形　県		Yamagata-ken	584	552	544	536	528
07 福　島　県		Fukushima-ken	968	929	918	906	894
08 茨　城　県		Ibaraki-ken	1,463	1,436	1,428	1,422	1,412
09 栃　木　県		Tochigi-ken	993	968	963	956	950
10 群　馬　県		Gumma-ken	1,000	980	974	966	960
11 埼　玉　県		Saitama-ken	3,638	3,693	3,694	3,694	3,691
12 千　葉　県		Chiba-ken	3,127	3,166	3,164	3,162	3,158
13 東　京　都		Tokyo-to	6,849	7,149	7,135	7,149	7,172
14 神　奈　川　県		Kanagawa-ken	4,567	4,649	4,652	4,653	4,651
15 新　潟　県		Niigata-ken	1,189	1,133	1,120	1,107	1,092
16 富　山　県		Toyama-ken	551	532	527	522	516
17 石　川　県		Ishikawa-ken	595	583	579	575	570
18 福　井　県		Fukui-ken	405	393	389	385	380
19 山　梨　県		Yamanashi-ken	427	413	410	408	404
20 長　野　県		Nagano-ken	1,077	1,048	1,040	1,032	1,023
21 岐　阜　県		Gifu-ken	1,048	1,018	1,009	1,001	993
22 静　岡　県		Shizuoka-ken	1,879	1,842	1,829	1,816	1,801
23 愛　知　県		Aichi-ken	3,742	3,781	3,771	3,761	3,751
24 三　重　県		Mie-ken	932	906	898	891	882
25 滋　賀　県		Shiga-ken	716	716	715	714	712
26 京　都　府		Kyoto-fu	1,361	1,347	1,339	1,333	1,325
27 大　阪　府		Osaka-fu	4,583	4,602	4,590	4,580	4,572
28 兵　庫　県		Hyogo-ken	2,893	2,865	2,850	2,835	2,819
29 奈　良　県		Nara-ken	720	701	696	691	686
30 和　歌　山　県		Wakayama-ken	510	488	483	477	471
31 鳥　取　県		Tottori-ken	300	289	286	284	280
32 島　根　県		Shimane-ken	361	347	343	340	335
33 岡　山　県		Okayama-ken	999	980	974	966	958
34 広　島　県		Hiroshima-ken	1,468	1,443	1,432	1,422	1,409
35 山　口　県		Yamaguchi-ken	740	705	697	689	680
36 徳　島　県		Tokushima-ken	396	376	372	368	363
37 香　川　県		Kagawa-ken	504	491	487	483	478
38 愛　媛　県		Ehime-ken	731	702	694	686	678
39 高　知　県		Kochi-ken	386	365	361	356	351
40 福　岡　県		Fukuoka-ken	2,691	2,704	2,698	2,693	2,685
41 佐　賀　県		Saga-ken	440	427	424	421	417
42 長　崎　県		Nagasaki-ken	731	695	687	679	670
43 熊　本　県		Kumamoto-ken	945	916	910	904	898
44 大　分　県		Oita-ken	614	590	585	581	575
45 宮　崎　県		Miyazaki-ken	585	565	560	555	550
46 鹿　児　島　県		Kagoshima-ken	875	840	833	825	817
47 沖　縄　県		Okinawa-ken	729	745	745	746	745

注)　＊ 総務省統計局「国勢調査」　　　　Note)　＊　Statistics Bureau, Ministry of Internal Affairs and Communications, "Population Census"

人　口－総人口、日本人人口（各年10月１日現在）（続き）
- Total population, Japanese population, October 1, Each Year - Continued

(Thousand persons)

都　道　府　県 Prefectures	日 本 人 人 口 Japanese population 男 女 計 Both sexes				
	2015年 1)	2020年 2)	2021年	2022年	2023年
全　　　　　国　Japan	125,319	123,399	122,780	122,031	121,193
01 北 海 道 Hokkaido	5,360	5,188	5,147	5,098	5,041
02 青 森 県 Aomori-ken	1,305	1,232	1,216	1,198	1,177
03 岩 手 県 Iwate-ken	1,275	1,203	1,189	1,173	1,154
04 宮 城 県 Miyagi-ken	2,320	2,280	2,269	2,256	2,239
05 秋 田 県 Akita-ken	1,020	956	941	926	909
06 山 形 県 Yamagata-ken	1,118	1,061	1,048	1,033	1,018
07 福 島 県 Fukushima-ken	1,905	1,819	1,799	1,776	1,751
08 茨 城 県 Ibaraki-ken	2,875	2,802	2,785	2,767	2,744
09 栃 木 県 Tochigi-ken	1,948	1,891	1,880	1,865	1,848
10 群 馬 県 Gumma-ken	1,936	1,880	1,866	1,850	1,831
11 埼 玉 県 Saitama-ken	7,160	7,159	7,152	7,136	7,113
12 千 葉 県 Chiba-ken	6,131	6,122	6,114	6,100	6,081
13 東 京 都 Tokyo-to	13,131	13,484	13,459	13,443	13,448
14 神 奈 川 県 Kanagawa-ken	8,979	9,007	9,007	8,991	8,970
15 新 潟 県 Niigata-ken	2,293	2,185	2,161	2,136	2,107
16 富 山 県 Toyama-ken	1,056	1,017	1,008	998	987
17 石 川 県 Ishikawa-ken	1,145	1,117	1,111	1,102	1,091
18 福 井 県 Fukui-ken	777	752	746	738	729
19 山 梨 県 Yamanashi-ken	824	794	789	784	776
20 長 野 県 Nagano-ken	2,072	2,014	1,999	1,984	1,965
21 岐 阜 県 Gifu-ken	1,996	1,925	1,907	1,888	1,868
22 静 岡 県 Shizuoka-ken	3,640	3,541	3,515	3,484	3,449
23 愛 知 県 Aichi-ken	7,315	7,283	7,261	7,228	7,195
24 三 重 県 Mie-ken	1,784	1,719	1,705	1,689	1,669
25 滋 賀 県 Shiga-ken	1,393	1,380	1,377	1,373	1,367
26 京 都 府 Kyoto-fu	2,566	2,520	2,505	2,485	2,465
27 大 阪 府 Osaka-fu	8,684	8,595	8,565	8,524	8,488
28 兵 庫 県 Hyogo-ken	5,456	5,357	5,324	5,287	5,247
29 奈 良 県 Nara-ken	1,356	1,312	1,302	1,291	1,279
30 和 歌 山 県 Wakayama-ken	959	916	907	896	884
31 鳥 取 県 Tottori-ken	570	549	544	539	532
32 島 根 県 Shimane-ken	689	662	655	648	640
33 岡 山 県 Okayama-ken	1,904	1,859	1,847	1,832	1,814
34 広 島 県 Hiroshima-ken	2,809	2,747	2,729	2,708	2,682
35 山 口 県 Yamaguchi-ken	1,393	1,326	1,312	1,297	1,279
36 徳 島 県 Tokushima-ken	752	714	706	698	688
37 香 川 県 Kagawa-ken	969	937	930	920	910
38 愛 媛 県 Ehime-ken	1,377	1,322	1,309	1,294	1,277
39 高 知 県 Kochi-ken	725	687	680	671	660
40 福 岡 県 Fukuoka-ken	5,054	5,055	5,045	5,030	5,011
41 佐 賀 県 Saga-ken	829	805	800	793	786
42 長 崎 県 Nagasaki-ken	1,369	1,303	1,288	1,272	1,254
43 熊 本 県 Kumamoto-ken	1,778	1,722	1,712	1,699	1,685
44 大 分 県 Oita-ken	1,158	1,112	1,102	1,092	1,079
45 宮 崎 県 Miyazaki-ken	1,100	1,063	1,054	1,044	1,032
46 鹿 児 島 県 Kagoshima-ken	1,642	1,577	1,565	1,550	1,533
47 沖 縄 県 Okinawa-ken	1,422	1,447	1,449	1,446	1,443

注 1) 総務省統計局「国勢調査」（国籍不詳をあん分した人口）
2) 総務省統計局「国勢調査」（不詳補完値）

Note 1) Statistics Bureau, Ministry of Internal Affairs and Communications, "Population Census" (Unknown nationality population is included after being prorated to each nationality population.)
2) Statistics Bureau, Ministry of Internal Affairs and Communications, "Population Census" (Result with Imputation)

第5表　都 道 府 県 、男 女 別
Table 5. Population by Sex for Prefectures

（単位　千人）

都　道　府　県　Prefectures	日 本 人 人 口 Japanese population		男 Male		
	2015年 1)	2020年 2)	2021年	2022年	2023年
全　　　　　国　Japan	61,023	60,003	59,687	59,314	58,902
01 北 海 道　Hokkaido	2,528	2,449	2,429	2,407	2,380
02 青　森　県　Aomori-ken	613	581	573	565	556
03 岩　手　県　Iwate-ken	614	580	574	566	558
04 宮　城　県　Miyagi-ken	1,134	1,112	1,107	1,100	1,092
05 秋　田　県　Akita-ken	479	451	444	438	430
06 山　形　県　Yamagata-ken	539	514	508	502	494
07 福　島　県　Fukushima-ken	943	898	888	878	865
08 茨　城　県　Ibaraki-ken	1,434	1,397	1,389	1,380	1,369
09 栃　木　県　Tochigi-ken	970	944	938	930	922
10 群　馬　県　Gumma-ken	955	929	922	914	905
11 埼　玉　県　Saitama-ken	3,580	3,560	3,552	3,542	3,527
12 千　葉　県　Chiba-ken	3,056	3,039	3,033	3,024	3,013
13 東　京　都　Tokyo-to	6,482	6,624	6,606	6,595	6,594
14 神 奈 川 県　Kanagawa-ken	4,490	4,475	4,471	4,459	4,447
15 新　潟　県　Niigata-ken	1,111	1,062	1,051	1,039	1,026
16 富　山　県　Toyama-ken	511	494	490	485	480
17 石　川　県　Ishikawa-ken	554	542	538	534	529
18 福　井　県　Fukui-ken	378	367	364	361	357
19 山　梨　県　Yamanashi-ken	404	390	388	385	382
20 長　野　県　Nagano-ken	1,011	985	978	971	963
21 岐　阜　県　Gifu-ken	968	934	926	916	906
22 静　岡　県　Shizuoka-ken	1,793	1,746	1,733	1,718	1,702
23 愛　知　県　Aichi-ken	3,662	3,633	3,619	3,601	3,584
24 三　重　県　Mie-ken	869	838	831	824	815
25 滋　賀　県　Shiga-ken	687	680	678	676	673
26 京　都　府　Kyoto-fu	1,228	1,203	1,195	1,185	1,174
27 大　阪　府　Osaka-fu	4,183	4,117	4,097	4,074	4,053
28 兵　庫　県　Hyogo-ken	2,605	2,547	2,529	2,510	2,490
29 奈　良　県　Nara-ken	640	618	613	607	601
30 和 歌 山 県　Wakayama-ken	452	432	428	423	417
31 鳥　取　県　Tottori-ken	273	263	261	258	255
32 島　根　県　Shimane-ken	331	320	317	314	310
33 岡　山　県　Okayama-ken	915	894	888	881	872
34 広　島　県　Hiroshima-ken	1,360	1,330	1,322	1,312	1,299
35 山　口　県　Yamaguchi-ken	660	629	623	616	608
36 徳　島　県　Tokushima-ken	359	341	338	334	330
37 香　川　県　Kagawa-ken	469	452	449	444	439
38 愛　媛　県　Ehime-ken	651	627	621	614	606
39 高　知　県　Kochi-ken	341	324	321	317	312
40 福　岡　県　Fukuoka-ken	2,387	2,389	2,384	2,378	2,369
41 佐　賀　県　Saga-ken	392	382	379	377	373
42 長　崎　県　Nagasaki-ken	642	612	606	599	591
43 熊　本　県　Kumamoto-ken	838	815	811	806	800
44 大　分　県　Oita-ken	548	528	523	519	513
45 宮　崎　県　Miyazaki-ken	518	502	498	494	488
46 鹿 児 島 県　Kagoshima-ken	771	744	739	733	725
47 沖　縄　県　Okinawa-ken	698	711	712	710	708

注　1）総務省統計局「国勢調査」（国籍不詳をあん分した人口）
　　2）総務省統計局「国勢調査」（不詳補完値）

人　口－総人口、日本人人口（各年10月１日現在）（続き）
- Total population, Japanese population, October 1, Each Year - Continued

(Thousand persons)

都　道　府　県 Prefectures	日 本 人 人 口 Japanese population　女 Female				
	2015年 1)	2020年 2)	2021年	2022年	2023年
全　　　　　国　Japan	64,297	63,396	63,094	62,717	62,291
01 北　海　道　Hokkaido	2,832	2,740	2,717	2,692	2,661
02 青　森　県　Aomori-ken	691	651	642	633	622
03 岩　手　県　Iwate-ken	661	623	615	606	596
04 宮　城　県　Miyagi-ken	1,186	1,168	1,162	1,156	1,147
05 秋　田　県　Akita-ken	541	505	497	488	479
06 山　形　県　Yamagata-ken	579	547	540	532	523
07 福　島　県　Fukushima-ken	963	921	911	898	885
08 茨　城　県　Ibaraki-ken	1,442	1,405	1,396	1,387	1,375
09 栃　木　県　Tochigi-ken	978	948	942	934	925
10 群　馬　県　Gumma-ken	981	951	944	936	926
11 埼　玉　県　Saitama-ken	3,580	3,599	3,599	3,594	3,586
12 千　葉　県　Chiba-ken	3,075	3,083	3,081	3,076	3,068
13 東　京　都　Tokyo-to	6,649	6,860	6,853	6,848	6,854
14 神　奈　川　県　Kanagawa-ken	4,489	4,532	4,536	4,531	4,523
15 新　潟　県　Niigata-ken	1,181	1,123	1,110	1,097	1,082
16 富　山　県　Toyama-ken	545	523	518	513	507
17 石　川　県　Ishikawa-ken	590	576	572	568	562
18 福　井　県　Fukui-ken	399	385	381	377	372
19 山　梨　県　Yamanashi-ken	420	404	402	398	394
20 長　野　県　Nagano-ken	1,061	1,028	1,021	1,012	1,002
21 岐　阜　県　Gifu-ken	1,028	990	981	972	961
22 静　岡　県　Shizuoka-ken	1,847	1,795	1,782	1,766	1,748
23 愛　知　県　Aichi-ken	3,653	3,651	3,642	3,627	3,611
24 三　重　県　Mie-ken	916	881	873	865	855
25 滋　賀　県　Shiga-ken	706	701	699	697	694
26 京　都　府　Kyoto-fu	1,338	1,317	1,310	1,300	1,290
27 大　阪　府　Osaka-fu	4,501	4,479	4,468	4,450	4,435
28 兵　庫　県　Hyogo-ken	2,851	2,810	2,795	2,777	2,758
29 奈　良　県　Nara-ken	716	694	689	684	678
30 和　歌　山　県　Wakayama-ken	507	484	479	473	467
31 鳥　取　県　Tottori-ken	297	286	283	281	277
32 島　根　県　Shimane-ken	358	342	338	334	330
33 岡　山　県　Okayama-ken	989	965	959	951	942
34 広　島　県　Hiroshima-ken	1,449	1,417	1,407	1,396	1,383
35 山　口　県　Yamaguchi-ken	733	697	689	681	671
36 徳　島　県　Tokushima-ken	393	373	368	364	359
37 香　川　県　Kagawa-ken	500	485	481	476	470
38 愛　媛　県　Ehime-ken	727	696	688	680	671
39 高　知　県　Kochi-ken	384	363	359	354	348
40 福　岡　県　Fukuoka-ken	2,667	2,666	2,661	2,653	2,642
41 佐　賀　県　Saga-ken	437	423	420	417	412
42 長　崎　県　Nagasaki-ken	728	691	682	674	663
43 熊　本　県　Kumamoto-ken	940	907	901	894	885
44 大　分　県　Oita-ken	610	584	579	573	566
45 宮　崎　県　Miyazaki-ken	583	561	556	551	544
46 鹿　児　島　県　Kagoshima-ken	871	833	826	817	807
47 沖　縄　県　Okinawa-ken	724	736	737	736	734

Note 1)　Statistics Bureau, Ministry of Internal Affairs and Communications, "Population Census"
　　　　　(Unknown nationality population is included after being prorated to each nationality population.)
　　　2)　Statistics Bureau, Ministry of Internal Affairs and Communications, "Population Census" (Result with Imputation)

第6表 都道府県別人口の割合－総人口（各年10月1日現在）
Table 6. Percentage of Population by Prefectures－Total population, October 1, Each Year

(%)

都　道　府　県 Prefectures	2015年 *	2020年 *	2021年	2022年	2023年
全　　　　　国　Japan	100.00	100.00	100.00	100.00	100.00
01 北　海　道　Hokkaido	4.23	4.14	4.13	4.11	4.10
02 青　森　県　Aomori-ken	1.03	0.98	0.97	0.96	0.95
03 岩　手　県　Iwate-ken	1.01	0.96	0.95	0.94	0.94
04 宮　城　県　Miyagi-ken	1.84	1.82	1.82	1.82	1.82
05 秋　田　県　Akita-ken	0.81	0.76	0.75	0.74	0.73
06 山　形　県　Yamagata-ken	0.88	0.85	0.84	0.83	0.83
07 福　島　県　Fukushima-ken	1.51	1.45	1.44	1.43	1.42
08 茨　城　県　Ibaraki-ken	2.30	2.27	2.27	2.27	2.27
09 栃　木　県　Tochigi-ken	1.55	1.53	1.53	1.53	1.53
10 群　馬　県　Gumma-ken	1.55	1.54	1.54	1.53	1.53
11 埼　玉　県　Saitama-ken	5.72	5.82	5.85	5.87	5.90
12 千　葉　県　Chiba-ken	4.90	4.98	5.00	5.01	5.03
13 東　京　都　Tokyo-to	10.63	11.14	11.16	11.24	11.33
14 神　奈　川　県　Kanagawa-ken	7.18	7.32	7.36	7.39	7.42
15 新　潟　県　Niigata-ken	1.81	1.75	1.73	1.72	1.71
16 富　山　県　Toyama-ken	0.84	0.82	0.82	0.81	0.81
17 石　川　県　Ishikawa-ken	0.91	0.90	0.90	0.89	0.89
18 福　井　県　Fukui-ken	0.62	0.61	0.61	0.60	0.60
19 山　梨　県　Yamanashi-ken	0.66	0.64	0.64	0.64	0.64
20 長　野　県　Nagano-ken	1.65	1.62	1.62	1.62	1.61
21 岐　阜　県　Gifu-ken	1.60	1.57	1.56	1.56	1.55
22 静　岡　県　Shizuoka-ken	2.91	2.88	2.87	2.87	2.86
23 愛　知　県　Aichi-ken	5.89	5.98	5.99	6.00	6.01
24 三　重　県　Mie-ken	1.43	1.40	1.40	1.39	1.39
25 滋　賀　県　Shiga-ken	1.11	1.12	1.12	1.13	1.13
26 京　都　府　Kyoto-fu	2.05	2.04	2.04	2.04	2.04
27 大　阪　府　Osaka-fu	6.96	7.01	7.02	7.03	7.05
28 兵　庫　県　Hyogo-ken	4.35	4.33	4.33	4.32	4.32
29 奈　良　県　Nara-ken	1.07	1.05	1.05	1.05	1.04
30 和　歌　山　県　Wakayama-ken	0.76	0.73	0.73	0.72	0.72
31 鳥　取　県　Tottori-ken	0.45	0.44	0.44	0.44	0.43
32 島　根　県　Shimane-ken	0.55	0.53	0.53	0.53	0.52
33 岡　山　県　Okayama-ken	1.51	1.50	1.50	1.49	1.49
34 広　島　県　Hiroshima-ken	2.24	2.22	2.21	2.21	2.20
35 山　口　県　Yamaguchi-ken	1.11	1.06	1.06	1.05	1.04
36 徳　島　県　Tokushima-ken	0.59	0.57	0.57	0.56	0.56
37 香　川　県　Kagawa-ken	0.77	0.75	0.75	0.75	0.74
38 愛　媛　県　Ehime-ken	1.09	1.06	1.05	1.05	1.04
39 高　知　県　Kochi-ken	0.57	0.55	0.55	0.54	0.54
40 福　岡　県　Fukuoka-ken	4.01	4.07	4.08	4.09	4.10
41 佐　賀　県　Saga-ken	0.66	0.64	0.64	0.64	0.64
42 長　崎　県　Nagasaki-ken	1.08	1.04	1.03	1.03	1.02
43 熊　本　県　Kumamoto-ken	1.41	1.38	1.38	1.38	1.37
44 大　分　県　Oita-ken	0.92	0.89	0.89	0.89	0.88
45 宮　崎　県　Miyazaki-ken	0.87	0.85	0.85	0.84	0.84
46 鹿　児　島　県　Kagoshima-ken	1.30	1.26	1.26	1.25	1.25
47 沖　縄　県　Okinawa-ken	1.13	1.16	1.17	1.18	1.18

注）　＊ 総務省統計局「国勢調査」　　　Note)　＊　Statistics Bureau, Ministry of Internal Affairs and Communications, "Population Census"

第7表　都　道　府　県　別　人　口　増　減　率¹⁾－総人口
Table 7.　Rates of Population Change by Prefectures¹⁾ － Total population

(‰)

都　道　府　県 Prefectures			2018年10月 ～2019年9月 October 2018 to September 2019 2)	2019年10月 ～2020年9月 October 2019 to September 2020 2)	2020年10月 ～2021年9月 October 2020 to September 2021	2021年10月 ～2022年9月 October 2021 to September 2022	2022年10月 ～2023年9月 October 2022 to September 2023
全		国　Japan	-1.5	-3.2	-5.1	-4.4	-4.8
01　北　海	道	Hokkaido	-6.4	-6.6	-8.0	-8.2	-9.3
02　青　森	県	Aomori-ken	-11.9	-11.6	-13.5	-13.9	-16.6
03　岩　手	県	Iwate-ken	-11.6	-12.3	-11.6	-13.2	-14.7
04　宮　城	県	Miyagi-ken	-3.5	-4.2	-5.1	-4.4	-6.8
05　秋　田	県	Akita-ken	-13.4	-13.0	-15.2	-15.9	-17.5
06　山　形	県	Yamagata-ken	-11.1	-10.9	-12.3	-13.1	-14.2
07　福　島	県	Fukushima-ken	-9.1	-10.1	-11.6	-12.0	-13.1
08　茨　城	県	Ibaraki-ken	-4.4	-4.2	-5.3	-4.3	-5.3
09　栃　木	県	Tochigi-ken	-5.1	-5.2	-6.1	-6.5	-6.0
10　群　馬	県	Gumma-ken	-4.3	-5.0	-6.5	-6.9	-6.0
11　埼　玉	県	Saitama-ken	2.3	0.4	-0.6	-0.5	-0.8
12　千　葉	県	Chiba-ken	1.6	0.3	-1.5	-1.5	-1.5
13　東　京	都	Tokyo-to	8.6	2.9	-2.7	2.0	3.4
14　神　奈　川	県	Kanagawa-ken	3.0	1.4	-0.1	-0.4	-0.4
15　新　潟	県	Niigata-ken	-10.0	-10.2	-11.0	-11.2	-12.2
16　富　山	県	Toyama-ken	-6.8	-8.1	-9.1	-8.7	-9.6
17　石　川	県	Ishikawa-ken	-4.8	-6.0	-6.5	-6.7	-7.8
18　福　井	県	Fukui-ken	-6.8	-5.9	-8.4	-10.0	-11.2
19　山　梨	県	Yamanashi-ken	-6.8	-6.3	-5.7	-4.3	-7.5
20　長　野	県	Nagano-ken	-5.6	-6.3	-7.2	-6.5	-8.0
21　岐　阜	県	Gifu-ken	-4.5	-6.9	-9.0	-7.7	-7.5
22　静　岡	県	Shizuoka-ken	-3.7	-5.4	-7.0	-7.0	-7.5
23　愛　知	県	Aichi-ken	2.1	-1.9	-3.4	-2.9	-2.5
24　三　重	県	Mie-ken	-5.7	-6.9	-8.2	-7.7	-8.8
25　滋　賀	県	Shiga-ken	1.3	-1.7	-2.2	-1.1	-1.6
26　京　都	府	Kyoto-fu	-2.3	-5.2	-6.5	-4.5	-5.7
27　大　阪	府	Osaka-fu	0.4	-0.5	-3.6	-2.7	-2.2
28　兵　庫	県	Hyogo-ken	-2.5	-4.1	-6.0	-5.5	-6.0
29　奈　良	県	Nara-ken	-6.2	-6.5	-6.9	-7.2	-7.9
30　和　歌　山	県	Wakayama-ken	-8.8	-9.3	-9.7	-11.3	-12.7
31　鳥　取	県	Tottori-ken	-7.9	-7.1	-8.6	-9.1	-11.4
32　島　根	県	Shimane-ken	-7.3	-9.3	-9.3	-10.5	-12.7
33　岡　山	県	Okayama-ken	-3.6	-4.4	-6.4	-7.4	-8.4
34　広　島	県	Hiroshima-ken	-4.0	-4.6	-7.2	-7.2	-7.8
35　山　口	県	Yamaguchi-ken	-9.3	-10.7	-10.8	-10.6	-12.1
36　徳　島	県	Tokushima-ken	-11.3	-11.3	-10.5	-11.4	-12.7
37　香　川	県	Kagawa-ken	-5.7	-7.8	-8.4	-8.7	-9.1
38　愛　媛	県	Ehime-ken	-8.1	-8.5	-10.4	-10.9	-11.6
39　高　知	県	Kochi-ken	-11.1	-11.1	-10.8	-12.2	-13.7
40　福　岡	県	Fukuoka-ken	0.6	0.2	-2.2	-1.5	-2.6
41　佐　賀	県	Saga-ken	-5.1	-6.3	-6.7	-6.4	-7.4
42　長　崎	県	Nagasaki-ken	-10.6	-11.1	-11.8	-10.6	-12.5
43　熊　本	県	Kumamoto-ken	-5.2	-6.4	-5.8	-5.7	-5.5
44　大　分	県	Oita-ken	-7.4	-9.4	-8.4	-6.8	-9.5
45　宮　崎	県	Miyazaki-ken	-6.1	-7.0	-7.8	-8.4	-9.6
46　鹿　児　島	県	Kagoshima-ken	-7.7	-8.5	-7.5	-8.7	-8.9
47　沖　縄	県	Okinawa-ken	5.1	4.1	0.7	-0.1	-0.2

注　1)　増減数を期首人口で除したもの（千人比、‰）
　　2)　期首人口は平成27年及び令和2年国勢調査結果
　　　　による補間補正人口

Note　1)　Obtained by dividing the number of the net change by the population
　　　　as of the beginning of the period concerned.
　　　2)　The population as of the beginning of the period concerned is the intercensal
　　　　adjustment by the results of the 2015 and 2020 Population Censuses.

第8表 都道府県別自然増減率[1] －総人口
Table 8. Rates of Natural Change by Prefectures [1] – Total population

(‰)

都道府県 Prefectures		2018年10月 ～2019年9月 October 2018 to September 2019 2)	2019年10月 ～2020年9月 October 2019 to September 2020 2)	2020年10月 ～2021年9月 October 2020 to September 2021	2021年10月 ～2022年9月 October 2021 to September 2022	2022年10月 ～2023年9月 October 2022 to September 2023
全　　　　　　国	Japan	-3.8	-4.0	-4.8	-5.8	-6.7
01 北　海　道	Hokkaido	-6.4	-6.5	-7.7	-8.5	-9.9
02 青　森　県	Aomori-ken	-8.6	-8.7	-9.9	-10.9	-12.7
03 岩　手　県	Iwate-ken	-8.4	-8.5	-9.2	-10.4	-12.1
04 宮　城　県	Miyagi-ken	-4.2	-4.3	-5.1	-6.0	-7.3
05 秋　田　県	Akita-ken	-11.0	-11.3	-12.1	-13.1	-15.0
06 山　形　県	Yamagata-ken	-8.3	-8.2	-9.4	-10.0	-11.2
07 福　島　県	Fukushima-ken	-7.0	-7.1	-8.0	-9.2	-10.4
08 茨　城　県	Ibaraki-ken	-5.2	-5.1	-5.8	-6.9	-7.9
09 栃　木　県	Tochigi-ken	-4.6	-4.9	-5.6	-6.9	-7.9
10 群　馬　県	Gumma-ken	-5.4	-5.5	-6.5	-7.4	-8.6
11 埼　玉　県	Saitama-ken	-2.5	-2.7	-3.8	-4.7	-5.5
12 千　葉　県	Chiba-ken	-3.0	-3.2	-4.1	-5.0	-5.8
13 東　京　都	Tokyo-to	-1.1	-1.2	-2.1	-3.0	-3.4
14 神　奈　川　県	Kanagawa-ken	-2.0	-2.2	-3.2	-4.0	-4.7
15 新　潟　県	Niigata-ken	-7.3	-7.4	-8.2	-9.0	-10.3
16 富　山　県	Toyama-ken	-6.1	-6.2	-7.2	-8.1	-9.4
17 石　川　県	Ishikawa-ken	-4.2	-4.3	-5.1	-6.0	-7.2
18 福　井　県	Fukui-ken	-5.0	-5.0	-5.8	-6.8	-8.0
19 山　梨　県	Yamanashi-ken	-5.8	-5.7	-6.1	-7.2	-8.5
20 長　野　県	Nagano-ken	-5.8	-6.0	-6.6	-7.3	-8.6
21 岐　阜　県	Gifu-ken	-5.1	-5.0	-6.0	-7.0	-7.9
22 静　岡　県	Shizuoka-ken	-4.9	-5.0	-5.8	-6.7	-8.0
23 愛　知　県	Aichi-ken	-1.3	-1.6	-2.3	-3.5	-4.0
24 三　重　県	Mie-ken	-4.9	-5.0	-5.8	-6.7	-7.9
25 滋　賀　県	Shiga-ken	-1.6	-1.6	-2.4	-3.1	-4.0
26 京　都　府	Kyoto-fu	-3.7	-4.1	-4.7	-6.1	-6.6
27 大　阪　府	Osaka-fu	-3.1	-3.2	-4.3	-5.2	-5.7
28 兵　庫　県	Hyogo-ken	-3.6	-3.7	-4.9	-5.7	-6.3
29 奈　良　県	Nara-ken	-4.7	-4.9	-5.8	-7.0	-7.7
30 和　歌　山　県	Wakayama-ken	-7.5	-7.2	-7.8	-9.5	-10.9
31 鳥　取　県	Tottori-ken	-6.4	-6.0	-6.8	-7.6	-9.1
32 島　根　県	Shimane-ken	-7.1	-7.5	-7.9	-8.8	-10.0
33 岡　山　県	Okayama-ken	-4.3	-4.2	-5.0	-6.1	-7.3
34 広　島　県	Hiroshima-ken	-3.8	-3.7	-4.4	-5.6	-6.7
35 山　口　県	Yamaguchi-ken	-7.4	-7.6	-8.3	-9.5	-10.7
36 徳　島　県	Tokushima-ken	-7.3	-7.3	-8.2	-9.3	-10.4
37 香　川　県	Kagawa-ken	-5.6	-6.0	-6.4	-7.6	-8.8
38 愛　媛　県	Ehime-ken	-7.0	-7.3	-8.0	-9.0	-10.2
39 高　知　県	Kochi-ken	-8.4	-8.5	-8.9	-10.8	-12.1
40 福　岡　県	Fukuoka-ken	-2.6	-2.7	-3.5	-4.6	-5.4
41 佐　賀　県	Saga-ken	-4.6	-4.6	-5.2	-6.4	-7.8
42 長　崎　県	Nagasaki-ken	-5.7	-6.2	-7.0	-8.2	-9.2
43 熊　本　県	Kumamoto-ken	-4.5	-4.7	-5.2	-6.7	-7.6
44 大　分　県	Oita-ken	-5.8	-5.9	-6.9	-7.9	-9.5
45 宮　崎　県	Miyazaki-ken	-5.1	-5.7	-6.4	-7.9	-9.2
46 鹿　児　島　県	Kagoshima-ken	-5.9	-6.1	-6.6	-8.1	-8.9
47 沖　縄　県	Okinawa-ken	2.0	1.9	0.9	-0.5	-1.4

注) 1) 増減数を期首人口で除したもの（千人比、‰）
　　2) 期首人口は平成27年及び令和２年国勢調査結果
　　　による補間補正人口

Note) 1) Obtained by dividing the number of the net change by the population
　　　as of the beginning of the period concerned.
　　2) The population as of the beginning of the period concerned is the intercensal
　　　adjustment by the results of the 2015 and 2020 Population Censuses.

第9表　都　道　府　県　別　社　会　増　減　率 [1] －総人口
Table 9.　Rates of Net Migration by Prefectures [1] － Total population

(‰)

都　　道　　府　　県 Prefectures	2018年10月 ～2019年9月 October 2018 to September 2019 2)	2019年10月 ～2020年9月 October 2019 to September 2020 2)	2020年10月 ～2021年9月 October 2020 to September 2021	2021年10月 ～2022年9月 October 2021 to September 2022	2022年10月 ～2023年9月 October 2022 to September 2023
全　　　　　　　国　Japan	1.6	0.3	-0.3	1.4	1.9
01 北　海　道　Hokkaido	-0.4	-0.4	-0.3	0.3	0.6
02 青　森　県　Aomori-ken	-4.4	-3.8	-3.6	-3.0	-3.9
03 岩　手　県　Iwate-ken	-2.8	-3.3	-2.5	-2.8	-2.6
04 宮　城　県　Miyagi-ken	0.2	-0.2	-0.0	1.6	0.5
05 秋　田　県　Akita-ken	-3.7	-3.0	-3.1	-2.8	-2.6
06 山　形　県　Yamagata-ken	-3.2	-3.0	-2.9	-3.2	-3.1
07 福　島　県　Fukushima-ken	-2.7	-3.4	-3.6	-2.9	-2.8
08 茨　城　県　Ibaraki-ken	-0.7	-0.3	0.4	2.6	2.7
09 栃　木　県　Tochigi-ken	-1.5	-1.0	-0.5	0.4	1.9
10 群　馬　県　Gumma-ken	0.5	0.1	-0.0	0.5	2.6
11 埼　玉　県　Saitama-ken	5.2	3.8	3.2	4.2	4.7
12 千　葉　県　Chiba-ken	3.8	3.0	2.6	3.5	4.3
13 東　京　都　Tokyo-to	8.2	2.8	-0.5	5.0	6.8
14 神　奈　川　県　Kanagawa-ken	4.4	3.3	3.1	3.6	4.3
15 新　潟　県　Niigata-ken	-2.7	-2.6	-2.8	-2.2	-1.9
16 富　山　県　Toyama-ken	-0.5	-1.6	-1.9	-0.6	-0.3
17 石　川　県　Ishikawa-ken	-0.8	-1.7	-1.4	-0.7	-0.6
18 福　井　県　Fukui-ken	-2.8	-1.6	-2.5	-3.2	-3.3
19 山　梨　県　Yamanashi-ken	-2.2	-1.5	0.4	2.9	1.0
20 長　野　県　Nagano-ken	-1.2	-1.5	-0.7	0.8	0.7
21 岐　阜　県　Gifu-ken	-0.0	-2.1	-3.0	-0.7	0.5
22 静　岡　県　Shizuoka-ken	0.6	-0.8	-1.3	-0.3	0.4
23 愛　知　県　Aichi-ken	3.4	-0.1	-1.1	0.6	1.5
24 三　重　県　Mie-ken	-1.0	-1.8	-2.5	-1.0	-0.9
25 滋　賀　県　Shiga-ken	2.6	0.0	0.2	2.0	2.4
26 京　都　府　Kyoto-fu	0.7	-1.5	-1.8	1.6	0.9
27 大　阪　府　Osaka-fu	2.7	2.2	0.7	2.6	3.5
28 兵　庫　県　Hyogo-ken	0.3	-0.9	-1.1	0.2	0.2
29 奈　良　県　Nara-ken	-1.9	-1.7	-1.1	-0.2	-0.2
30 和　歌　山　県　Wakayama-ken	-2.9	-3.4	-2.0	-1.8	-1.8
31 鳥　取　県　Tottori-ken	-2.2	-1.7	-1.8	-1.5	-2.3
32 島　根　県　Shimane-ken	-1.2	-2.5	-1.4	-1.7	-2.7
33 岡　山　県　Okayama-ken	-0.2	-0.8	-1.4	-1.3	-1.1
34 広　島　県　Hiroshima-ken	-0.8	-1.3	-2.7	-1.6	-1.1
35 山　口　県　Yamaguchi-ken	-1.5	-2.3	-2.5	-1.2	-1.4
36 徳　島　県　Tokushima-ken	-3.5	-3.1	-2.4	-2.1	-2.3
37 香　川　県　Kagawa-ken	-0.3	-1.6	-2.0	-1.1	-0.2
38 愛　媛　県　Ehime-ken	-2.3	-2.0	-2.4	-1.9	-1.4
39 高　知　県　Kochi-ken	-3.1	-2.7	-2.0	-1.4	-1.6
40 福　岡　県　Fukuoka-ken	1.9	1.8	1.2	3.1	2.8
41 佐　賀　県　Saga-ken	-0.9	-1.8	-1.6	0.0	0.4
42 長　崎　県　Nagasaki-ken	-4.8	-4.6	-4.8	-2.3	-3.3
43 熊　本　県　Kumamoto-ken	-0.9	-1.6	-0.5	0.9	2.1
44 大　分　県　Oita-ken	-1.3	-2.9	-1.5	1.1	-0.1
45 宮　崎　県　Miyazaki-ken	-1.7	-1.8	-1.4	-0.4	-0.4
46 鹿　児　島　県　Kagoshima-ken	-1.5	-1.8	-0.9	-0.6	-0.0
47 沖　縄　県　Okinawa-ken	1.9	1.2	-0.2	0.4	1.2

注) 1) 増減数を期首人口で除したもの（千人比、‰）
　　2) 期首人口は平成27年及び令和2年国勢調査結果
　　　による補間補正人口

Note) 1) Obtained by dividing the number of the net change by the population
　　　as of the beginning of the period concerned.
　　2) The population as of the beginning of the period concerned is the intercensal
　　　adjustment by the results of the 2015 and 2020 Population Censuses.

第10表　都 道 府 県 、年 齢 （ 5 歳 階 級 ）、

Table 10.　Population by Age (Five-Year Groups) and Sex

（単位　千人）

都　道　府　県 Prefectures	総 人 口　　男 女 計							
	総　数 Total	0〜4歳 years old	5〜9	10〜14	15〜19	20〜24	25〜29	30〜34
全　　　　　　　国　Japan	124,352	4,087	4,838	5,248	5,494	6,236	6,479	6,380
01 北　海　道　Hokkaido	5,092	142	176	196	210	226	227	235
02 青　森　県　Aomori-ken	1,184	32	41	45	48	43	44	48
03 岩　手　県　Iwate-ken	1,163	32	41	47	49	44	45	50
04 宮　城　県　Miyagi-ken	2,264	69	86	95	102	121	116	115
05 秋　田　県　Akita-ken	914	22	28	33	35	29	30	34
06 山　形　県　Yamagata-ken	1,026	30	38	42	45	40	39	44
07 福　島　県　Fukushima-ken	1,767	52	67	71	78	69	73	82
08 茨　城　県　Ibaraki-ken	2,825	87	107	119	127	134	134	138
09 栃　木　県　Tochigi-ken	1,897	58	72	80	87	87	88	94
10 群　馬　県　Gumma-ken	1,902	59	71	80	88	90	89	91
11 埼　玉　県　Saitama-ken	7,331	242	284	305	323	386	402	396
12 千　葉　県　Chiba-ken	6,257	205	239	259	273	324	339	332
13 東　京　都　Tokyo-to	14,086	461	526	526	542	856	1,043	943
14 神　奈　川　県　Kanagawa-ken	9,229	301	351	379	400	507	544	505
15 新　潟　県　Niigata-ken	2,126	63	77	88	93	86	86	94
16 富　山　県　Toyama-ken	1,007	31	37	41	45	44	44	45
17 石　川　県　Ishikawa-ken	1,109	37	44	48	52	58	54	52
18 福　井　県　Fukui-ken	744	26	30	34	36	32	33	35
19 山　梨　県　Yamanashi-ken	796	25	30	32	37	39	36	36
20 長　野　県　Nagano-ken	2,004	64	77	87	92	80	84	89
21 岐　阜　県　Gifu-ken	1,931	62	76	87	92	93	86	87
22 静　岡　県　Shizuoka-ken	3,555	111	138	156	162	153	160	168
23 愛　知　県　Aichi-ken	7,477	271	316	340	350	408	428	417
24 三　重　県　Mie-ken	1,727	56	67	76	80	79	81	82
25 滋　賀　県　Shiga-ken	1,407	52	62	68	70	76	72	72
26 京　都　府　Kyoto-fu	2,535	79	94	103	115	154	141	122
27 大　阪　府　Osaka-fu	8,763	296	331	357	382	492	511	475
28 兵　庫　県　Hyogo-ken	5,370	181	214	235	246	260	249	253
29 奈　良　県　Nara-ken	1,296	40	49	55	60	62	53	55
30 和　歌　山　県　Wakayama-ken	892	28	33	37	39	34	35	38
31 鳥　取　県　Tottori-ken	537	19	22	24	25	22	22	24
32 島　根　県　Shimane-ken	650	22	27	29	30	26	26	28
33 岡　山　県　Okayama-ken	1,847	64	75	81	85	95	92	89
34 広　島　県　Hiroshima-ken	2,738	94	113	125	127	132	131	134
35 山　口　県　Yamaguchi-ken	1,298	40	48	55	57	55	52	54
36 徳　島　県　Tokushima-ken	695	21	25	28	29	29	28	29
37 香　川　県　Kagawa-ken	926	30	36	40	42	40	39	42
38 愛　媛　県　Ehime-ken	1,291	39	49	55	57	51	52	56
39 高　知　県　Kochi-ken	666	20	24	26	28	26	25	26
40 福　岡　県　Fukuoka-ken	5,103	190	221	233	234	276	271	263
41 佐　賀　県　Saga-ken	795	30	35	38	39	36	34	36
42 長　崎　県　Nagasaki-ken	1,267	44	52	57	57	49	48	53
43 熊　本　県　Kumamoto-ken	1,709	63	75	81	79	75	73	79
44 大　分　県　Oita-ken	1,096	36	43	48	49	47	45	48
45 宮　崎　県　Miyazaki-ken	1,042	38	45	50	48	40	41	44
46 鹿　児　島　県　Kagoshima-ken	1,549	56	67	74	70	61	60	66
47 沖　縄　県　Okinawa-ken	1,468	72	81	84	78	73	75	80

男　女　別　人　口－総人口、日本人人口（2023年10月 1 日現在）
for Prefectures - Total population, Japanese population, October 1, 2023

(Thousand persons)

				Total population	Both sexes					
35〜39	40〜44	45〜49	50〜54	55〜59	60〜64	65〜69	70〜74	75〜79	80〜84	85歳以上 and over
7,047	7,765	9,115	9,650	8,279	7,507	7,332	8,817	7,474	5,895	6,708
270	306	368	379	341	336	342	425	333	262	320
59	70	82	86	82	86	91	105	80	62	79
59	69	80	81	77	82	87	99	74	62	84
132	149	167	165	143	142	148	170	125	98	122
43	52	62	61	59	68	75	87	64	53	76
54	61	69	68	65	71	77	90	65	53	77
96	106	122	122	116	126	134	149	106	85	112
157	176	206	217	184	173	185	220	179	137	144
109	121	141	145	124	119	127	149	116	86	95
101	115	139	148	126	115	121	146	124	94	104
425	469	558	608	502	419	400	496	444	351	321
363	400	470	514	424	359	346	429	387	302	292
954	1,003	1,102	1,161	985	780	647	735	667	541	615
540	599	709	790	674	540	469	564	512	414	432
112	127	152	152	139	138	150	179	138	109	144
51	58	75	79	64	62	63	79	73	54	64
58	65	82	85	70	66	67	81	73	54	62
39	44	52	54	48	48	48	58	46	36	46
41	45	54	60	56	53	53	61	50	40	48
102	117	145	151	133	127	128	153	132	106	136
100	113	138	147	127	120	120	148	127	99	109
195	216	257	276	239	222	223	269	228	180	200
448	481	564	606	501	424	382	463	419	330	328
92	102	125	134	116	109	106	128	111	87	98
81	90	105	107	89	82	80	96	79	60	66
133	148	183	197	166	146	138	180	165	129	142
494	531	645	726	603	497	445	572	534	439	434
287	321	392	430	365	330	316	387	342	267	296
65	73	90	100	88	81	81	103	91	73	76
45	49	61	67	60	60	60	73	63	50	59
29	33	37	36	32	35	38	44	34	26	37
33	37	44	43	38	41	45	54	44	33	51
100	108	131	136	111	107	111	135	121	92	114
150	165	200	211	173	160	161	199	177	133	155
64	73	89	94	79	79	87	112	95	74	91
35	40	48	49	44	45	51	61	48	37	49
49	55	68	69	57	55	59	74	64	46	59
66	75	91	94	82	83	88	109	89	67	87
32	38	47	48	41	44	46	58	50	37	51
297	329	367	367	309	295	304	370	289	224	264
43	48	53	52	48	51	56	64	46	37	49
64	72	82	86	81	87	95	110	81	65	85
93	102	113	109	104	110	119	135	102	82	114
57	65	75	74	66	69	76	92	74	57	75
54	62	70	68	62	69	76	87	66	52	70
82	92	99	97	95	106	120	129	93	75	107
92	96	105	103	89	89	91	92	55	48	63

第10表　都　道　府　県　、年　齢　（5　歳　階　級）、
Table 10.　Population by Age (Five-Year Groups) and Sex

（単位　千人）

都　道　府　県 Prefectures	総 人 口　男							
	総　数 Total	0～4歳 years old	5～9	10～14	15～19	20～24	25～29	30～34
全　　　　　　国　Japan	60,492	2,093	2,478	2,689	2,818	3,212	3,333	3,273
01 北　海　道　Hokkaido	2,405	73	90	100	108	117	117	119
02 青　森　県　Aomori-ken	559	17	21	23	25	23	23	25
03 岩　手　県　Iwate-ken	562	16	21	24	25	24	24	26
04 宮　城　県　Miyagi-ken	1,105	36	44	48	52	63	60	59
05 秋　田　県　Akita-ken	432	11	14	17	18	16	16	18
06 山　形　県　Yamagata-ken	498	15	19	22	23	21	21	23
07 福　島　県　Fukushima-ken	873	26	34	37	40	38	39	43
08 茨　城　県　Ibaraki-ken	1,412	44	55	61	66	72	73	74
09 栃　木　県　Tochigi-ken	948	30	37	41	45	46	48	51
10 群　馬　県　Gumma-ken	942	30	36	41	46	48	48	49
11 埼　玉　県　Saitama-ken	3,640	124	145	157	165	199	206	206
12 千　葉　県　Chiba-ken	3,099	105	123	133	140	166	175	172
13 東　京　都　Tokyo-to	6,914	236	268	269	277	430	527	478
14 神　奈　川　県　Kanagawa-ken	4,578	154	180	194	206	260	284	263
15 新　潟　県　Niigata-ken	1,034	32	40	45	48	45	45	48
16 富　山　県　Toyama-ken	490	16	19	21	23	24	24	24
17 石　川　県　Ishikawa-ken	539	19	23	24	27	31	29	27
18 福　井　県　Fukui-ken	364	13	15	17	18	17	17	18
19 山　梨　県　Yamanashi-ken	391	13	15	17	19	21	19	19
20 長　野　県　Nagano-ken	981	33	40	44	47	42	45	46
21 岐　阜　県　Gifu-ken	938	31	39	45	47	48	45	45
22 静　岡　県　Shizuoka-ken	1,754	57	71	80	83	81	85	89
23 愛　知　県　Aichi-ken	3,726	140	162	174	180	212	225	221
24 三　重　県　Mie-ken	844	29	34	39	41	41	43	43
25 滋　賀　県　Shiga-ken	695	27	32	35	36	40	38	38
26 京　都　府　Kyoto-fu	1,210	40	48	53	59	79	72	61
27 大　阪　府　Osaka-fu	4,191	152	169	183	195	245	253	236
28 兵　庫　県　Hyogo-ken	2,551	92	110	120	126	129	123	126
29 奈　良　県　Nara-ken	609	21	25	28	31	31	26	27
30 和　歌　山　県　Wakayama-ken	420	14	17	19	20	18	17	19
31 鳥　取　県　Tottori-ken	257	10	11	12	13	12	11	12
32 島　根　県　Shimane-ken	314	11	14	15	15	14	13	14
33 岡　山　県　Okayama-ken	889	33	38	42	44	48	47	45
34 広　島　県　Hiroshima-ken	1,329	48	58	64	65	69	68	70
35 山　口　県　Yamaguchi-ken	618	20	25	28	29	29	27	28
36 徳　島　県　Tokushima-ken	332	11	13	14	15	15	15	15
37 香　川　県　Kagawa-ken	448	16	19	21	22	21	20	22
38 愛　媛　県　Ehime-ken	613	20	25	28	29	27	27	29
39 高　知　県　Kochi-ken	316	10	12	13	15	14	13	13
40 福　岡　県　Fukuoka-ken	2,418	97	113	120	119	139	135	129
41 佐　賀　県　Saga-ken	377	15	18	19	20	18	17	18
42 長　崎　県　Nagasaki-ken	598	22	27	29	29	25	24	27
43 熊　本　県　Kumamoto-ken	811	32	38	42	41	38	37	39
44 大　分　県　Oita-ken	522	18	22	25	26	25	23	24
45 宮　崎　県　Miyazaki-ken	492	19	23	25	25	21	20	22
46 鹿　児　島　県　Kagoshima-ken	732	28	35	38	36	31	30	32
47 沖　縄　県　Okinawa-ken	723	37	41	42	40	38	39	40

男　女　別　人　口－総人口、日本人人口（2023年10月1日現在）（続き）
for Prefectures - Total population, Japanese population, October 1, 2023 - Continued

(Thousand persons)

					Total population	Male				
35～39	40～44	45～49	50～54	55～59	60～64	65～69	70～74	75～79	80～84	85歳以上 and over
3,593	3,938	4,620	4,868	4,143	3,719	3,569	4,161	3,365	2,458	2,161
135	152	183	186	163	161	162	193	143	103	101
30	35	41	42	40	41	43	48	35	24	23
30	35	41	42	39	41	43	47	33	25	25
67	75	85	84	72	70	72	81	57	41	39
22	27	32	31	29	33	36	41	28	20	22
28	31	35	34	32	35	38	44	31	22	24
50	56	64	64	59	63	67	73	50	35	34
83	92	108	113	95	87	91	106	83	61	49
58	64	74	75	63	60	63	72	54	37	31
53	60	72	76	64	58	60	70	57	40	34
220	243	289	315	257	213	198	235	202	153	113
188	206	243	265	218	182	170	203	176	131	102
485	511	559	586	506	398	322	351	297	218	196
280	308	363	404	350	278	233	268	231	176	147
58	65	77	78	70	69	74	86	64	46	44
26	30	39	41	32	30	30	37	33	22	19
29	33	42	43	35	32	32	38	33	23	19
20	22	27	28	24	24	23	28	21	15	14
21	23	28	31	28	26	26	29	23	17	16
52	60	74	77	67	63	63	74	61	46	46
51	57	71	74	63	58	57	70	58	42	36
102	112	132	141	122	111	110	129	105	78	66
235	250	291	312	258	214	189	219	191	142	111
48	52	64	68	58	53	51	60	50	37	33
42	45	53	54	44	40	39	46	36	26	22
66	73	90	97	81	71	66	83	73	53	46
246	262	318	359	297	244	214	263	234	180	141
143	158	192	210	177	158	151	180	152	111	95
32	35	44	48	41	38	38	47	41	31	26
23	24	30	33	28	28	29	34	28	21	18
14	17	19	18	16	17	18	21	15	10	11
17	19	23	22	19	20	22	26	20	13	15
50	54	66	68	55	52	54	64	55	39	36
77	84	101	106	85	78	78	93	80	56	49
33	37	45	47	38	38	42	52	41	30	27
18	21	24	24	21	22	24	29	22	15	15
25	28	34	35	28	27	28	35	29	19	19
33	37	46	46	40	40	42	51	40	27	27
16	19	24	24	20	21	22	27	22	15	15
147	162	181	180	148	141	145	171	127	89	78
21	24	26	25	23	25	27	30	21	14	15
32	35	41	42	38	42	45	52	36	25	26
46	51	56	53	50	53	57	64	46	33	35
29	32	38	37	31	33	36	43	33	23	23
27	31	35	33	30	33	36	41	30	21	22
39	44	49	47	45	51	58	63	42	30	33
46	48	53	52	44	45	45	45	25	21	21

第10表　都 道 府 県 、年 齢 （ 5 歳 階 級 ）、
Table 10.　Population by Age (Five-Year Groups) and Sex

（単位　千人）

都　道　府　県 Prefectures	総人口　女							
	総　数 Total	0〜4歳 years old	5〜9	10〜14	15〜19	20〜24	25〜29	30〜34
全　　　　　国　Japan	63,859	1,995	2,360	2,559	2,675	3,024	3,146	3,106
01 北　海　道　Hokkaido	2,688	69	86	96	102	108	111	116
02 青　森　県　Aomori-ken	626	16	20	22	24	20	21	23
03 岩　手　県　Iwate-ken	602	15	20	23	24	21	21	24
04 宮　城　県　Miyagi-ken	1,160	34	42	46	50	59	56	57
05 秋　田　県　Akita-ken	482	10	14	16	17	13	14	17
06 山　形　県　Yamagata-ken	528	14	18	21	22	18	18	21
07 福　島　県　Fukushima-ken	894	26	33	34	37	31	34	39
08 茨　城　県　Ibaraki-ken	1,412	42	52	58	62	62	61	64
09 栃　木　県　Tochigi-ken	950	28	35	39	42	41	40	43
10 群　馬　県　Gumma-ken	960	29	35	39	43	42	41	42
11 埼　玉　県　Saitama-ken	3,691	118	139	149	157	187	196	190
12 千　葉　県　Chiba-ken	3,158	100	117	126	133	158	164	160
13 東　京　都　Tokyo-to	7,172	225	258	256	266	426	516	465
14 神　奈　川　県　Kanagawa-ken	4,651	147	172	185	194	247	260	242
15 新　潟　県　Niigata-ken	1,092	31	38	43	45	40	41	45
16 富　山　県　Toyama-ken	516	15	18	20	21	20	21	21
17 石　川　県　Ishikawa-ken	570	18	21	23	25	27	25	25
18 福　井　県　Fukui-ken	380	12	14	16	17	14	15	17
19 山　梨　県　Yamanashi-ken	404	12	14	16	18	18	16	17
20 長　野　県　Nagano-ken	1,023	31	38	42	45	37	39	43
21 岐　阜　県　Gifu-ken	993	30	37	42	45	45	41	42
22 静　岡　県　Shizuoka-ken	1,801	54	67	76	79	72	75	79
23 愛　知　県　Aichi-ken	3,751	132	154	166	170	195	203	197
24 三　重　県　Mie-ken	882	27	33	37	39	38	38	39
25 滋　賀　県　Shiga-ken	712	26	30	33	34	35	34	34
26 京　都　府　Kyoto-fu	1,325	38	46	50	56	76	70	61
27 大　阪　府　Osaka-fu	4,572	145	162	175	187	246	258	239
28 兵　庫　県　Hyogo-ken	2,819	88	104	115	120	130	126	127
29 奈　良　県　Nara-ken	686	20	24	27	30	31	27	28
30 和　歌　山　県　Wakayama-ken	471	14	16	18	19	16	17	19
31 鳥　取　県　Tottori-ken	280	9	11	12	12	11	11	12
32 島　根　県　Shimane-ken	335	11	13	14	14	12	12	14
33 岡　山　県　Okayama-ken	958	31	36	40	41	47	45	44
34 広　島　県　Hiroshima-ken	1,409	46	55	61	62	62	62	64
35 山　口　県　Yamaguchi-ken	680	20	23	27	28	26	25	26
36 徳　島　県　Tokushima-ken	363	10	12	13	14	14	13	14
37 香　川　県　Kagawa-ken	478	15	18	20	21	19	19	20
38 愛　媛　県　Ehime-ken	678	19	24	27	27	24	25	27
39 高　知　県　Kochi-ken	351	10	12	13	14	12	12	13
40 福　岡　県　Fukuoka-ken	2,685	93	108	114	115	137	136	134
41 佐　賀　県　Saga-ken	417	14	17	19	19	18	17	18
42 長　崎　県　Nagasaki-ken	670	21	25	28	28	23	24	27
43 熊　本　県　Kumamoto-ken	898	31	37	39	39	37	36	40
44 大　分　県　Oita-ken	575	18	21	23	24	22	22	23
45 宮　崎　県　Miyazaki-ken	550	18	22	24	24	20	20	22
46 鹿　児　島　県　Kagoshima-ken	817	28	33	36	34	30	30	34
47 沖　縄　県　Okinawa-ken	745	35	40	41	38	35	37	40

男　女　別　人　口ー総人口、日本人人口（2023年10月1日現在）（続き）
for Prefectures - Total population, Japanese population, October 1, 2023 – Continued

(Thousand persons)

				Total population		Female				
35〜39	40〜44	45〜49	50〜54	55〜59	60〜64	65〜69	70〜74	75〜79	80〜84	85歳以上 and over
3,454	3,827	4,495	4,782	4,136	3,788	3,763	4,656	4,108	3,437	4,547
135	154	185	193	178	175	180	231	190	159	219
29	34	40	43	42	45	48	57	45	39	57
29	33	39	39	38	41	44	52	41	38	59
65	74	82	81	71	72	76	89	67	57	83
21	26	30	31	30	35	39	46	36	33	54
26	30	34	34	33	36	39	46	35	31	53
46	51	58	59	57	62	67	76	57	49	78
74	84	98	104	90	87	93	114	96	76	95
51	58	67	70	61	59	64	77	62	49	64
48	55	67	72	62	57	61	76	66	54	70
205	227	269	293	244	206	202	261	243	198	208
175	193	227	249	206	177	176	226	211	170	190
469	492	542	575	479	382	326	385	370	323	418
260	291	345	386	324	262	236	296	281	239	284
54	62	74	74	70	69	76	93	74	63	100
24	28	36	38	32	31	33	42	40	31	45
28	32	40	42	36	34	35	43	40	31	44
19	21	25	27	24	24	25	30	25	21	32
19	22	27	29	28	26	27	32	27	23	33
50	57	71	74	66	64	65	79	71	60	91
49	56	68	73	64	62	63	78	68	57	73
93	105	125	134	118	111	113	140	124	103	134
213	230	273	293	243	210	193	244	229	188	217
44	50	61	66	58	55	55	68	60	50	66
39	44	52	53	45	42	41	50	42	33	44
67	76	93	100	85	75	72	97	92	75	96
248	268	327	367	306	253	231	309	300	259	293
144	163	200	220	189	172	165	208	190	156	201
33	38	46	52	47	43	43	55	50	41	50
22	25	31	34	32	31	31	39	35	30	41
14	16	18	18	17	18	20	23	19	15	26
16	18	21	21	19	21	23	28	24	20	36
49	54	65	68	57	55	57	71	67	53	78
73	82	99	105	87	82	83	105	97	78	106
31	36	44	47	41	41	45	59	53	44	63
17	20	24	25	23	23	26	32	26	22	34
24	27	34	34	29	28	31	39	35	26	40
33	37	45	47	43	44	47	58	49	40	61
16	19	23	24	21	22	24	31	27	22	36
150	167	186	187	161	154	160	199	163	135	187
22	24	27	26	25	27	29	34	25	22	35
32	37	42	44	43	45	50	58	45	39	59
47	52	57	56	55	57	62	71	56	49	79
28	32	37	38	34	36	40	49	41	34	52
28	32	36	34	33	36	40	46	36	31	48
42	47	50	50	50	55	62	66	50	45	74
46	48	52	51	45	45	46	47	29	28	42

第10表　都 道 府 県 、 年 齢 （ 5 歳 階 級 ）、
Table 10.　Population by Age (Five-Year Groups) and Sex

（単位　千人）

都　道　府　県 Prefectures	日 本 人 人 口　　男 女 計							
	総　数 Total	0～4歳 years old	5～9	10～14	15～19	20～24	25～29	30～34
全　　　　　　国 Japan	121,193	4,001	4,752	5,173	5,376	5,758	5,945	5,964
01 北　海　道 Hokkaido	5,041	142	175	195	208	214	215	226
02 青　森　県 Aomori-ken	1,177	32	41	45	48	42	43	48
03 岩　手　県 Iwate-ken	1,154	32	41	47	49	42	43	49
04 宮　城　県 Miyagi-ken	2,239	69	86	94	101	116	110	112
05 秋　田　県 Akita-ken	909	21	28	33	35	28	29	34
06 山　形　県 Yamagata-ken	1,018	30	37	42	45	38	38	43
07 福　島　県 Fukushima-ken	1,751	52	67	71	77	66	70	80
08 茨　城　県 Ibaraki-ken	2,744	84	104	117	124	121	119	127
09 栃　木　県 Tochigi-ken	1,848	56	71	79	85	79	79	87
10 群　馬　県 Gumma-ken	1,831	56	68	78	85	80	77	82
11 埼　玉　県 Saitama-ken	7,113	233	276	299	315	357	368	366
12 千　葉　県 Chiba-ken	6,081	198	233	254	268	306	312	307
13 東　京　都 Tokyo-to	13,448	445	508	510	517	768	935	854
14 神　奈　川　県 Kanagawa-ken	8,970	293	343	372	392	479	505	469
15 新　潟　県 Niigata-ken	2,107	62	77	88	92	82	83	92
16 富　山　県 Toyama-ken	987	31	36	40	44	40	41	42
17 石　川　県 Ishikawa-ken	1,091	36	44	47	52	55	49	50
18 福　井　県 Fukui-ken	729	25	30	33	35	29	30	33
19 山　梨　県 Yamanashi-ken	776	25	29	32	36	36	33	34
20 長　野　県 Nagano-ken	1,965	64	77	86	91	75	78	85
21 岐　阜　県 Gifu-ken	1,868	60	74	85	89	83	75	79
22 静　岡　県 Shizuoka-ken	3,449	107	134	152	157	139	144	156
23 愛　知　県 Aichi-ken	7,195	261	305	331	339	372	385	382
24 三　重　県 Mie-ken	1,669	54	65	74	78	71	72	75
25 滋　賀　県 Shiga-ken	1,367	51	61	67	69	70	65	67
26 京　都　府 Kyoto-fu	2,465	77	93	102	112	140	129	115
27 大　阪　府 Osaka-fu	8,488	290	324	352	373	452	469	442
28 兵　庫　県 Hyogo-ken	5,247	178	211	233	242	240	230	240
29 奈　良　県 Nara-ken	1,279	40	49	55	60	59	50	53
30 和　歌　山　県 Wakayama-ken	884	28	33	37	39	33	33	37
31 鳥　取　県 Tottori-ken	532	19	22	24	24	21	21	23
32 島　根　県 Shimane-ken	640	22	26	28	29	24	24	27
33 岡　山　県 Okayama-ken	1,814	64	74	81	84	88	85	84
34 広　島　県 Hiroshima-ken	2,682	93	112	124	125	122	120	126
35 山　口　県 Yamaguchi-ken	1,279	40	48	55	57	51	49	52
36 徳　島　県 Tokushima-ken	688	21	25	27	29	28	27	28
37 香　川　県 Kagawa-ken	910	30	36	40	42	36	36	40
38 愛　媛　県 Ehime-ken	1,277	39	48	55	56	48	49	54
39 高　知　県 Kochi-ken	660	20	24	26	28	25	24	25
40 福　岡　県 Fukuoka-ken	5,011	187	219	232	231	256	252	251
41 佐　賀　県 Saga-ken	786	29	35	38	39	33	32	35
42 長　崎　県 Nagasaki-ken	1,254	43	52	57	57	45	45	51
43 熊　本　県 Kumamoto-ken	1,685	63	75	81	78	69	67	75
44 大　分　県 Oita-ken	1,079	36	43	48	48	42	41	45
45 宮　崎　県 Miyazaki-ken	1,032	38	45	50	48	37	39	43
46 鹿　児　島　県 Kagoshima-ken	1,533	56	67	74	69	56	57	64
47 沖　縄　県 Okinawa-ken	1,443	71	80	83	77	68	71	77

男　女　別　人　口－総人口、日本人人口（2023年10月１日現在）（続き）
for Prefectures - Total population, Japanese population, October 1, 2023 – Continued

(Thousand persons)

					Japanese population		Both sexes			
35～39	40～44	45～49	50～54	55～59	60～64	65～69	70～74	75～79	80～84	85歳以上 and over
6,749	7,519	8,925	9,473	8,136	7,404	7,259	8,764	7,436	5,870	6,689
265	302	366	378	340	335	341	424	332	262	320
59	69	81	85	82	86	91	105	80	62	79
58	68	80	80	77	81	87	99	74	62	84
130	147	166	163	142	141	147	170	124	97	122
43	52	61	61	59	68	75	87	64	53	76
53	61	69	67	64	71	77	89	65	53	76
95	105	121	121	115	125	133	149	106	84	112
150	170	202	212	180	171	183	219	178	137	144
105	118	138	142	121	117	126	149	116	85	95
95	109	135	144	123	113	119	145	123	94	104
403	451	545	595	491	412	396	493	443	350	321
345	384	459	502	414	353	342	427	385	301	291
887	947	1,061	1,124	957	760	635	727	662	538	612
513	576	691	773	660	531	463	560	509	413	430
110	126	150	151	138	137	149	178	138	109	144
49	57	73	78	64	61	63	79	73	53	64
56	64	81	84	70	66	67	81	73	54	62
38	43	51	53	47	48	48	58	46	36	46
39	44	53	59	54	52	53	61	49	40	48
99	114	142	148	130	125	127	152	132	106	136
94	108	134	144	125	119	119	147	126	99	109
186	207	250	269	234	218	221	268	228	180	200
421	456	545	589	488	416	376	459	416	328	327
87	97	121	130	113	107	105	127	110	86	98
78	87	103	105	87	81	79	95	78	59	66
128	144	180	194	163	143	136	177	162	127	141
471	512	631	712	590	485	434	562	526	433	429
278	313	385	423	359	324	311	382	339	264	294
64	72	89	100	87	80	80	102	90	73	75
44	49	60	67	60	59	60	73	62	50	59
28	32	37	36	32	35	38	44	34	26	37
32	37	43	42	37	41	45	54	44	33	51
97	106	129	134	110	107	110	134	121	91	113
144	161	197	208	171	159	160	198	176	133	155
63	72	88	93	79	79	86	111	94	74	91
34	40	47	48	44	45	50	61	48	37	49
48	54	67	68	57	55	59	74	64	46	59
64	74	90	93	82	83	88	109	89	67	87
32	37	47	47	41	44	46	57	50	37	51
290	323	363	363	306	293	302	368	288	223	264
42	48	53	51	48	51	55	64	46	37	49
63	71	82	85	80	87	95	110	81	65	85
91	101	112	109	104	110	119	135	102	81	114
55	64	74	74	65	69	76	92	74	57	75
54	62	70	67	62	69	76	87	66	52	70
80	91	98	96	95	105	120	129	93	75	107
90	94	104	102	88	89	91	92	54	48	63

50

第10表　都　道　府　県、年　齢　（ 5 　歳　階　級）、
Table 10. Population by Age (Five-Year Groups) and Sex

（単位　千人）

都　道　府　県 Prefectures	日　本　人　人　口　　　　男							
	総　数 Total	0〜4歳 years old	5〜9	10〜14	15〜19	20〜24	25〜29	30〜34
全　　　　　国　Japan	58,902	2,049	2,434	2,650	2,757	2,952	3,031	3,043
01 北　海　道　Hokkaido	2,380	73	90	100	107	112	111	115
02 青　森　県　Aomori-ken	556	16	21	23	25	22	23	25
03 岩　手　県　Iwate-ken	558	16	21	24	25	23	23	25
04 宮　城　県　Miyagi-ken	1,092	35	44	48	52	60	57	57
05 秋　田　県　Akita-ken	430	11	14	17	18	15	15	17
06 山　形　県　Yamagata-ken	494	15	19	22	23	21	20	22
07 福　島　県　Fukushima-ken	865	26	34	37	40	36	37	42
08 茨　城　県　Ibaraki-ken	1,369	43	54	60	64	65	64	68
09 栃　木　県　Tochigi-ken	922	29	37	40	44	41	42	47
10 群　馬　県　Gumma-ken	905	29	35	40	44	42	41	43
11 埼　玉　県　Saitama-ken	3,527	119	141	153	161	181	186	188
12 千　葉　県　Chiba-ken	3,013	102	120	130	138	156	159	158
13 東　京　都　Tokyo-to	6,594	227	259	261	264	382	469	432
14 神　奈　川　県　Kanagawa-ken	4,447	150	175	190	201	244	261	243
15 新　潟　県　Niigata-ken	1,026	32	40	45	47	44	43	47
16 富　山　県　Toyama-ken	480	16	18	21	23	22	21	22
17 石　川　県　Ishikawa-ken	529	19	22	24	27	29	26	25
18 福　井　県　Fukui-ken	357	13	15	17	18	16	16	17
19 山　梨　県　Yamanashi-ken	382	13	15	16	18	19	18	18
20 長　野　県　Nagano-ken	963	33	39	44	47	40	41	44
21 岐　阜　県　Gifu-ken	906	30	38	43	45	42	39	41
22 静　岡　県　Shizuoka-ken	1,702	55	69	78	81	74	76	82
23 愛　知　県　Aichi-ken	3,584	134	156	170	174	194	200	201
24 三　重　県　Mie-ken	815	28	33	38	40	37	38	39
25 滋　賀　県　Shiga-ken	673	26	31	34	36	37	34	34
26 京　都　府　Kyoto-fu	1,174	40	47	52	58	71	65	57
27 大　阪　府　Osaka-fu	4,053	148	166	180	190	224	229	218
28 兵　庫　県　Hyogo-ken	2,490	91	109	119	124	119	112	119
29 奈　良　県　Nara-ken	601	21	25	28	30	29	24	26
30 和　歌　山　県　Wakayama-ken	417	14	17	19	20	17	17	19
31 鳥　取　県　Tottori-ken	255	10	11	12	13	11	11	12
32 島　根　県　Shimane-ken	310	11	14	15	15	13	13	14
33 岡　山　県　Okayama-ken	872	33	38	41	44	44	43	42
34 広　島　県　Hiroshima-ken	1,299	47	57	63	64	64	62	65
35 山　口　県　Yamaguchi-ken	608	20	25	28	29	27	26	27
36 徳　島　県　Tokushima-ken	330	11	13	14	15	15	14	15
37 香　川　県　Kagawa-ken	439	15	18	21	21	19	18	20
38 愛　媛　県　Ehime-ken	606	20	25	28	29	25	25	27
39 高　知　県　Kochi-ken	312	10	12	13	14	13	12	13
40 福　岡　県　Fukuoka-ken	2,369	95	112	119	117	127	123	122
41 佐　賀　県　Saga-ken	373	15	18	19	20	17	16	17
42 長　崎　県　Nagasaki-ken	591	22	27	29	29	24	23	26
43 熊　本　県　Kumamoto-ken	800	32	38	41	40	35	34	37
44 大　分　県　Oita-ken	513	18	22	25	25	22	21	23
45 宮　崎　県　Miyazaki-ken	488	19	23	25	24	19	20	22
46 鹿　児　島　県　Kagoshima-ken	725	28	34	38	36	29	28	31
47 沖　縄　県　Okinawa-ken	708	36	41	42	40	35	36	38

男 女 別 人 口－総人口、日本人人口（2023年10月1日現在）（続き）
for Prefectures - Total population, Japanese population, October 1, 2023 – Continued

(Thousand persons)

					Japanese population		Male			
35～39	40～44	45～49	50～54	55～59	60～64	65～69	70～74	75～79	80～84	85歳以上 and over
3,438	3,825	4,537	4,797	4,086	3,677	3,538	4,137	3,349	2,448	2,155
133	150	182	186	162	160	161	193	143	103	101
30	35	41	42	40	41	43	48	35	24	23
30	35	41	41	38	41	43	47	33	25	25
66	74	84	83	72	70	72	81	57	41	39
22	27	32	31	29	33	36	41	28	20	22
27	31	35	34	32	35	38	44	31	22	24
50	55	64	63	59	63	67	73	50	35	34
79	89	106	111	93	86	90	105	83	61	48
55	62	73	74	62	59	63	72	54	37	31
50	57	70	74	63	57	59	69	57	40	34
208	234	284	310	254	210	197	234	201	152	113
178	199	238	261	215	180	169	202	175	131	102
451	484	540	570	494	390	316	347	295	217	195
265	297	356	397	344	274	230	266	230	175	147
57	65	77	78	70	69	74	85	64	46	44
25	30	38	40	32	30	30	37	33	22	19
29	32	41	43	35	32	32	38	33	22	19
20	22	26	27	23	24	23	28	21	15	14
20	22	27	30	28	26	26	29	23	17	16
51	59	73	77	66	63	63	73	61	46	46
49	55	69	73	62	58	57	69	58	42	36
97	108	129	139	119	110	109	128	104	77	66
221	240	283	305	252	210	186	217	189	141	111
45	50	62	67	57	52	50	60	50	37	32
40	44	52	53	44	39	38	45	36	26	22
64	71	89	96	80	69	65	81	72	53	46
234	253	311	353	291	239	209	259	230	178	140
138	154	189	206	174	155	148	178	151	110	94
31	35	43	48	41	38	38	47	40	31	26
22	24	30	33	28	28	28	34	28	20	18
14	16	19	18	16	17	18	21	15	10	11
16	19	23	22	19	20	22	26	20	13	15
49	54	65	67	54	52	53	63	55	38	36
74	82	100	105	85	78	77	93	80	55	49
32	36	45	46	38	38	41	52	41	30	27
17	20	24	24	21	22	24	29	22	15	15
24	27	34	34	28	27	28	35	29	19	19
32	37	45	46	40	40	42	51	40	27	27
16	19	23	24	20	21	22	27	22	15	15
143	159	179	178	147	140	144	170	126	89	77
21	24	26	25	23	25	27	30	21	14	15
31	35	40	42	38	42	45	52	36	25	26
45	50	56	53	49	53	57	64	46	33	35
28	32	37	37	31	33	36	43	33	23	23
26	31	35	33	30	33	36	41	30	21	22
39	44	49	47	45	51	58	63	42	30	33
45	47	52	51	44	44	45	45	25	21	21

第10表　都　道　府　県、年　齢　（5　歳　階　級）、

Table 10.　Population by Age (Five-Year Groups) and Sex

（単位　千人）

都　道　府　県 Prefectures	日 本 人 人 口　　女							
	総　数 Total	0〜4歳 years old	5〜9	10〜14	15〜19	20〜24	25〜29	30〜34
全　　　　　　国 Japan	62,291	1,953	2,318	2,524	2,619	2,806	2,914	2,921
01 北　海　道 Hokkaido	2,661	69	86	95	101	102	105	112
02 青　森　県 Aomori-ken	622	16	20	22	23	19	20	23
03 岩　手　県 Iwate-ken	596	15	20	23	24	20	20	24
04 宮　城　県 Miyagi-ken	1,147	34	42	46	49	56	54	55
05 秋　田　県 Akita-ken	479	10	14	16	17	13	14	16
06 山　形　県 Yamagata-ken	523	14	18	21	22	18	18	21
07 福　島　県 Fukushima-ken	885	25	33	34	37	30	33	38
08 茨　城　県 Ibaraki-ken	1,375	41	51	57	60	57	55	59
09 栃　木　県 Tochigi-ken	925	27	34	38	41	37	37	41
10 群　馬　県 Gumma-ken	926	27	33	38	41	38	36	39
11 埼　玉　県 Saitama-ken	3,586	114	135	146	154	176	182	178
12 千　葉　県 Chiba-ken	3,068	97	114	123	131	149	152	149
13 東　京　都 Tokyo-to	6,854	217	249	249	254	386	466	422
14 神　奈　川　県 Kanagawa-ken	4,523	143	167	181	190	235	244	226
15 新　潟　県 Niigata-ken	1,082	31	38	43	44	38	39	44
16 富　山　県 Toyama-ken	507	15	18	19	21	18	19	20
17 石　川　県 Ishikawa-ken	562	18	21	23	25	25	24	24
18 福　井　県 Fukui-ken	372	12	14	16	17	13	14	16
19 山　梨　県 Yamanashi-ken	394	12	14	16	17	17	15	16
20 長　野　県 Nagano-ken	1,002	31	37	42	44	35	37	41
21 岐　阜　県 Gifu-ken	961	29	36	41	44	40	37	38
22 静　岡　県 Shizuoka-ken	1,748	52	65	74	77	65	68	74
23 愛　知　県 Aichi-ken	3,611	127	149	161	165	178	185	181
24 三　重　県 Mie-ken	855	26	32	36	38	34	34	36
25 滋　賀　県 Shiga-ken	694	25	30	33	33	33	31	32
26 京　都　府 Kyoto-fu	1,290	38	45	49	55	69	64	58
27 大　阪　府 Osaka-fu	4,435	141	159	172	183	228	240	224
28 兵　庫　県 Hyogo-ken	2,758	87	103	114	118	122	118	121
29 奈　良　県 Nara-ken	678	20	24	27	30	30	26	27
30 和　歌　山　県 Wakayama-ken	467	13	16	18	19	16	17	18
31 鳥　取　県 Tottori-ken	277	9	11	12	12	10	10	11
32 島　根　県 Shimane-ken	330	11	13	14	14	11	11	13
33 岡　山　県 Okayama-ken	942	31	36	39	40	44	42	42
34 広　島　県 Hiroshima-ken	1,383	45	55	60	61	58	58	61
35 山　口　県 Yamaguchi-ken	671	19	23	27	27	24	23	25
36 徳　島　県 Tokushima-ken	359	10	12	13	14	13	13	14
37 香　川　県 Kagawa-ken	470	15	18	19	20	17	17	19
38 愛　媛　県 Ehime-ken	671	19	24	27	27	23	24	26
39 高　知　県 Kochi-ken	348	10	12	13	14	11	11	13
40 福　岡　県 Fukuoka-ken	2,642	92	107	113	114	129	128	129
41 佐　賀　県 Saga-ken	412	14	17	19	19	16	16	17
42 長　崎　県 Nagasaki-ken	663	21	25	28	28	22	22	26
43 熊　本　県 Kumamoto-ken	885	31	37	39	38	34	33	38
44 大　分　県 Oita-ken	566	18	21	23	23	20	20	22
45 宮　崎　県 Miyazaki-ken	544	18	22	24	23	18	19	22
46 鹿　児　島　県 Kagoshima-ken	807	27	33	36	34	28	29	33
47 沖　縄　県 Okinawa-ken	734	35	39	41	38	33	35	39

男　女　別　人　口－総人口、日本人人口（2023年10月 1 日現在）（続き）
for Prefectures - Total population, Japanese population, October 1, 2023 – Continued

(Thousand persons)

					Japanese population	Female				
35〜39	40〜44	45〜49	50〜54	55〜59	60〜64	65〜69	70〜74	75〜79	80〜84	85歳以上 and over
3,311	3,694	4,388	4,676	4,050	3,727	3,721	4,627	4,088	3,422	4,534
132	152	184	192	177	175	180	231	190	159	219
29	34	40	43	42	45	48	57	45	39	57
28	33	39	39	38	41	44	52	41	38	59
64	73	81	80	71	71	75	89	67	56	83
21	25	30	30	30	35	39	46	36	33	54
26	30	33	33	32	36	39	46	35	31	53
45	50	58	58	56	62	67	76	57	49	78
71	81	96	101	87	85	92	114	96	76	95
50	56	66	68	59	58	63	77	62	48	64
45	52	65	70	60	56	60	76	66	53	70
194	217	261	285	238	202	199	259	242	197	208
167	185	221	241	199	172	173	225	210	170	189
436	463	521	554	463	370	318	380	367	321	417
247	279	335	376	316	257	232	294	280	238	284
53	61	73	73	69	69	76	93	74	63	100
23	27	35	38	32	31	32	42	40	31	45
28	31	40	42	35	34	35	43	40	31	44
18	21	25	26	24	24	24	30	25	21	32
19	21	26	28	27	26	27	32	27	23	33
48	55	69	72	64	63	64	79	71	60	91
46	52	65	71	63	61	62	78	68	57	73
89	100	120	130	114	109	112	139	123	103	134
199	216	262	284	235	205	190	242	227	187	216
42	47	59	64	56	54	54	67	60	50	65
38	43	51	52	44	41	40	50	42	33	44
65	74	91	98	84	74	71	96	91	74	95
237	259	319	359	299	246	225	303	296	256	289
140	159	197	216	186	169	162	205	188	154	200
33	37	46	52	46	42	43	55	50	41	50
22	25	30	34	32	31	31	39	35	30	41
14	16	18	18	16	18	20	23	19	15	26
16	18	21	21	19	21	22	28	24	20	36
48	52	64	67	56	55	57	71	66	53	78
71	80	98	103	86	81	82	105	96	78	106
31	35	44	46	41	41	45	59	53	44	63
17	19	24	25	23	23	26	32	26	22	34
23	27	33	34	29	28	30	39	35	26	40
32	37	45	47	42	43	46	58	49	40	61
16	19	23	24	21	22	24	30	27	22	36
147	164	184	185	159	153	159	198	162	134	186
21	24	26	26	25	27	29	34	25	22	35
32	36	41	44	42	45	49	58	45	39	59
46	51	56	55	54	57	62	71	56	49	79
27	32	37	38	34	36	40	49	41	34	52
27	31	35	34	33	36	40	46	36	31	48
41	47	50	50	49	55	62	66	50	45	74
46	48	51	50	44	44	46	46	29	27	42

第11表　都　道　府　県　、　年　齢　（３　区　分）、
Table 11. Population by Age (3 Groups) and Sex

（単位　千人）

都　道　府　県 Prefectures	総　数 Total	15歳未満 Under	15～64	65歳以上 and over	65～74歳 years old	75歳以上 and over	総　数 Total	15歳未満 Under
全　　　　　　国 Japan	124,352	14,173	73,952	36,227	16,149	20,078	60,492	7,260
01 北　海　道 Hokkaido	5,092	514	2,897	1,681	766	915	2,405	263
02 青　森　県 Aomori-ken	1,184	118	649	417	196	221	559	61
03 岩　手　県 Iwate-ken	1,163	120	636	407	186	221	562	62
04 宮　城　県 Miyagi-ken	2,264	250	1,352	662	318	344	1,105	128
05 秋　田　県 Akita-ken	914	83	474	357	163	194	432	42
06 山　形　県 Yamagata-ken	1,026	109	556	361	167	194	498	56
07 福　島　県 Fukushima-ken	1,767	190	990	586	283	303	873	97
08 茨　城　県 Ibaraki-ken	2,825	312	1,647	865	404	460	1,412	160
09 栃　木　県 Tochigi-ken	1,897	210	1,114	573	277	297	948	108
10 群　馬　県 Gumma-ken	1,902	210	1,103	589	267	322	942	107
11 埼　玉　県 Saitama-ken	7,331	831	4,489	2,012	895	1,116	3,640	426
12 千　葉　県 Chiba-ken	6,257	703	3,798	1,756	775	980	3,099	361
13 東　京　都 Tokyo-to	14,086	1,513	9,368	3,205	1,383	1,823	6,914	774
14 神　奈　川　県 Kanagawa-ken	9,229	1,031	5,808	2,390	1,033	1,358	4,578	528
15 新　潟　県 Niigata-ken	2,126	228	1,179	720	328	391	1,034	117
16 富　山　県 Toyama-ken	1,007	108	566	333	142	191	490	56
17 石　川　県 Ishikawa-ken	1,109	128	643	338	149	189	539	66
18 福　井　県 Fukui-ken	744	89	421	235	106	128	364	46
19 山　梨　県 Yamanashi-ken	796	87	456	253	114	138	391	44
20 長　野　県 Nagano-ken	2,004	228	1,120	655	281	374	981	117
21 岐　阜　県 Gifu-ken	1,931	224	1,104	603	268	335	938	115
22 静　岡　県 Shizuoka-ken	3,555	404	2,050	1,101	492	609	1,754	208
23 愛　知　県 Aichi-ken	7,477	927	4,627	1,923	845	1,078	3,726	476
24 三　重　県 Mie-ken	1,727	198	999	529	234	296	844	102
25 滋　賀　県 Shiga-ken	1,407	182	844	380	175	205	695	94
26 京　都　府 Kyoto-fu	2,535	275	1,507	753	318	436	1,210	141
27 大　阪　府 Osaka-fu	8,763	984	5,355	2,424	1,017	1,407	4,191	504
28 兵　庫　県 Hyogo-ken	5,370	629	3,132	1,609	703	906	2,551	322
29 奈　良　県 Nara-ken	1,296	145	728	423	184	239	609	74
30 和　歌　山　県 Wakayama-ken	892	99	488	305	133	172	420	50
31 鳥　取　県 Tottori-ken	537	65	294	179	82	97	257	33
32 島　根　県 Shimane-ken	650	77	346	227	99	128	314	40
33 岡　山　県 Okayama-ken	1,847	220	1,054	573	246	327	889	113
34 広　島　県 Hiroshima-ken	2,738	331	1,582	825	360	465	1,329	170
35 山　口　県 Yamaguchi-ken	1,298	143	696	459	199	260	618	73
36 徳　島　県 Tokushima-ken	695	74	376	246	112	134	332	38
37 香　川　県 Kagawa-ken	926	107	517	301	133	169	448	55
38 愛　媛　県 Ehime-ken	1,291	143	707	441	197	244	613	73
39 高　知　県 Kochi-ken	666	70	355	242	104	138	316	36
40 福　岡　県 Fukuoka-ken	5,103	644	3,007	1,452	674	778	2,418	329
41 佐　賀　県 Saga-ken	795	103	440	252	119	132	377	53
42 長　崎　県 Nagasaki-ken	1,267	153	679	435	205	231	598	79
43 熊　本　県 Kumamoto-ken	1,709	219	938	552	254	298	811	112
44 大　分　県 Oita-ken	1,096	127	594	375	168	206	522	65
45 宮　崎　県 Miyazaki-ken	1,042	133	559	351	163	188	492	68
46 鹿　児　島　県 Kagoshima-ken	1,549	197	828	524	249	275	732	101
47 沖　縄　県 Okinawa-ken	1,468	236	882	350	183	166	723	120

総人口 — 男女計 Both sexes; 65歳以上 and over includes 65～74歳 years old, 75歳以上 and over.

男　女　別　人　口－総人口、日本人人口（2023年10月1日現在）
for Prefectures - Total population, Japanese population, October 1, 2023

(Thousand persons)

Total population									
男	Male			女			Female		
15～64	65歳以上 and over	65～74歳 years old	75歳以上 and over	総　数 Total	15歳未満 Under	15～64	65歳以上 and over	65～74歳 years old	75歳以上 and over
37,518	15,714	7,730	7,985	63,859	6,913	36,434	20,512	8,419	12,093
1,440	702	355	347	2,688	251	1,457	979	412	568
326	172	91	81	626	58	323	245	105	140
326	174	90	83	602	59	310	233	96	137
686	290	153	137	1,160	122	666	372	165	207
241	149	77	71	482	41	233	208	85	123
284	158	82	76	528	53	272	203	85	118
516	259	140	119	894	93	474	327	143	184
863	389	197	193	1,412	152	785	475	208	267
582	258	135	122	950	102	532	316	141	174
573	262	130	132	960	102	531	327	137	190
2,314	901	433	468	3,691	405	2,175	1,111	462	649
1,956	783	374	409	3,158	342	1,843	973	402	571
4,756	1,384	672	712	7,172	739	4,612	1,821	710	1,111
2,996	1,055	501	553	4,651	503	2,812	1,336	532	804
604	313	159	154	1,092	111	575	406	169	237
293	142	67	75	516	53	273	191	75	116
328	145	70	75	570	62	315	193	78	115
216	102	51	51	380	43	205	133	55	78
235	111	56	56	404	43	221	141	59	82
575	290	137	153	1,023	111	546	366	144	221
559	264	127	137	993	109	545	339	141	199
1,059	488	239	248	1,801	196	991	614	253	361
2,399	851	407	444	3,751	452	2,228	1,071	438	634
512	231	111	120	882	97	487	298	123	176
432	169	84	85	712	89	412	211	91	120
749	321	148	172	1,325	134	758	433	169	263
2,656	1,032	477	555	4,572	481	2,699	1,392	540	852
1,540	689	330	358	2,819	307	1,592	920	373	547
352	183	85	98	686	71	375	240	99	142
241	129	62	66	471	48	247	176	71	106
148	76	39	37	280	31	146	103	43	61
177	98	48	49	335	37	168	130	51	79
529	247	117	129	958	107	525	326	129	197
803	356	171	185	1,409	162	778	469	188	281
352	193	94	99	680	70	345	266	105	161
188	106	54	53	363	36	187	139	58	81
262	131	63	67	478	52	255	171	70	101
354	187	93	94	678	70	354	255	105	150
178	101	49	53	351	34	176	140	55	86
1,480	609	315	293	2,685	314	1,527	843	359	484
218	107	57	50	417	50	222	145	63	82
335	184	97	87	670	75	344	251	107	144
463	236	121	114	898	107	474	317	133	183
298	159	80	79	575	62	296	216	89	127
275	150	77	72	550	65	283	201	86	115
404	227	121	106	817	96	424	297	128	169
444	158	91	67	745	116	438	192	93	99

第11表　都　道　府　県　、　年　齢　（３　区　分）、

Table 11.　Population by Age (3 Groups) and Sex

（単位　千人）

都　道　府　県 Prefectures	日　本　人　人　口							
	男　女　計　　Both sexes						総　　数 Total	15歳未満 Under
	総　　数 Total	15歳未満 Under	15〜64	65歳以上 and over				
					65〜74歳 years old	75歳以上 and over		
全　　　　　　国 Japan	121,193	13,926	71,248	36,019	16,023	19,996	58,902	7,132
01 北　海　道 Hokkaido	5,041	512	2,849	1,679	765	914	2,380	262
02 青　森　県 Aomori-ken	1,177	118	642	417	195	221	556	60
03 岩　手　県 Iwate-ken	1,154	120	627	406	186	220	558	61
04 宮　城　県 Miyagi-ken	2,239	249	1,329	661	317	344	1,092	128
05 秋　田　県 Akita-ken	909	83	470	356	163	194	430	42
06 山　形　県 Yamagata-ken	1,018	109	548	360	166	194	494	56
07 福　島　県 Fukushima-ken	1,751	190	976	586	283	303	865	97
08 茨　城　県 Ibaraki-ken	2,744	306	1,576	861	402	459	1,369	157
09 栃　木　県 Tochigi-ken	1,848	206	1,071	571	275	296	922	106
10 群　馬　県 Gumma-ken	1,831	203	1,043	586	264	321	905	104
11 埼　玉　県 Saitama-ken	7,113	808	4,302	2,003	889	1,114	3,527	414
12 千　葉　県 Chiba-ken	6,081	686	3,649	1,747	769	977	3,013	352
13 東　京　都 Tokyo-to	13,448	1,463	8,811	3,173	1,362	1,812	6,594	748
14 神　奈　川　県 Kanagawa-ken	8,970	1,007	5,588	2,375	1,023	1,352	4,447	516
15 新　潟　県 Niigata-ken	2,107	227	1,162	719	328	391	1,026	116
16 富　山　県 Toyama-ken	987	107	548	332	142	191	480	55
17 石　川　県 Ishikawa-ken	1,091	127	627	337	148	189	529	65
18 福　井　県 Fukui-ken	729	88	407	234	106	128	357	45
19 山　梨　県 Yamanashi-ken	776	86	439	252	114	138	382	44
20 長　野　県 Nagano-ken	1,965	226	1,087	653	279	373	963	116
21 岐　阜　県 Gifu-ken	1,868	218	1,050	600	266	334	906	112
22 静　岡　県 Shizuoka-ken	3,449	393	1,959	1,097	489	608	1,702	202
23 愛　知　県 Aichi-ken	7,195	897	4,391	1,907	835	1,071	3,584	460
24 三　重　県 Mie-ken	1,669	192	951	526	232	295	815	99
25 滋　賀　県 Shiga-ken	1,367	179	811	378	174	204	673	92
26 京　都　府 Kyoto-fu	2,465	272	1,449	744	313	431	1,174	140
27 大　阪　府 Osaka-fu	8,488	966	5,137	2,385	997	1,388	4,053	494
28 兵　庫　県 Hyogo-ken	5,247	622	3,035	1,590	693	897	2,490	318
29 奈　良　県 Nara-ken	1,279	144	714	421	183	238	601	74
30 和　歌　山　県 Wakayama-ken	884	98	481	304	132	172	417	50
31 鳥　取　県 Tottori-ken	532	64	289	179	82	97	255	33
32 島　根　県 Shimane-ken	640	76	337	227	99	128	310	39
33 岡　山　県 Okayama-ken	1,814	219	1,025	570	245	326	872	112
34 広　島　県 Hiroshima-ken	2,682	328	1,533	821	357	464	1,299	168
35 山　口　県 Yamaguchi-ken	1,279	142	680	456	198	258	608	73
36 徳　島　県 Tokushima-ken	688	73	369	245	112	134	330	38
37 香　川　県 Kagawa-ken	910	106	502	301	132	168	439	55
38 愛　媛　県 Ehime-ken	1,277	143	693	441	197	244	606	73
39 高　知　県 Kochi-ken	660	70	349	242	103	138	312	36
40 福　岡　県 Fukuoka-ken	5,011	638	2,927	1,446	671	775	2,369	326
41 佐　賀　県 Saga-ken	786	103	432	251	119	132	373	53
42 長　崎　県 Nagasaki-ken	1,254	153	667	434	204	230	591	79
43 熊　本　県 Kumamoto-ken	1,685	218	915	552	254	297	800	111
44 大　分　県 Oita-ken	1,079	127	578	374	168	206	513	65
45 宮　崎　県 Miyazaki-ken	1,032	132	550	351	163	188	488	68
46 鹿　児　島　県 Kagoshima-ken	1,533	196	813	524	249	275	725	101
47 沖　縄　県 Okinawa-ken	1,443	234	860	348	183	166	708	120

男　女　別　人　口－総人口、日本人人口（2023年10月1日現在）（続き）
for Prefectures － Total population, Japanese population, October 1, 2023 - Continued

(Thousand persons)

| Japanese population | | | | | | | | | |
| 男 Male | | | | 女 Female | | | | | |
15～64	65歳以上 and over	65～74歳 years old	75歳以上 and over	総数 Total	15歳未満 Under	15～64	65歳以上 and over	65～74歳 years old	75歳以上 and over
36,143	15,627	7,675	7,952	62,291	6,794	35,106	20,392	8,348	12,044
1,417	701	354	347	2,661	250	1,433	978	411	568
324	172	90	81	622	58	319	245	105	140
323	173	90	83	596	58	305	233	96	137
675	290	153	137	1,147	122	654	371	164	207
239	148	77	71	479	40	231	208	85	122
281	158	82	76	523	53	267	203	85	118
510	259	140	119	885	93	466	327	143	184
824	388	196	192	1,375	149	753	473	206	267
559	257	135	122	925	100	511	314	140	174
540	261	129	132	926	99	502	325	136	189
2,216	897	430	467	3,586	394	2,086	1,106	458	647
1,882	779	371	408	3,068	334	1,767	967	398	569
4,476	1,370	663	707	6,854	715	4,336	1,803	698	1,104
2,883	1,048	497	551	4,523	491	2,705	1,327	526	801
596	313	159	154	1,082	111	565	406	169	237
283	142	67	75	507	52	264	191	74	116
319	145	70	75	562	62	308	193	78	115
210	102	51	51	372	43	197	132	55	77
227	111	55	56	394	42	212	141	58	82
559	288	136	152	1,002	110	528	364	143	221
532	262	126	136	961	107	517	338	140	198
1,014	485	237	248	1,748	191	945	611	251	360
2,279	844	403	442	3,611	437	2,112	1,062	432	630
486	229	110	119	855	94	464	297	122	175
413	168	84	84	694	87	397	210	90	120
718	317	146	171	1,290	132	731	427	167	260
2,543	1,016	468	548	4,435	472	2,594	1,369	529	841
1,491	681	326	355	2,758	304	1,545	909	367	542
345	182	85	97	678	70	368	239	98	141
238	128	62	66	467	48	243	176	70	106
146	76	39	37	277	31	143	103	42	60
173	97	48	49	330	37	163	129	50	79
514	246	117	129	942	106	511	325	128	197
777	354	170	184	1,383	160	756	467	187	280
343	192	93	98	671	69	337	264	104	160
186	106	54	53	359	35	184	139	58	81
254	130	63	67	470	52	248	170	69	101
346	186	92	94	671	70	347	254	105	150
175	101	49	52	348	34	174	140	55	86
1,437	606	314	292	2,642	312	1,490	840	357	483
214	107	57	50	412	50	218	145	63	82
329	184	97	87	663	74	338	251	107	144
453	235	121	114	885	107	462	316	133	183
290	158	79	79	566	62	289	215	88	127
271	149	77	72	544	65	278	201	86	115
398	227	121	106	807	96	415	297	128	169
431	157	90	67	734	115	429	191	92	99

第12表　都 道 府 県 、年 齢 （ 3 　区 　分 ）、
Table 12. Percentage of Population by Age (3 Groups) and Sex

都　道　府　県 Prefectures	総 人 口							
	男　女　計			Both sexes				
	総　数 Total	15歳未満 Under	15〜64	65歳以上 and over			総　数 Total	15歳未満 Under
					65〜74歳 years old	75歳以上 and over		
全　　　　　　　　国 Japan	100.0	11.4	59.5	29.1	13.0	16.1	100.0	12.0
01 北 海 道 Hokkaido	100.0	10.1	56.9	33.0	15.0	18.0	100.0	10.9
02 青 森 県 Aomori-ken	100.0	10.0	54.8	35.2	16.5	18.7	100.0	10.8
03 岩 手 県 Iwate-ken	100.0	10.3	54.7	35.0	16.0	19.0	100.0	11.0
04 宮 城 県 Miyagi-ken	100.0	11.1	59.7	29.2	14.0	15.2	100.0	11.6
05 秋 田 県 Akita-ken	100.0	9.1	51.9	39.0	17.8	21.2	100.0	9.8
06 山 形 県 Yamagata-ken	100.0	10.7	54.2	35.2	16.3	18.9	100.0	11.3
07 福 島 県 Fukushima-ken	100.0	10.8	56.0	33.2	16.0	17.2	100.0	11.1
08 茨 城 県 Ibaraki-ken	100.0	11.1	58.3	30.6	14.3	16.3	100.0	11.3
09 栃 木 県 Tochigi-ken	100.0	11.1	58.7	30.2	14.6	15.6	100.0	11.4
10 群 馬 県 Gumma-ken	100.0	11.0	58.0	30.9	14.0	16.9	100.0	11.4
11 埼 玉 県 Saitama-ken	100.0	11.3	61.2	27.4	12.2	15.2	100.0	11.7
12 千 葉 県 Chiba-ken	100.0	11.2	60.7	28.1	12.4	15.7	100.0	11.6
13 東 京 都 Tokyo-to	100.0	10.7	66.5	22.8	9.8	12.9	100.0	11.2
14 神 奈 川 県 Kanagawa-ken	100.0	11.2	62.9	25.9	11.2	14.7	100.0	11.5
15 新 潟 県 Niigata-ken	100.0	10.7	55.4	33.8	15.4	18.4	100.0	11.3
16 富 山 県 Toyama-ken	100.0	10.8	56.2	33.1	14.1	19.0	100.0	11.3
17 石 川 県 Ishikawa-ken	100.0	11.6	57.9	30.5	13.4	17.1	100.0	12.2
18 福 井 県 Fukui-ken	100.0	12.0	56.5	31.5	14.3	17.3	100.0	12.6
19 山 梨 県 Yamanashi-ken	100.0	10.9	57.3	31.7	14.4	17.4	100.0	11.4
20 長 野 県 Nagano-ken	100.0	11.4	55.9	32.7	14.0	18.7	100.0	11.9
21 岐 阜 県 Gifu-ken	100.0	11.6	57.2	31.2	13.9	17.4	100.0	12.2
22 静 岡 県 Shizuoka-ken	100.0	11.4	57.6	31.0	13.8	17.1	100.0	11.9
23 愛 知 県 Aichi-ken	100.0	12.4	61.9	25.7	11.3	14.4	100.0	12.8
24 三 重 県 Mie-ken	100.0	11.5	57.9	30.6	13.5	17.1	100.0	12.0
25 滋 賀 県 Shiga-ken	100.0	13.0	60.0	27.0	12.5	14.6	100.0	13.5
26 京 都 府 Kyoto-fu	100.0	10.8	59.4	29.7	12.5	17.2	100.0	11.7
27 大 阪 府 Osaka-fu	100.0	11.2	61.1	27.7	11.6	16.1	100.0	12.0
28 兵 庫 県 Hyogo-ken	100.0	11.7	58.3	30.0	13.1	16.9	100.0	12.6
29 奈 良 県 Nara-ken	100.0	11.2	56.2	32.6	14.2	18.5	100.0	12.2
30 和 歌 山 県 Wakayama-ken	100.0	11.1	54.7	34.2	14.9	19.3	100.0	12.0
31 鳥 取 県 Tottori-ken	100.0	12.0	54.7	33.3	15.2	18.1	100.0	12.9
32 島 根 県 Shimane-ken	100.0	11.8	53.2	35.0	15.2	19.7	100.0	12.6
33 岡 山 県 Okayama-ken	100.0	11.9	57.1	31.0	13.3	17.7	100.0	12.7
34 広 島 県 Hiroshima-ken	100.0	12.1	57.8	30.1	13.1	17.0	100.0	12.8
35 山 口 県 Yamaguchi-ken	100.0	11.0	53.7	35.3	15.3	20.0	100.0	11.9
36 徳 島 県 Tokushima-ken	100.0	10.6	54.1	35.3	16.1	19.3	100.0	11.4
37 香 川 県 Kagawa-ken	100.0	11.6	55.9	32.6	14.4	18.2	100.0	12.3
38 愛 媛 県 Ehime-ken	100.0	11.1	54.8	34.2	15.3	18.9	100.0	11.9
39 高 知 県 Kochi-ken	100.0	10.5	53.2	36.3	15.6	20.7	100.0	11.3
40 福 岡 県 Fukuoka-ken	100.0	12.6	58.9	28.5	13.2	15.2	100.0	13.6
41 佐 賀 県 Saga-ken	100.0	12.9	55.4	31.7	15.0	16.6	100.0	14.0
42 長 崎 県 Nagasaki-ken	100.0	12.1	53.6	34.3	16.1	18.2	100.0	13.2
43 熊 本 県 Kumamoto-ken	100.0	12.8	54.9	32.3	14.9	17.4	100.0	13.8
44 大 分 県 Oita-ken	100.0	11.6	54.2	34.2	15.3	18.8	100.0	12.5
45 宮 崎 県 Miyazaki-ken	100.0	12.7	53.6	33.7	15.7	18.0	100.0	13.7
46 鹿 児 島 県 Kagoshima-ken	100.0	12.7	53.5	33.8	16.1	17.8	100.0	13.8
47 沖 縄 県 Okinawa-ken	100.0	16.1	60.1	23.8	12.5	11.3	100.0	16.7

男 女 別 人 口 の 割 合－総人口、日本人人口（2023年10月 1 日現在）
for Prefectures - Total population, Japanese population, October 1, 2023

(%)

Total population									
男		Male		女			Female		
15〜64	65歳以上			総　数	15歳未満	15〜64	65歳以上		
	and over	65〜74歳	75歳以上	Total	Under		and over	65〜74歳	75歳以上
		years old	and over					years old	and over
62.0	26.0	12.8	13.2	100.0	10.8	57.1	32.1	13.2	18.9
59.9	29.2	14.8	14.4	100.0	9.3	54.2	36.4	15.3	21.1
58.4	30.7	16.2	14.5	100.0	9.2	51.6	39.2	16.8	22.4
58.1	30.9	16.1	14.9	100.0	9.7	51.5	38.8	16.0	22.8
62.1	26.3	13.9	12.4	100.0	10.5	57.4	32.1	14.2	17.9
55.8	34.4	17.9	16.5	100.0	8.4	48.4	43.1	17.7	25.4
57.1	31.7	16.4	15.3	100.0	10.1	51.4	38.5	16.1	22.4
59.2	29.7	16.0	13.7	100.0	10.4	53.0	36.6	16.0	20.6
61.1	27.6	13.9	13.7	100.0	10.8	55.6	33.6	14.7	18.9
61.4	27.2	14.3	12.9	100.0	10.7	56.1	33.2	14.9	18.4
60.8	27.8	13.8	14.0	100.0	10.7	55.3	34.0	14.3	19.8
63.6	24.7	11.9	12.8	100.0	11.0	58.9	30.1	12.5	17.6
63.1	25.3	12.1	13.2	100.0	10.8	58.4	30.8	12.7	18.1
68.8	20.0	9.7	10.3	100.0	10.3	64.3	25.4	9.9	15.5
65.4	23.0	10.9	12.1	100.0	10.8	60.5	28.7	11.4	17.3
58.4	30.3	15.4	14.9	100.0	10.2	52.6	37.2	15.5	21.7
59.7	29.0	13.7	15.2	100.0	10.2	52.8	37.0	14.5	22.5
60.9	26.9	13.0	13.9	100.0	10.9	55.2	33.9	13.7	20.1
59.4	28.1	14.1	13.9	100.0	11.4	53.8	34.8	14.4	20.4
60.2	28.5	14.2	14.3	100.0	10.5	54.6	34.9	14.5	20.3
58.5	29.5	13.9	15.6	100.0	10.9	53.4	35.8	14.1	21.6
59.6	28.1	13.5	14.6	100.0	11.0	54.8	34.1	14.1	20.0
60.4	27.8	13.6	14.2	100.0	10.9	55.0	34.1	14.1	20.0
64.4	22.8	10.9	11.9	100.0	12.0	59.4	28.6	11.7	16.9
60.6	27.3	13.1	14.2	100.0	10.9	55.2	33.8	13.9	19.9
62.2	24.4	12.1	12.2	100.0	12.5	57.9	29.6	12.8	16.9
61.9	26.5	12.2	14.2	100.0	10.1	57.2	32.7	12.8	19.9
63.4	24.6	11.4	13.2	100.0	10.5	59.0	30.4	11.8	18.6
60.4	27.0	13.0	14.0	100.0	10.9	56.5	32.6	13.2	19.4
57.8	30.0	14.0	16.0	100.0	10.3	54.7	35.0	14.4	20.6
57.4	30.6	14.8	15.8	100.0	10.2	52.4	37.4	15.0	22.4
57.6	29.5	15.2	14.3	100.0	11.2	52.0	36.8	15.2	21.6
56.4	31.0	15.4	15.6	100.0	11.2	50.2	38.7	15.1	23.6
59.5	27.8	13.2	14.6	100.0	11.2	54.8	34.0	13.4	20.6
60.4	26.8	12.9	13.9	100.0	11.5	55.2	33.3	13.4	19.9
56.9	31.2	15.2	16.0	100.0	10.2	50.7	39.1	15.4	23.7
56.7	31.9	16.1	15.8	100.0	9.8	51.7	38.5	16.0	22.5
58.6	29.2	14.1	15.0	100.0	10.9	53.3	35.7	14.6	21.2
57.6	30.4	15.1	15.3	100.0	10.3	52.1	37.6	15.4	22.1
56.5	32.2	15.5	16.6	100.0	9.7	50.2	40.0	15.6	24.4
61.2	25.2	13.0	12.1	100.0	11.7	56.9	31.4	13.4	18.0
57.7	28.3	15.1	13.2	100.0	12.0	53.3	34.7	15.0	19.7
56.0	30.8	16.3	14.5	100.0	11.1	51.4	37.5	16.0	21.5
57.1	29.1	15.0	14.1	100.0	11.9	52.8	35.2	14.8	20.4
57.1	30.4	15.2	15.2	100.0	10.8	51.6	37.6	15.4	22.1
55.9	30.4	15.7	14.7	100.0	11.8	51.6	36.6	15.7	21.0
55.2	31.0	16.5	14.5	100.0	11.8	51.9	36.4	15.7	20.7
61.4	21.9	12.6	9.3	100.0	15.5	58.8	25.7	12.4	13.3

60

第12表　都　道　府　県　、　年　齢　（　3　区　分）、
Table 12. Percentage of Population by Age (3 Groups) and Sex

都　道　府　県 Prefectures	日 本 人 人 口							
	男　女　計 Both sexes							
	総　数 Total	15歳未満 Under	15〜64	65歳以上 and over			総　数 Total	15歳未満 Under
					65〜74歳 years old	75歳以上 and over		
全　　　　　　　　国　Japan	100. 0	11. 5	58. 8	29. 7	13. 2	16. 5	100. 0	12. 1
01 北　海　道　Hokkaido	100. 0	10. 2	56. 5	33. 3	15. 2	18. 1	100. 0	11. 0
02 青　森　県　Aomori-ken	100. 0	10. 0	54. 6	35. 4	16. 6	18. 8	100. 0	10. 9
03 岩　手　県　Iwate-ken	100. 0	10. 4	54. 4	35. 2	16. 1	19. 1	100. 0	11. 0
04 宮　城　県　Miyagi-ken	100. 0	11. 1	59. 4	29. 5	14. 2	15. 3	100. 0	11. 7
05 秋　田　県　Akita-ken	100. 0	9. 1	51. 7	39. 2	17. 9	21. 3	100. 0	9. 8
06 山　形　県　Yamagata-ken	100. 0	10. 7	53. 8	35. 4	16. 3	19. 1	100. 0	11. 3
07 福　島　県　Fukushima-ken	100. 0	10. 8	55. 7	33. 4	16. 1	17. 3	100. 0	11. 2
08 茨　城　県　Ibaraki-ken	100. 0	11. 2	57. 5	31. 4	14. 7	16. 7	100. 0	11. 5
09 栃　木　県　Tochigi-ken	100. 0	11. 2	58. 0	30. 9	14. 9	16. 0	100. 0	11. 5
10 群　馬　県　Gumma-ken	100. 0	11. 1	56. 9	32. 0	14. 4	17. 5	100. 0	11. 5
11 埼　玉　県　Saitama-ken	100. 0	11. 4	60. 5	28. 2	12. 5	15. 7	100. 0	11. 7
12 千　葉　県　Chiba-ken	100. 0	11. 3	60. 0	28. 7	12. 6	16. 1	100. 0	11. 7
13 東　京　都　Tokyo-to	100. 0	10. 9	65. 5	23. 6	10. 1	13. 5	100. 0	11. 3
14 神　奈　川　県　Kanagawa-ken	100. 0	11. 2	62. 3	26. 5	11. 4	15. 1	100. 0	11. 6
15 新　潟　県　Niigata-ken	100. 0	10. 8	55. 1	34. 1	15. 5	18. 6	100. 0	11. 3
16 富　山　県　Toyama-ken	100. 0	10. 8	55. 5	33. 7	14. 3	19. 3	100. 0	11. 4
17 石　川　県　Ishikawa-ken	100. 0	11. 7	57. 4	30. 9	13. 6	17. 3	100. 0	12. 3
18 福　井　県　Fukui-ken	100. 0	12. 1	55. 9	32. 0	14. 5	17. 6	100. 0	12. 7
19 山　梨　県　Yamanashi-ken	100. 0	11. 1	56. 5	32. 4	14. 6	17. 8	100. 0	11. 5
20 長　野　県　Nagano-ken	100. 0	11. 5	55. 3	33. 2	14. 2	19. 0	100. 0	12. 1
21 岐　阜　県　Gifu-ken	100. 0	11. 7	56. 2	32. 1	14. 2	17. 9	100. 0	12. 3
22 静　岡　県　Shizuoka-ken	100. 0	11. 4	56. 8	31. 8	14. 2	17. 6	100. 0	11. 9
23 愛　知　県　Aichi-ken	100. 0	12. 5	61. 0	26. 5	11. 6	14. 9	100. 0	12. 8
24 三　重　県　Mie-ken	100. 0	11. 5	57. 0	31. 5	13. 9	17. 6	100. 0	12. 1
25 滋　賀　県　Shiga-ken	100. 0	13. 1	59. 3	27. 6	12. 7	14. 9	100. 0	13. 7
26 京　都　府　Kyoto-fu	100. 0	11. 0	58. 8	30. 2	12. 7	17. 5	100. 0	11. 9
27 大　阪　府　Osaka-fu	100. 0	11. 4	60. 5	28. 1	11. 7	16. 4	100. 0	12. 2
28 兵　庫　県　Hyogo-ken	100. 0	11. 9	57. 8	30. 3	13. 2	17. 1	100. 0	12. 8
29 奈　良　県　Nara-ken	100. 0	11. 3	55. 8	32. 9	14. 3	18. 6	100. 0	12. 3
30 和　歌　山　県　Wakayama-ken	100. 0	11. 1	54. 5	34. 4	15. 0	19. 4	100. 0	12. 1
31 鳥　取　県　Tottori-ken	100. 0	12. 1	54. 3	33. 6	15. 3	18. 2	100. 0	13. 0
32 島　根　県　Shimane-ken	100. 0	11. 9	52. 6	35. 4	15. 4	20. 0	100. 0	12. 7
33 岡　山　県　Okayama-ken	100. 0	12. 1	56. 5	31. 4	13. 5	18. 0	100. 0	12. 9
34 広　島　県　Hiroshima-ken	100. 0	12. 2	57. 2	30. 6	13. 3	17. 3	100. 0	12. 9
35 山　口　県　Yamaguchi-ken	100. 0	11. 1	53. 2	35. 7	15. 4	20. 2	100. 0	12. 0
36 徳　島　県　Tokushima-ken	100. 0	10. 6	53. 7	35. 7	16. 2	19. 5	100. 0	11. 5
37 香　川　県　Kagawa-ken	100. 0	11. 7	55. 2	33. 1	14. 6	18. 5	100. 0	12. 4
38 愛　媛　県　Ehime-ken	100. 0	11. 2	54. 3	34. 5	15. 4	19. 1	100. 0	12. 1
39 高　知　県　Kochi-ken	100. 0	10. 6	52. 9	36. 6	15. 7	20. 9	100. 0	11. 4
40 福　岡　県　Fukuoka-ken	100. 0	12. 7	58. 4	28. 8	13. 4	15. 5	100. 0	13. 8
41 佐　賀　県　Saga-ken	100. 0	13. 1	54. 9	32. 0	15. 2	16. 8	100. 0	14. 1
42 長　崎　県　Nagasaki-ken	100. 0	12. 2	53. 2	34. 6	16. 3	18. 4	100. 0	13. 3
43 熊　本　県　Kumamoto-ken	100. 0	12. 9	54. 3	32. 7	15. 1	17. 7	100. 0	13. 9
44 大　分　県　Oita-ken	100. 0	11. 7	53. 6	34. 6	15. 5	19. 1	100. 0	12. 6
45 宮　崎　県　Miyazaki-ken	100. 0	12. 8	53. 2	34. 0	15. 8	18. 2	100. 0	13. 8
46 鹿　児　島　県　Kagoshima-ken	100. 0	12. 8	53. 0	34. 2	16. 2	17. 9	100. 0	13. 9
47 沖　縄　県　Okinawa-ken	100. 0	16. 2	59. 6	24. 1	12. 7	11. 5	100. 0	16. 9

男 女 別 人 口 の 割 合－総人口、日本人人口（2023年10月 1 日現在）（続き）
for Prefectures － Total population, Japanese population, October 1, 2023 - Continued

(%)

| Japanese population | | | | | | | | | |
| 男 Male | | | | 女 Female | | | | | |
15～64	65歳以上 and over	65～74歳 years old	75歳以上 and over	総　数 Total	15歳未満 Under	15～64	65歳以上 and over	65～74歳 years old	75歳以上 and over
61.4	26.5	13.0	13.5	100.0	10.9	56.4	32.7	13.4	19.3
59.5	29.5	14.9	14.6	100.0	9.4	53.8	36.8	15.4	21.3
58.2	30.9	16.3	14.6	100.0	9.3	51.3	39.4	16.9	22.5
57.9	31.1	16.1	15.0	100.0	9.8	51.1	39.1	16.1	23.0
61.8	26.5	14.0	12.5	100.0	10.6	57.0	32.3	14.3	18.0
55.6	34.5	18.0	16.6	100.0	8.5	48.2	43.4	17.8	25.6
56.8	31.9	16.5	15.4	100.0	10.2	51.0	38.8	16.2	22.6
58.9	29.9	16.2	13.8	100.0	10.5	52.6	36.9	16.1	20.8
60.2	28.4	14.3	14.1	100.0	10.8	54.7	34.4	15.0	19.4
60.6	27.8	14.6	13.2	100.0	10.8	55.3	33.9	15.1	18.8
59.7	28.8	14.2	14.6	100.0	10.7	54.2	35.1	14.6	20.4
62.8	25.4	12.2	13.2	100.0	11.0	58.2	30.8	12.8	18.1
62.5	25.9	12.3	13.5	100.0	10.9	57.6	31.5	13.0	18.6
67.9	20.8	10.1	10.7	100.0	10.4	63.3	26.3	10.2	16.1
64.8	23.6	11.2	12.4	100.0	10.9	59.8	29.3	11.6	17.7
58.1	30.5	15.5	15.0	100.0	10.2	52.2	37.5	15.6	21.9
59.1	29.5	14.0	15.6	100.0	10.2	52.2	37.6	14.7	22.9
60.3	27.3	13.3	14.1	100.0	11.0	54.7	34.3	13.9	20.4
58.8	28.5	14.3	14.2	100.0	11.5	53.0	35.4	14.6	20.8
59.4	29.1	14.5	14.6	100.0	10.6	53.7	35.6	14.8	20.8
58.0	30.0	14.1	15.8	100.0	11.0	52.7	36.3	14.3	22.0
58.7	29.0	13.9	15.0	100.0	11.1	53.8	35.1	14.5	20.6
59.6	28.5	14.0	14.6	100.0	10.9	54.1	35.0	14.4	20.6
63.6	23.6	11.2	12.3	100.0	12.1	58.5	29.4	12.0	17.4
59.7	28.2	13.5	14.7	100.0	11.0	54.3	34.7	14.2	20.5
61.4	25.0	12.4	12.5	100.0	12.6	57.3	30.2	13.0	17.2
61.2	26.9	12.4	14.5	100.0	10.3	56.6	33.1	12.9	20.2
62.7	25.1	11.6	13.5	100.0	10.6	58.5	30.9	11.9	19.0
59.9	27.3	13.1	14.3	100.0	11.0	56.0	33.0	13.3	19.6
57.4	30.3	14.1	16.2	100.0	10.4	54.3	35.3	14.5	20.8
57.2	30.8	14.9	15.9	100.0	10.3	52.1	37.6	15.0	22.6
57.3	29.7	15.3	14.4	100.0	11.3	51.5	37.1	15.3	21.8
55.9	31.4	15.6	15.8	100.0	11.3	49.5	39.2	15.3	23.9
59.0	28.2	13.4	14.8	100.0	11.3	54.2	34.5	13.6	20.9
59.8	27.3	13.1	14.2	100.0	11.6	54.7	33.8	13.5	20.2
56.5	31.5	15.4	16.2	100.0	10.3	50.2	39.4	15.5	23.9
56.4	32.2	16.2	15.9	100.0	9.9	51.2	38.9	16.2	22.7
57.9	29.7	14.4	15.3	100.0	11.0	52.7	36.2	14.7	21.5
57.2	30.8	15.3	15.5	100.0	10.4	51.7	37.9	15.6	22.3
56.2	32.4	15.6	16.8	100.0	9.8	49.9	40.3	15.7	24.6
60.7	25.6	13.2	12.3	100.0	11.8	56.4	31.8	13.5	18.3
57.4	28.5	15.2	13.4	100.0	12.1	52.8	35.1	15.2	19.9
55.6	31.1	16.4	14.7	100.0	11.2	51.0	37.8	16.1	21.7
56.6	29.4	15.2	14.3	100.0	12.1	52.2	35.7	15.0	20.7
56.5	30.9	15.5	15.4	100.0	11.0	51.0	38.1	15.6	22.4
55.6	30.6	15.8	14.8	100.0	11.9	51.1	37.0	15.8	21.2
54.9	31.3	16.7	14.6	100.0	11.9	51.4	36.7	15.8	20.9
60.9	22.2	12.7	9.5	100.0	15.6	58.4	26.0	12.6	13.5

都 道 府 県 Prefectures	男 女 計　　　　Both sexes				
	年少人口指数[1] Child dependency ratio	老年人口指数[2] Aged dependency ratio	従属人口指数[3] Dependency ratio	老年化指数[4] Aging index	年少人口指数[1] Child dependency ratio
全　　　　　　　　国　Japan	19.2	49.0	68.2	255.6	19.4
01 北　海　道　Hokkaido	17.7	58.0	75.8	327.2	18.3
02 青　森　県　Aomori-ken	18.2	64.3	82.5	352.5	18.6
03 岩　手　県　Iwate-ken	18.9	64.0	82.9	338.6	18.9
04 宮　城　県　Miyagi-ken	18.5	48.9	67.5	264.3	18.7
05 秋　田　県　Akita-ken	17.5	75.2	92.7	429.9	17.6
06 山　形　県　Yamagata-ken	19.7	65.0	84.7	329.9	19.7
07 福　島　県　Fukushima-ken	19.2	59.2	78.4	308.3	18.8
08 茨　城　県　Ibaraki-ken	19.0	52.5	71.4	276.7	18.6
09 栃　木　県　Tochigi-ken	18.8	51.4	70.3	273.0	18.6
10 群　馬　県　Gumma-ken	19.0	53.3	72.3	280.7	18.7
11 埼　玉　県　Saitama-ken	18.5	44.8	63.3	242.1	18.4
12 千　葉　県　Chiba-ken	18.5	46.2	64.7	249.8	18.4
13 東　京　都　Tokyo-to	16.2	34.2	50.4	211.8	16.3
14 神　奈　川　県　Kanagawa-ken	17.7	41.2	58.9	231.9	17.6
15 新　潟　県　Niigata-ken	19.3	61.0	80.4	315.6	19.3
16 富　山　県　Toyama-ken	19.1	58.9	78.0	307.5	19.0
17 石　川　県　Ishikawa-ken	20.0	52.6	72.6	263.6	20.1
18 福　井　県　Fukui-ken	21.2	55.8	77.0	263.4	21.2
19 山　梨　県　Yamanashi-ken	19.1	55.4	74.5	289.9	18.9
20 長　野　県　Nagano-ken	20.4	58.5	78.9	287.1	20.4
21 岐　阜　県　Gifu-ken	20.3	54.6	74.9	268.9	20.5
22 静　岡　県　Shizuoka-ken	19.7	53.7	73.5	272.4	19.6
23 愛　知　県　Aichi-ken	20.0	41.6	61.6	207.3	19.8
24 三　重　県　Mie-ken	19.8	53.0	72.8	267.1	19.9
25 滋　賀　県　Shiga-ken	21.6	45.0	66.6	208.5	21.7
26 京　都　府　Kyoto-fu	18.2	50.0	68.2	274.1	18.8
27 大　阪　府　Osaka-fu	18.4	45.3	63.6	246.3	19.0
28 兵　庫　県　Hyogo-ken	20.1	51.4	71.5	255.7	20.9
29 奈　良　県　Nara-ken	19.9	58.1	78.0	291.6	21.1
30 和　歌　山　県　Wakayama-ken	20.2	62.5	82.7	309.3	20.9
31 鳥　取　県　Tottori-ken	22.0	61.0	83.0	277.2	22.4
32 島　根　県　Shimane-ken	22.3	65.7	88.0	295.0	22.3
33 岡　山　県　Okayama-ken	20.9	54.3	75.2	260.2	21.4
34 広　島　県　Hiroshima-ken	20.9	52.2	73.1	249.0	21.1
35 山　口　県　Yamaguchi-ken	20.5	65.9	86.4	320.9	20.8
36 徳　島　県　Tokushima-ken	19.6	65.4	84.9	334.0	20.1
37 香　川　県　Kagawa-ken	20.7	58.3	79.0	281.1	21.0
38 愛　媛　県　Ehime-ken	20.2	62.4	82.6	308.7	20.7
39 高　知　県　Kochi-ken	19.7	68.2	87.9	346.4	20.0
40 福　岡　県　Fukuoka-ken	21.4	48.3	69.7	225.6	22.2
41 佐　賀　県　Saga-ken	23.4	57.2	80.5	244.5	24.2
42 長　崎　県　Nagasaki-ken	22.6	64.1	86.7	283.7	23.5
43 熊　本　県　Kumamoto-ken	23.3	58.9	82.2	252.2	24.1
44 大　分　県　Oita-ken	21.4	63.0	84.4	294.3	21.8
45 宮　崎　県　Miyazaki-ken	23.7	62.8	86.5	264.7	24.6
46 鹿　児　島　県　Kagoshima-ken	23.8	63.3	87.1	266.4	24.9
47 沖　縄　県　Okinawa-ken	26.8	39.7	66.4	148.2	27.1

注)

1) 年少人口指数 $= \dfrac{15歳未満人口}{15～64歳人口} \times 100$　　2) 老年人口指数 $= \dfrac{65歳以上人口}{15～64歳人口} \times 100$

3) 従属人口指数 $= \dfrac{15歳未満人口＋65歳以上人口}{15～64歳人口} \times 100$　　4) 老年化指数 $= \dfrac{65歳以上人口}{15歳未満人口} \times 100$

年 齢 構 造 指 数－総人口（2023年10月 1 日現在）
by Sex for Prefectures‐Total population, October 1, 2023

男	Male		女	Female		
老年人口指数[2)] Aged dependency ratio	従属人口指数[3)] Dependency ratio	老年化指数[4)] Aging index	年少人口指数[1)] Child dependency ratio	老年人口指数[2)] Aged dependency ratio	従属人口指数[3)] Dependency ratio	老年化指数[4)] Aging index
41.9	61.2	216.5	19.0	56.3	75.3	296.7
48.8	67.0	267.0	17.2	67.2	84.4	390.3
52.6	71.2	283.7	17.9	76.1	94.0	424.5
53.2	72.1	281.7	18.9	75.3	94.2	398.4
42.3	60.9	226.3	18.4	55.8	74.2	304.1
61.7	79.3	350.6	17.4	89.1	106.5	512.7
55.5	75.2	281.4	19.7	74.9	94.5	380.8
50.2	69.0	266.5	19.6	69.1	88.7	352.0
45.1	63.7	243.1	19.4	60.5	79.9	312.1
44.3	62.8	238.2	19.1	59.3	78.4	309.9
45.7	64.5	244.0	19.3	61.5	80.8	319.1
38.9	57.3	211.6	18.6	51.1	69.7	274.2
40.0	58.5	217.1	18.6	52.8	71.4	284.2
29.1	45.4	178.8	16.0	39.5	55.5	246.4
35.2	52.8	199.7	17.9	47.5	65.4	265.7
51.9	71.2	268.3	19.4	70.7	90.0	365.2
48.5	67.5	255.2	19.3	70.0	89.3	362.8
44.2	64.2	220.2	19.8	61.4	81.2	309.4
47.3	68.5	223.0	21.2	64.8	85.9	306.0
47.3	66.2	250.6	19.3	64.0	83.3	330.9
50.4	70.8	247.0	20.3	67.0	87.4	329.4
47.2	67.7	229.8	20.1	62.2	82.3	309.8
46.0	65.7	234.5	19.8	62.0	81.8	312.5
35.5	55.3	178.9	20.3	48.1	68.4	237.3
45.1	64.9	227.0	19.8	61.2	81.0	309.3
39.2	60.9	180.8	21.5	51.1	72.7	237.6
42.8	61.7	227.2	17.6	57.0	74.7	323.6
38.8	57.8	204.9	17.8	51.6	69.4	289.6
44.7	65.6	213.8	19.3	57.8	77.1	299.5
51.9	72.9	246.3	18.9	64.0	82.8	338.9
53.4	74.2	255.5	19.5	71.4	90.9	365.4
51.3	73.7	229.2	21.6	70.8	92.5	327.9
55.0	77.3	246.7	22.3	77.0	99.3	346.0
46.6	68.0	218.1	20.4	62.1	82.5	304.6
44.3	65.4	209.9	20.8	60.3	81.0	290.0
54.8	75.6	263.0	20.2	77.2	97.4	381.7
56.4	76.5	279.9	19.0	74.4	93.5	391.5
49.8	70.8	237.4	20.5	67.0	87.5	327.1
52.8	73.5	254.8	19.7	72.1	91.8	365.4
56.9	76.8	284.6	19.4	79.7	99.0	410.8
41.1	63.4	185.0	20.6	55.2	75.8	268.2
49.0	73.2	202.3	22.6	65.2	87.8	288.8
55.0	78.5	233.7	21.7	73.0	94.7	336.5
50.9	75.0	210.7	22.6	66.7	89.3	295.5
53.3	75.1	244.4	21.0	72.8	93.8	346.3
54.3	78.9	221.0	22.9	71.0	93.9	310.4
56.2	81.1	225.5	22.6	70.0	92.7	309.3
35.6	62.7	131.3	26.4	43.8	70.2	165.9

Note)

1) Child dependency ratio $= \dfrac{\text{Population under 15}}{\text{Population aged 15 to 64}} \times 100$

2) Aged dependency ratio $= \dfrac{\text{Population aged 65 and over}}{\text{Population aged 15 to 64}} \times 100$

3) Dependency ratio $= \dfrac{\text{Population under 15 + Population aged 65 and over}}{\text{Population aged 15 to 64}} \times 100$

4) Aging index $= \dfrac{\text{Population aged 65 and over}}{\text{Population under 15}} \times 100$

参　　考　　表

REFERENCE　TABLES

〔注　意〕

・参考表は、人口割合の計算等の利用ニーズを踏まえ、参考のために提供しているものである。
・参考表の値は、人口の算出過程における計算値である。

Note
・The reference tables are provided to meet the users' needs for computing the population distribution, etc.
・The figures in the reference tables are the basis for computing the estimated population.

参 考 表 1　　男 女 別 人 口 の 計 算 表 －総人口、日本人人口、外国人人口
Reference Table 1.　Computation of Population by Sex－Total population, Japanese population, Foreign population

人 口 及 び 人 口 増 減 Population and Population change		男 女 計 Both sexes	男 Male	女 Female
総　　人　　口	Total population			
2022 年 10 月 1 日 現 在 人 口	Population, Oct.1, 2022	124, 946, 789	60, 757, 789	64, 189, 000
2022年10月～2023年9月	Oct. 2022 to Sept. 2023			
出　生　児　数	Live births	757, 939	388, 565	369, 374
死　亡　者　数	Deaths	1, 594, 982	811, 590	783, 392
自　然　増　減	Natural change	-837, 043	-423, 025	-414, 018
入　国　者　数	Entries	3, 250, 231	1, 644, 567	1, 605, 664
出　国　者　数	Exits	3, 008, 100	1, 486, 904	1, 521, 196
入　国　超　過	Net migration	242, 131	157, 663	84, 468
増　減　の　計	Net population change	-594, 912	-265, 362	-329, 550
2023 年 10 月 1 日 現 在 人 口	Population, Oct. 1, 2023	124, 351, 877	60, 492, 427	63, 859, 450
日　本　人　人　口	Japanese population			
2022 年 10 月 1 日 現 在 人 口	Population, Oct.1, 2022	122, 030, 523	59, 313, 678	62, 716, 845
2022年10月～2023年9月	Oct. 2022 to Sept. 2023			
出　生　児　数	Live births	739, 140	378, 810	360, 330
死　亡　者　数	Deaths	1, 586, 146	806, 832	779, 314
自　然　増　減	Natural change	-847, 006	-428, 022	-418, 984
入　国　者　数	Entries	913, 238	441, 843	471, 395
出　国　者　数	Exits	911, 312	429, 307	482, 005
入　国　超　過	Entries minus exits	1, 926	12, 536	-10, 610
国籍の異動による純増減	Net increase or decrease by change of nationality	7, 951	4, 201	3, 750
増　減　の　計	Net population change	-837, 129	-411, 285	-425, 844
2023 年 10 月 1 日 現 在 人 口	Population, Oct. 1, 2023	121, 193, 394	58, 902, 393	62, 291, 001
外　国　人　人　口	Foreign population *			
2022 年 10 月 1 日 現 在 人 口	Population, Oct.1, 2022	2, 916, 266	1, 444, 111	1, 472, 155
2022年10月～2023年9月	Oct. 2022 to Sept. 2023			
出　生　児　数	Live births	18, 799	9, 755	9, 044
死　亡　者　数	Deaths	8, 836	4, 758	4, 078
自　然　増　減	Natural change	9, 963	4, 997	4, 966
入　国　者　数	Entries	2, 336, 993	1, 202, 724	1, 134, 269
出　国　者　数	Exits	2, 096, 788	1, 057, 597	1, 039, 191
入　国　超　過	Entries minus exits	240, 205	145, 127	95, 078
国籍の異動による純増減	Net increase or decrease by change of nationality	-7, 951	-4, 201	-3, 750
増　減　の　計	Net population change	242, 217	145, 923	96, 294
2023 年 10 月 1 日 現 在 人 口	Population, Oct. 1, 2023	3, 158, 483	1, 590, 034	1, 568, 449

注)　＊ 外国人人口＝総人口－日本人人口　　　　　　　　　　　　Note) ＊ Foreign population = Total population - Japanese population

参考表2　年　齢　（各　歳）、男　女　別
Reference Table 2.　Computation of Population by Age

年　齢 Age	男　女　計								
	総　人　口　　Total population				日　本　人　人　口　　Japanese population				
	2022年 10月1日 現在人口	2022年10月1日～2023年9月30日 Oct. 1, 2022 to Sept. 30, 2023		2023年 10月1日 現在人口	2022年 10月1日 現在人口	2022年10月1日～2023年9月30日 Oct. 1, 2022 to Sept. 30, 2023			2023年 10月1日 現在人口
		死亡者数	入国超過			死亡者数	入国超過	国籍の異動 による純増減	
	Population Oct. 1, 2022	Deaths	Net migration	Population Oct. 1, 2023	Population Oct. 1, 2022	Deaths	Net migration	(a)	Population Oct. 1, 2023
総　数　Total	124,946,789	1,594,982	242,131	124,351,877	122,030,523	1,586,146	1,926	7,951	121,193,394
<0 *	757,939	1,058	−143	–	739,140	1,024	661	18	–
0 歳　years old	797,886	450	−560	756,738	781,473	439	−805	65	738,795
1	828,148	201	−344	796,876	810,961	197	−666	106	780,294
2	835,313	122	−57	827,603	819,130	122	−534	116	810,204
3	871,027	91	189	835,134	853,785	90	−396	94	818,590
4	914,643	81	144	871,125	897,913	81	−461	112	853,393
5	938,450	64	277	914,706	921,728	64	−255	109	897,483
6	978,313	59	452	938,663	961,333	58	−299	116	921,518
7	1,003,508	69	331	978,706	987,142	69	−319	96	961,092
8	1,001,632	60	520	1,003,770	985,006	58	−244	104	986,850
9	1,026,089	47	798	1,002,092	1,010,202	45	36	102	984,808
10	1,029,757	64	644	1,026,840	1,014,137	63	−52	119	1,010,295
11	1,054,834	79	1,140	1,030,337	1,040,786	77	373	119	1,014,141
12	1,064,383	96	585	1,055,895	1,051,129	94	3	114	1,041,201
13	1,069,269	121	740	1,064,872	1,056,440	119	106	126	1,051,152
14	1,089,385	160	873	1,069,888	1,076,413	157	14	140	1,056,553
15	1,083,637	224	186	1,090,098	1,071,060	223	−862	76	1,076,410
16	1,074,885	207	621	1,083,599	1,062,269	203	−804	90	1,070,051
17	1,077,467	276	11,753	1,075,299	1,063,325	273	619	123	1,061,352
18	1,128,124	326	27,812	1,088,944	1,107,149	322	−2,424	121	1,063,794
19	1,148,214	353	27,644	1,155,610	1,114,685	347	−3,354	87	1,104,524
20	1,201,379	428	26,155	1,175,505	1,148,714	417	−2,438	102	1,111,071
21	1,242,899	445	26,587	1,227,106	1,161,695	426	1,333	120	1,145,961
22	1,263,796	469	21,384	1,269,041	1,168,607	447	535	116	1,162,722
23	1,265,699	468	14,312	1,284,711	1,170,710	448	−607	118	1,168,811
24	1,289,518	486	10,535	1,279,543	1,187,507	470	−1,503	57	1,169,773
25	1,286,583	464	7,993	1,299,567	1,184,299	445	−2,027	147	1,185,591
26	1,283,600	482	7,413	1,294,112	1,184,569	460	−1,873	161	1,181,974
27	1,296,519	485	5,573	1,290,531	1,200,146	463	−1,981	208	1,182,397
28	1,288,328	518	5,172	1,301,607	1,198,891	489	−1,863	228	1,197,910
29	1,257,035	511	5,253	1,292,982	1,169,666	499	−1,323	224	1,196,767
30	1,266,071	498	4,553	1,261,777	1,186,262	482	−1,045	257	1,168,068
31	1,256,945	536	4,023	1,270,126	1,180,747	518	−517	287	1,184,992
32	1,280,430	541	3,510	1,260,432	1,202,128	518	−313	310	1,179,999
33	1,302,002	673	2,770	1,283,399	1,229,933	655	−207	290	1,201,607
34	1,340,224	717	2,552	1,304,099	1,274,494	702	73	253	1,229,361
35	1,374,366	751	2,079	1,342,059	1,312,205	737	−135	264	1,274,118
36	1,392,761	862	1,883	1,375,694	1,336,357	838	200	228	1,311,597
37	1,443,384	944	1,590	1,393,782	1,389,805	930	134	232	1,335,947
38	1,490,994	1,052	1,689	1,444,030	1,438,737	1,027	397	162	1,389,241
39	1,510,459	1,182	1,572	1,491,631	1,457,845	1,156	524	180	1,438,269
40	1,511,639	1,267	1,182	1,510,849	1,457,742	1,243	599	181	1,457,393
41	1,523,622	1,264	975	1,511,554	1,476,383	1,242	550	178	1,457,279
42	1,590,797	1,574	913	1,523,333	1,544,878	1,540	658	163	1,475,869
43	1,629,421	1,666	1,130	1,590,136	1,584,497	1,632	836	121	1,544,159
44	1,690,355	1,806	811	1,628,885	1,648,846	1,776	834	103	1,583,822

注）　＊ 2022年10月～2023年9月の出生児数

人 口 の 計 算 表－総人口、日本人人口
(Single Years) and Sex - Total population, Japanese population

	Both sexes								
	総 人 口　　Total population				日 本 人 人 口　　Japanese population				
	2022年 10月1日 現在人口	2022年10月1日～2023年9月30日 Oct. 1, 2022 to Sept. 30, 2023		2023年 10月1日 現在人口	2022年 10月1日 現在人口	2022年10月1日～2023年9月30日 Oct. 1, 2022 to Sept. 30, 2023			2023年 10月1日 現在人口
年　　　齢 Age		死亡者数	入国超過			死亡者数	入国超過	国籍の異動 による純増減	
	Population Oct. 1, 2022	Deaths	Net migration	Population Oct. 1, 2023	Population Oct. 1, 2022	Deaths	Net migration	(a)	Population Oct. 1, 2023
45 歳　years old	1, 733, 726	2, 196	1, 127	1, 689, 360	1, 694, 608	2, 152	1, 162	82	1, 648, 007
46	1, 815, 064	2, 445	906	1, 732, 657	1, 777, 055	2, 402	1, 036	101	1, 693, 700
47	1, 888, 748	2, 882	967	1, 813, 525	1, 852, 157	2, 847	1, 258	100	1, 775, 790
48	1, 995, 258	3, 243	656	1, 886, 833	1, 959, 045	3, 198	983	103	1, 850, 668
49	2, 029, 598	3, 820	553	1, 992, 671	1, 993, 052	3, 767	1, 078	59	1, 956, 933
50	1, 991, 828	4, 095	708	2, 026, 331	1, 955, 233	4, 049	1, 211	80	1, 990, 422
51	1, 932, 981	4, 286	821	1, 988, 441	1, 896, 343	4, 236	1, 351	88	1, 952, 475
52	1, 872, 618	4, 727	632	1, 929, 516	1, 836, 346	4, 658	1, 198	72	1, 893, 546
53	1, 841, 797	4, 989	647	1, 868, 523	1, 806, 810	4, 916	1, 309	61	1, 832, 958
54	1, 795, 993	5, 273	696	1, 837, 455	1, 762, 286	5, 193	1, 273	47	1, 803, 264
55	1, 789, 498	5, 690	398	1, 791, 416	1, 759, 950	5, 593	869	73	1, 758, 413
56	1, 395, 608	4, 952	611	1, 784, 206	1, 367, 549	4, 878	1, 083	23	1, 755, 299
57	1, 717, 375	6, 419	494	1, 391, 267	1, 689, 278	6, 330	1, 051	44	1, 363, 777
58	1, 607, 492	6, 649	294	1, 711, 450	1, 580, 168	6, 547	1, 019	19	1, 684, 043
59	1, 564, 775	6, 959	167	1, 601, 137	1, 538, 143	6, 853	924	4	1, 574, 659
60	1, 512, 111	7, 421	−33	1, 557, 983	1, 489, 252	7, 321	544	37	1, 532, 218
61	1, 478, 858	7, 931	36	1, 504, 657	1, 458, 355	7, 819	536	25	1, 482, 512
62	1, 484, 743	8, 798	−105	1, 470, 963	1, 465, 127	8, 691	453	41	1, 451, 097
63	1, 507, 571	9, 883	98	1, 475, 840	1, 490, 195	9, 779	511	23	1, 456, 930
64	1, 461, 369	10, 413	−246	1, 497, 786	1, 444, 504	10, 280	351	−7	1, 480, 950
65	1, 416, 681	11, 163	−345	1, 450, 710	1, 400, 501	11, 034	259	−23	1, 434, 568
66	1, 482, 089	12, 488	−324	1, 405, 173	1, 466, 829	12, 354	137	6	1, 389, 703
67	1, 522, 146	14, 009	−237	1, 469, 277	1, 507, 415	13, 864	182	15	1, 454, 618
68	1, 514, 883	15, 538	−325	1, 507, 900	1, 501, 722	15, 380	31	16	1, 493, 748
69	1, 598, 921	18, 636	−220	1, 499, 020	1, 586, 730	18, 448	140	24	1, 486, 389
70	1, 677, 346	21, 289	−169	1, 580, 065	1, 665, 561	21, 139	137	−51	1, 568, 446
71	1, 761, 902	24, 659	−236	1, 655, 888	1, 751, 055	24, 481	40	7	1, 644, 508
72	1, 874, 164	29, 034	−94	1, 737, 007	1, 863, 621	28, 834	130	5	1, 726, 621
73	2, 033, 726	34, 762	23	1, 845, 036	2, 023, 560	34, 546	164	4	1, 834, 922
74	1, 989, 711	37, 347	−104	1, 998, 987	1, 980, 156	37, 138	30	15	1, 989, 182
75	1, 864, 229	38, 720	−59	1, 952, 260	1, 855, 302	38, 493	88	−29	1, 943, 063
76	1, 142, 713	26, 380	−54	1, 825, 450	1, 135, 737	26, 188	36	−3	1, 816, 868
77	1, 205, 554	30, 601	−37	1, 116, 279	1, 198, 474	30, 386	19	8	1, 109, 582
78	1, 446, 765	41, 778	−68	1, 174, 916	1, 440, 208	41, 558	11	−2	1, 168, 115
79	1, 370, 330	43, 767	−29	1, 404, 919	1, 364, 177	43, 527	27	11	1, 398, 659
80	1, 375, 255	48, 979	−33	1, 326, 534	1, 369, 558	48, 712	15	−6	1, 320, 688
81	1, 299, 148	51, 716	−25	1, 326, 243	1, 293, 664	51, 452	38	4	1, 320, 855
82	1, 141, 615	51, 425	−29	1, 247, 407	1, 136, 863	51, 203	21	10	1, 242, 254
83	953, 965	49, 044	−42	1, 090, 161	949, 761	48, 776	−1	7	1, 085, 691
84	972, 884	56, 940	−33	904, 879	969, 044	56, 665	−2	9	900, 991
85	948, 327	62, 323	−32	915, 911	945, 026	62, 065	7	−2	912, 386
86	893, 795	66, 887	−26	885, 972	890, 774	66, 591	2	1	882, 966
87	792, 370	66, 884	11	826, 882	789, 852	66, 624	27	3	824, 186
88	690, 684	66, 339	−3	725, 497	688, 479	66, 080	4	0	723, 258
89				624, 342					622, 403
	3, 266, 785	536, 906	−20		3, 259, 269	535, 414	6	4	
90歳以上　and over				2, 729, 859					2, 723, 865

Note)　*　Live births from Oct. 2022 to Sept. 2023.
　　　　(a)　Net increase or decrease by change of nationality

参考表2　年　齢　（各　歳）、男　女　別
Reference Table 2.　Computation of Population by Age

年　　齢 Age	男 総人口 Total population 2022年10月1日 現在人口 Population Oct. 1, 2022	2022年10月1日～2023年9月30日 Oct. 1, 2022 to Sept. 30, 2023 死亡者数 Deaths	入国超過 Net migration	2023年10月1日 現在人口 Population Oct. 1, 2023	日本人人口 Japanese population 2022年10月1日 現在人口 Population Oct. 1, 2022	2022年10月1日～2023年9月30日 Oct. 1, 2022 to Sept. 30, 2023 死亡者数 Deaths	入国超過 Net migration	国籍の異動 による純増減 (a)	2023年10月1日 現在人口 Population Oct. 1, 2023
総　数　Total	60,757,789	811,590	157,663	60,492,427	59,313,678	806,832	12,536	4,201	58,902,393
<0 *	388,565	565	−100	−	378,810	544	312	8	−
0 歳　years old	409,369	237	−260	387,900	401,014	230	−383	33	378,586
1	423,729	118	−200	408,872	414,839	116	−340	36	400,434
2	427,011	66	−8	423,411	418,721	66	−217	54	414,419
3	445,732	39	159	426,937	436,855	39	−147	35	418,492
4	468,112	43	71	445,852	459,458	43	−249	52	436,704
5	479,967	39	125	468,140	471,341	39	−171	45	459,218
6	501,749	33	172	480,053	493,057	32	−185	53	471,176
7	513,992	30	245	501,888	505,603	30	−95	49	492,893
8	513,920	34	253	514,207	505,370	32	−134	47	505,527
9	524,934	25	463	514,139	516,689	23	53	46	505,251
10	526,927	29	343	525,372	518,744	29	−12	62	516,765
11	540,926	41	561	527,241	533,648	40	164	58	518,765
12	545,768	50	279	541,446	538,824	48	−58	57	533,830
13	548,142	74	412	545,997	541,592	72	76	64	538,775
14	558,067	83	556	548,480	551,478	82	91	67	541,660
15	555,846	130	300	558,540	549,296	129	−280	38	551,554
16	550,803	127	565	556,016	544,261	123	−275	47	548,925
17	553,288	160	5,883	551,241	545,899	158	140	67	543,910
18	579,287	185	14,366	559,011	568,278	181	−1,058	60	545,948
19	590,972	228	15,338	593,468	573,687	224	−1,129	40	567,099
20	617,502	259	14,927	606,082	590,648	253	−1,349	53	572,374
21	637,738	295	15,980	632,170	596,033	280	−69	58	589,099
22	650,023	311	13,124	653,423	598,984	294	−28	59	595,742
23	648,791	304	8,821	662,836	596,742	288	−102	52	598,721
24	661,796	311	6,756	657,308	604,802	296	−515	35	596,404
25	660,337	315	5,445	668,241	602,404	300	−556	57	604,026
26	659,525	315	4,982	665,467	603,734	302	−624	81	601,605
27	666,224	335	3,879	664,192	611,797	321	−626	95	602,889
28	662,300	339	3,669	669,768	612,181	319	−589	124	610,945
29	646,151	338	3,743	665,630	597,682	331	−382	105	611,397
30	650,081	331	3,440	649,556	606,008	318	−259	136	597,074
31	644,175	348	2,732	653,190	602,359	334	−124	150	605,567
32	655,061	341	2,469	646,559	612,495	326	14	157	602,051
33	665,227	449	2,106	657,189	626,686	435	−14	160	612,340
34	685,411	474	1,894	666,884	650,374	464	298	135	626,397
35	701,044	458	1,700	686,831	668,707	449	54	127	650,343
36	710,508	553	1,557	702,286	681,421	534	381	112	668,439
37	733,739	595	1,333	711,512	706,915	587	326	121	681,380
38	756,983	704	1,338	734,477	731,460	685	459	90	706,775
39	765,958	761	1,310	757,617	740,968	746	495	109	731,324
40	765,851	775	901	766,507	740,915	757	544	102	740,826
41	772,833	789	780	765,977	751,146	777	492	94	740,804
42	806,467	1,006	766	772,824	785,768	988	560	95	750,955
43	826,529	1,055	920	806,227	806,831	1,032	687	67	785,435
44	856,249	1,138	770	826,394	838,120	1,121	672	53	806,553

注)　＊ 2022年10月～2023年9月の出生児数

人 口 の 計 算 表－総人口、日本人人口（続き）
(Single Years) and Sex - Total population, Japanese population－Continued

年　齢 Age	総　人　口　Total population				日 本 人 人 口　Japanese population				
	2022年 10月1日 現在人口	2022年10月1日～2023年9月30日 Oct. 1, 2022 to Sept. 30, 2023		2023年 10月1日 現在人口	2022年 10月1日 現在人口	2022年10月1日～2023年9月30日 Oct. 1, 2022 to Sept. 30, 2023			2023年 10月1日 現在人口
		死亡者数	入国超過			死亡者数	入国超過	国籍の異動による純増減 (a)	
	Population Oct. 1, 2022	Deaths	Net migration	Population Oct. 1, 2023	Population Oct. 1, 2022	Deaths	Net migration		Population Oct. 1, 2023
45 歳　years old	878,784	1,397	1,084	855,881	861,744	1,370	878	44	837,724
46	920,416	1,528	840	878,471	903,943	1,509	799	53	861,296
47	956,644	1,820	958	919,728	940,831	1,800	991	46	903,286
48	1,011,046	2,063	868	955,782	995,691	2,037	808	66	940,068
49	1,024,995	2,406	747	1,009,851	1,009,897	2,384	841	41	994,528
50	1,007,359	2,559	815	1,023,336	992,400	2,539	936	51	1,008,395
51	975,640	2,742	889	1,005,615	960,877	2,713	1,007	54	990,848
52	943,948	3,024	865	973,787	929,666	2,982	999	36	959,225
53	926,216	3,226	910	941,789	912,692	3,186	1,060	34	927,719
54	902,481	3,476	934	923,900	889,446	3,446	1,073	31	910,600
55	898,108	3,697	543	899,939	886,335	3,651	676	46	887,104
56	697,098	3,339	742	894,954	685,972	3,299	868	26	883,406
57	858,603	4,273	671	694,501	847,211	4,214	864	37	683,567
58	802,585	4,482	629	855,001	791,429	4,421	849	20	843,898
59	780,072	4,655	574	798,732	769,304	4,592	821	8	787,877
60	752,610	5,037	359	775,991	743,207	4,980	491	22	765,541
61	734,359	5,471	316	747,932	725,958	5,406	482	19	738,740
62	734,175	6,119	183	729,204	726,058	6,059	339	28	721,053
63	744,574	6,922	307	728,239	737,193	6,855	449	28	720,366
64	718,153	7,214	52	737,959	711,146	7,129	297	5	730,815
65	694,588	7,724	−46	710,991	687,763	7,643	189	−13	704,319
66	724,083	8,723	−68	686,818	717,663	8,634	135	11	680,296
67	742,003	9,800	−62	715,292	735,678	9,722	101	11	709,175
68	734,397	10,894	−119	732,141	728,640	10,797	40	10	726,068
69	769,506	13,006	−36	723,384	764,064	12,879	125	16	717,893
70	802,850	14,828	−41	756,464	797,628	14,733	73	−24	751,326
71	839,103	16,907	−84	787,981	834,040	16,804	44	11	782,944
72	883,813	19,825	−24	822,112	878,980	19,691	63	8	817,291
73	954,136	23,666	46	863,964	949,343	23,516	120	9	859,360
74	925,201	24,939	5	930,516	920,775	24,799	58	8	925,956
75	861,686	25,827	10	900,267	857,559	25,677	73	−11	896,042
76	518,776	17,157	2	835,869	515,611	17,028	26	1	831,944
77	537,270	19,603	−11	501,621	534,158	19,466	6	5	498,610
78	636,473	26,440	−10	517,656	633,746	26,305	12	−1	514,703
79	597,064	27,180	−11	610,023	594,494	27,034	17	4	607,452
80	591,425	29,852	6	569,873	589,064	29,688	19	2	567,481
81	551,175	30,966	−12	561,579	549,028	30,810	16	1	559,397
82	474,934	29,994	−3	520,197	473,168	29,888	8	3	518,235
83	388,980	27,570	−6	444,937	387,443	27,418	8	4	443,291
84	385,933	31,162	−20	361,404	384,528	31,015	−5	3	360,037
85	366,607	32,945	−18	354,751	365,362	32,819	−3	0	353,511
86	335,181	34,162	−8	333,644	334,103	34,021	2	0	332,540
87	284,477	32,595	16	301,011	283,661	32,497	22	2	300,084
88	237,501	31,055	4	251,898	236,748	30,934	2	0	251,188
89				206,450					205,816
90歳以上　and over	887,717	174,085	2	713,634	885,597	173,625	9	1	711,982

Note)　*　Live births from Oct. 2022 to Sept. 2023.
　　　　(a)　Net increase or decrease by change of nationality

参考表 2　年　齢　（各　歳）、男　女　別
Reference Table 2.　Computation of Population by Age

		女							
		総　人　口　　Total population				日　本　人　人　口　　Japanese population			
年　　齢 Age		2022年 10月1日 現在人口	2022年10月1日～2023年9月30日 Oct. 1, 2022 to Sept. 30, 2023		2023年 10月1日 現在人口	2022年 10月1日 現在人口	2022年10月1日～2023年9月30日 Oct. 1, 2022 to Sept. 30, 2023			2023年 10月1日 現在人口
			死亡者数	入国超過			死亡者数	入国超過	国籍の異動 による純増減	
		Population Oct. 1, 2022	Deaths	Net migration	Population Oct. 1, 2023	Population Oct. 1, 2022	Deaths	Net migration	(a)	Population Oct. 1, 2023
総　数　Total		64,189,000	783,392	84,468	63,859,450	62,716,845	779,314	-10,610	3,750	62,291,001
<0 *		369,374	493	-43	–	360,330	480	349	10	–
0 歳　years old		388,517	213	-300	368,838	380,459	209	-422	32	360,209
1		404,419	83	-144	388,004	396,122	81	-326	70	379,860
2		408,302	56	-49	404,192	400,409	56	-317	62	395,785
3		425,295	52	30	408,197	416,930	51	-249	59	400,098
4		446,531	38	73	425,273	438,455	38	-212	60	416,689
5		458,483	25	152	446,566	450,387	25	-84	64	438,265
6		476,564	26	280	458,610	468,276	26	-114	63	450,342
7		489,516	39	86	476,818	481,539	39	-224	47	468,199
8		487,712	26	267	489,563	479,636	26	-110	57	481,323
9		501,155	22	335	487,953	493,513	22	-17	56	479,557
10		502,830	35	301	501,468	495,393	34	-40	57	493,530
11		513,908	38	579	503,096	507,138	37	209	61	495,376
12		518,615	46	306	514,449	512,305	46	61	57	507,371
13		521,127	47	328	518,875	514,848	47	30	62	512,377
14		531,318	77	317	521,408	524,935	75	-77	73	514,893
15		527,791	94	-114	531,558	521,764	94	-582	38	524,856
16		524,082	80	56	527,583	518,008	80	-529	43	521,126
17		524,179	116	5,870	524,058	517,426	115	479	56	517,442
18		548,837	141	13,446	529,933	538,871	141	-1,366	61	517,846
19		557,242	125	12,306	562,142	540,998	123	-2,225	47	537,425
20		583,877	169	11,228	569,423	558,066	164	-1,089	49	538,697
21		605,161	150	10,607	594,936	565,662	146	1,402	62	556,862
22		613,773	158	8,260	615,618	569,623	153	563	57	566,980
23		616,908	164	5,491	621,875	573,968	160	-505	66	570,090
24		627,722	175	3,779	622,235	582,705	174	-988	22	573,369
25		626,246	149	2,548	631,326	581,895	145	-1,471	90	581,565
26		624,075	167	2,431	628,645	580,835	158	-1,249	80	580,369
27		630,295	150	1,694	626,339	588,349	142	-1,355	113	579,508
28		626,028	179	1,503	631,839	586,710	170	-1,274	104	586,965
29		610,884	173	1,510	627,352	571,984	168	-941	119	585,370
30		615,990	167	1,113	612,221	580,254	164	-786	121	570,994
31		612,770	188	1,291	616,936	578,388	184	-393	137	579,425
32		625,369	200	1,041	613,873	589,633	192	-327	153	577,948
33		636,775	224	664	626,210	603,247	220	-193	130	589,267
34		654,813	243	658	637,215	624,120	238	-225	118	602,964
35		673,322	293	379	655,228	643,498	288	-189	137	623,775
36		682,253	309	326	673,408	654,936	304	-181	116	643,158
37		709,645	349	257	682,270	682,890	343	-192	111	654,567
38		734,011	348	351	709,553	707,277	342	-62	72	682,466
39		744,501	421	262	734,014	716,877	410	29	71	706,945
40		745,788	492	281	744,342	716,827	486	55	79	716,567
41		750,789	475	195	745,577	725,237	465	58	84	716,475
42		784,330	568	147	750,509	759,110	552	98	68	724,914
43		802,892	611	210	783,909	777,666	600	149	54	758,724
44		834,106	668	41	802,491	810,726	655	162	50	777,269

注）　＊　2022年10月～2023年9月の出生児数

人 口 の 計 算 表－総人口、日本人人口 (続き)
(Single Years) and Sex - Total population, Japanese population－Continued

| 年　齢 Age | 総 人 口　Total population | | | | 日 本 人 人 口　Japanese population | | | | |
	Population Oct. 1, 2022	Deaths	Net migration	Population Oct. 1, 2023	Population Oct. 1, 2022	Deaths	Net migration	Net increase or decrease by change of nationality (a)	Population Oct. 1, 2023
45 歳 years old	854,942	799	43	833,479	832,864	782	284	38	810,283
46	894,648	917	66	854,186	873,112	893	237	48	832,404
47	932,104	1,062	9	893,797	911,326	1,047	267	54	872,504
48	984,212	1,180	-212	931,051	963,354	1,161	175	37	910,600
49	1,004,603	1,414	-194	982,820	983,155	1,383	237	18	962,405
50	984,469	1,536	-107	1,002,995	962,833	1,510	275	29	982,027
51	957,341	1,544	-68	982,826	935,466	1,523	344	34	961,627
52	928,670	1,703	-233	955,729	906,680	1,676	199	36	934,321
53	915,581	1,763	-263	926,734	894,118	1,730	249	27	905,239
54	893,512	1,797	-238	913,555	872,840	1,747	200	16	892,664
55	891,390	1,993	-145	891,477	873,615	1,942	193	27	871,309
56	698,510	1,613	-131	889,252	681,577	1,579	215	-3	871,893
57	858,772	2,146	-177	696,766	842,067	2,116	187	7	680,210
58	804,907	2,167	-335	856,449	788,739	2,126	170	-1	840,145
59	784,703	2,304	-407	802,405	768,839	2,261	103	-4	786,782
60	759,501	2,384	-392	781,992	746,045	2,341	53	15	766,677
61	744,499	2,460	-280	756,725	732,397	2,413	54	6	743,772
62	750,568	2,679	-288	741,759	739,069	2,632	114	13	730,044
63	762,997	2,961	-209	747,601	753,002	2,924	62	-5	736,564
64	743,216	3,199	-298	759,827	733,358	3,151	54	-12	750,135
65	722,093	3,439	-299	739,719	712,738	3,391	70	-10	730,249
66	758,006	3,765	-256	718,355	749,166	3,720	2	-5	709,407
67	780,143	4,209	-175	753,985	771,737	4,142	81	4	745,443
68	780,486	4,644	-206	775,759	773,082	4,583	-9	6	767,680
69	829,415	5,630	-184	775,636	822,666	5,569	15	8	768,496
70	874,496	6,461	-128	823,601	867,933	6,406	64	-27	817,120
71	922,799	7,752	-152	867,907	917,015	7,677	-4	-4	861,564
72	990,351	9,209	-70	914,895	984,641	9,143	67	-3	909,330
73	1,079,590	11,096	-23	981,072	1,074,217	11,030	44	-5	975,562
74	1,064,510	12,408	-109	1,068,471	1,059,381	12,339	-28	7	1,063,226
75	1,002,543	12,893	-69	1,051,993	997,743	12,816	15	-18	1,047,021
76	623,937	9,223	-56	989,581	620,126	9,160	10	-4	984,924
77	668,284	10,998	-26	614,658	664,316	10,920	13	3	610,972
78	810,292	15,338	-58	657,260	806,462	15,253	-1	-1	653,412
79	773,266	16,587	-18	794,896	769,683	16,493	10	7	791,207
80	783,830	19,127	-39	756,661	780,494	19,024	-4	-8	753,207
81	747,973	20,750	-13	764,664	744,636	20,642	22	3	761,458
82	666,681	21,431	-26	727,210	663,695	21,315	13	7	724,019
83	564,985	21,474	-36	645,224	562,318	21,358	-9	3	642,400
84	586,951	25,778	-13	543,475	584,516	25,650	3	6	540,954
85	581,720	29,378	-14	561,160	579,664	29,246	10	-2	558,875
86	558,614	32,725	-18	552,328	556,671	32,570	0	1	550,426
87	507,893	34,289	-5	525,871	506,191	34,127	5	1	524,102
88	453,183	35,284	-7	473,599	451,731	35,146	2	0	472,070
89				417,892					416,587
	2,379,068	362,821	-22		2,373,672	361,789	-3	3	
90歳以上 and over				2,016,225					2,011,883

Note)　* Live births from Oct. 2022 to Sept. 2023.
　　　(a) Net increase or decrease by change of nationality

74

参考表3　　年齢（5歳階級）、男女別死亡者数－日本人、外国人（2022年10月～2023年9月）
Reference Table 3. Deaths by Age (Five-Year Groups) and Sex – Japanese, Foreigners
from October 2022 to September 2023

年 齢 階 級 Age groups *	日 本 人　Japanese			外 国 人　Foreigners		
	男女計 Both sexes	男 Male	女 Female	男女計 Both sexes	男 Male	女 Female
総　　　　数 Total	1,586,146	806,832	779,314	8,836	4,758	4,078
0 ～ 4 歳 years old	1,953	1,038	915	50	30	20
5 ～ 9	294	156	138	5	5	0
10 ～ 14	510	271	239	10	6	4
15 ～ 19	1,368	815	553	18	15	3
20 ～ 24	2,208	1,411	797	88	69	19
25 ～ 29	2,356	1,573	783	104	69	35
30 ～ 34	2,875	1,877	998	90	66	24
35 ～ 39	4,688	3,001	1,687	103	70	33
40 ～ 44	7,433	4,675	2,758	144	88	56
45 ～ 49	14,366	9,100	5,266	220	114	106
50 ～ 54	23,052	14,866	8,186	318	161	157
55 ～ 59	30,201	20,177	10,024	468	269	199
60 ～ 64	43,890	30,429	13,461	556	334	222
65 ～ 69	71,080	49,675	21,405	754	472	282
70 ～ 74	146,138	99,543	46,595	953	622	331
75 ～ 79	180,152	115,510	64,642	1,094	697	397
80 ～ 84	256,808	148,819	107,989	1,296	725	571
85 ～ 89	329,001	159,797	169,204	1,283	560	723
90 歳 以 上　and over	467,773	144,099	323,674	1,282	386	896

資料：厚生労働省「人口動態統計」（概数）
注）　＊ 2022年10月1日現在の年齢
　　　ただし、年齢不詳の死亡者数を各歳別に
　　　あん分して含めた。
　　　なお、0～4歳の数値には2022年10月～
　　　2023年9月の出生児の死亡者数を含む。

Source : Ministry of Health, Labour and Welfare, "Preliminary Results
of the Vital Statistics"
Note) ＊ Age as of October 1, 2022
Unknown age deaths are included after being prorated
to each age population.
Age group 0-4 includes deaths of the babies born
from October 2022 to September 2023.

参考表4　年　齢　（5　歳　階　級）、男　女　別
Reference Table 4.　Entries and Exits by Age (Five-Year Groups) and Sex

年 齢 階 級 Age groups	日 本 人　　　Japanese　1)					
	男女計　Both sexes		男　Male		女　Female	
	入国者数 Entries	出国者数 Exits	入国者数 Entries	出国者数 Exits	入国者数 Entries	出国者数 Exits
総　　　　　数　Total	913,238	911,312	441,843	429,307	471,395	482,005
0 ～ 4 歳　years old	47,676	49,416	24,444	25,219	23,232	24,197
5 ～ 9	63,990	65,568	32,726	33,560	31,264	32,008
10 ～ 14	57,612	57,146	29,129	28,906	28,483	28,240
15 ～ 19	46,855	50,312	21,694	23,076	25,161	27,236
20 ～ 24	75,879	80,410	30,243	32,920	45,636	47,490
25 ～ 29	49,812	59,059	20,569	23,479	29,243	35,580
30 ～ 34	65,202	68,607	29,301	30,066	35,901	38,541
35 ～ 39	79,007	78,338	37,584	36,066	41,423	42,272
40 ～ 44	88,850	85,683	42,337	39,559	46,513	46,124
45 ～ 49	95,293	90,020	45,397	41,249	49,896	48,771
50 ～ 54	89,610	83,463	45,644	40,801	43,966	42,662
55 ～ 59	66,818	61,523	36,199	31,869	30,619	29,654
60 ～ 64	38,932	35,964	21,030	18,448	17,902	17,516
65 ～ 69	19,881	18,921	10,707	9,945	9,174	8,976
70 ～ 74	14,368	13,757	7,759	7,334	6,609	6,423
75 ～ 79	8,463	8,279	4,580	4,405	3,883	3,874
80 ～ 84	3,454	3,354	1,812	1,744	1,642	1,610
85 ～ 89	1,224	1,186	568	550	656	636
90 歳 以 上　and over	312	306	120	111	192	195

資料：出入国在留管理庁「出入国管理統計」
注　1)　滞在期間が3か月以内の者を除く。
　　2)　2022年10月1日現在の年齢
　　　　なお、0～4歳の数値には2022年10月～2023年9月の出生児の出入国者数を含む。

出 入 国 者 数－日本人、外国人（2022年10月～2023年 9 月）
- Japanese, Foreigners, from October 2022 to September 2023

年 齢 階 級 Age groups 2)	外 国 人 Foreigners 1)					
	男女計 Both sexes		男 Male		女 Female	
	入国者数 Entries	出国者数 Exits	入国者数 Entries	出国者数 Exits	入国者数 Entries	出国者数 Exits
総　　　　数　Total	2,336,993	2,096,788	1,202,724	1,057,597	1,134,269	1,039,191
0 ～ 4 歳　years old	59,595	58,165	30,705	30,019	28,890	28,146
5 ～ 9	48,716	45,257	25,004	23,214	23,712	22,043
10 ～ 14	35,385	31,847	18,128	16,238	17,257	15,609
15 ～ 19	134,533	59,692	68,468	29,414	66,065	30,278
20 ～ 24	385,405	283,752	200,597	138,926	184,808	144,826
25 ～ 29	406,081	365,610	218,319	193,824	187,762	171,786
30 ～ 34	329,738	310,321	179,628	166,902	150,110	143,419
35 ～ 39	235,746	228,053	126,696	121,173	109,050	106,880
40 ～ 44	191,185	189,651	98,151	96,969	93,034	92,682
45 ～ 49	149,020	150,328	73,696	73,516	75,324	76,812
50 ～ 54	137,216	140,054	62,546	63,208	74,670	76,846
55 ～ 59	99,709	102,691	45,627	46,546	54,082	56,145
60 ～ 64	61,171	63,816	26,949	27,790	34,222	36,026
65 ～ 69	35,198	37,398	15,025	15,946	20,173	21,452
70 ～ 74	16,464	17,545	7,456	7,912	9,008	9,633
75 ～ 79	7,370	7,798	3,629	3,783	3,741	4,015
80 ～ 84	3,061	3,294	1,387	1,468	1,674	1,826
85 ～ 89	1,102	1,193	540	570	562	623
90 歳 以 上　and over	298	323	173	179	125	144

Source : Immigration Services Agency, "Statistics on Legal Migrants"
　Note　1) Excluding persons whose intended period of stay is less than three months.
　　　　2) Age as of October 1, 2022
　　　　　Age group 0-4 includes entries and exits of the babies born from October 2022 to September 2023.

参考表5　都 道 府 県、男 女 別 人 口
Reference Table 5.　Computation of Population by Sex for Prefectures

都　道　府　県 Prefectures	総 人 口　　　男 女 計 Total population　　Both sexes				
	2022 年 10 月 1 日 現　在　人　口 Population Oct. 1, 2022	2022 年 10 月 1 日 ～ 2023 年 9 月 30 日 Oct. 1, 2022 to Sept. 30, 2023			2023 年 10 月 1 日 現　在　人　口 Population Oct. 1, 2023
		自 然 増 減 Natural change	社 会 増 減 Net migration	増 減 の 計 Total net change	
全　　　　　　　　国　Japan	124, 946, 789	−837, 043	242, 131	−594, 912	124, 351, 877
01 北　海　道　Hokkaido	5, 140, 354	−50, 942	3, 041	−47, 901	5, 092, 453
02 青　森　県　Aomori-ken	1, 204, 392	−15, 270	−4, 748	−20, 018	1, 184, 374
03 岩　手　県　Iwate-ken	1, 180, 595	−14, 306	−3, 077	−17, 383	1, 163, 212
04 宮　城　県　Miyagi-ken	2, 279, 977	−16, 587	1, 043	−15, 544	2, 264, 433
05 秋　田　県　Akita-ken	929, 901	−13, 915	−2, 385	−16, 300	913, 601
06 山　形　県　Yamagata-ken	1, 041, 025	−11, 620	−3, 198	−14, 818	1, 026, 207
07 福　島　県　Fukushima-ken	1, 790, 181	−18, 578	−4, 958	−23, 536	1, 766, 645
08 茨　城　県　Ibaraki-ken	2, 839, 555	−22, 515	7, 555	−14, 960	2, 824, 595
09 栃　木　県　Tochigi-ken	1, 908, 821	−14, 990	3, 584	−11, 406	1, 897, 415
10 群　馬　県　Gumma-ken	1, 913, 254	−16, 470	4, 988	−11, 482	1, 901, 772
11 埼　玉　県　Saitama-ken	7, 337, 089	−40, 003	34, 291	−5, 712	7, 331, 377
12 千　葉　県　Chiba-ken	6, 265, 975	−36, 057	26, 747	−9, 310	6, 256, 665
13 東　京　都　Tokyo-to	14, 038, 167	−48, 273	95, 996	47, 723	14, 085, 890
14 神　奈　川　県　Kanagawa-ken	9, 232, 489	−43, 776	40, 157	−3, 619	9, 228, 870
15 新　潟　県　Niigata-ken	2, 152, 693	−22, 183	−4, 165	−26, 348	2, 126, 345
16 富　山　県　Toyama-ken	1, 016, 534	−9, 539	−256	−9, 795	1, 006, 739
17 石　川　県　Ishikawa-ken	1, 117, 637	−8, 003	−677	−8, 680	1, 108, 957
18 福　井　県　Fukui-ken	752, 855	−5, 990	−2, 460	−8, 450	744, 405
19 山　梨　県　Yamanashi-ken	801, 874	−6, 831	800	−6, 031	795, 843
20 長　野　県　Nagano-ken	2, 019, 993	−17, 391	1, 316	−16, 075	2, 003, 918
21 岐　阜　県　Gifu-ken	1, 945, 763	−15, 459	908	−14, 551	1, 931, 212
22 静　岡　県　Shizuoka-ken	3, 582, 297	−28, 507	1, 498	−27, 009	3, 555, 288
23 愛　知　県　Aichi-ken	7, 495, 171	−29, 992	11, 513	−18, 479	7, 476, 692
24 三　重　県　Mie-ken	1, 742, 174	−13, 775	−1, 587	−15, 362	1, 726, 812
25 滋　賀　県　Shiga-ken	1, 408, 931	−5, 697	3, 396	−2, 301	1, 406, 630
26 京　都　府　Kyoto-fu	2, 549, 749	−16, 914	2, 389	−14, 525	2, 535, 224
27 大　阪　府　Osaka-fu	8, 782, 484	−50, 204	30, 577	−19, 627	8, 762, 857
28 兵　庫　県　Hyogo-ken	5, 402, 493	−33, 896	1, 291	−32, 605	5, 369, 888
29 奈　良　県　Nara-ken	1, 305, 812	−10, 037	−250	−10, 287	1, 295, 525
30 和　歌　山　県　Wakayama-ken	903, 265	−9, 803	−1, 642	−11, 445	891, 820
31 鳥　取　県　Tottori-ken	543, 620	−4, 929	−1, 265	−6, 194	537, 426
32 島　根　県　Shimane-ken	657, 909	−6, 586	−1, 760	−8, 346	649, 563
33 岡　山　県　Okayama-ken	1, 862, 317	−13, 564	−2, 046	−15, 610	1, 846, 707
34 広　島　県　Hiroshima-ken	2, 759, 500	−18, 522	−3, 130	−21, 652	2, 737, 848
35 山　口　県　Yamaguchi-ken	1, 313, 403	−14, 055	−1, 776	−15, 831	1, 297, 572
36 徳　島　県　Tokushima-ken	703, 852	−7, 290	−1, 635	−8, 925	694, 927
37 香　川　県　Kagawa-ken	934, 060	−8, 254	−218	−8, 472	925, 588
38 愛　媛　県　Ehime-ken	1, 306, 486	−13, 336	−1, 794	−15, 130	1, 291, 356
39 高　知　県　Kochi-ken	675, 705	−8, 174	−1, 109	−9, 283	666, 422
40 福　岡　県　Fukuoka-ken	5, 116, 046	−27, 604	14, 288	−13, 316	5, 102, 730
41 佐　賀　県　Saga-ken	800, 787	−6, 228	300	−5, 928	794, 859
42 長　崎　県　Nagasaki-ken	1, 283, 128	−11, 742	−4, 234	−15, 976	1, 267, 152
43 熊　本　県　Kumamoto-ken	1, 718, 327	−13, 111	3, 618	−9, 493	1, 708, 834
44 大　分　県　Oita-ken	1, 106, 831	−10, 461	−71	−10, 532	1, 096, 299
45 宮　崎　県　Miyazaki-ken	1, 052, 338	−9, 693	−422	−10, 115	1, 042, 223
46 鹿　児　島　県　Kagoshima-ken	1, 562, 662	−13, 855	−63	−13, 918	1, 548, 744
47 沖　縄　県　Okinawa-ken	1, 468, 318	−2, 116	1, 761	−355	1, 467, 963

の　計　算　表－総人口、日本人人口
- Total population, Japanese population

都　道　府　県 Prefectures	総人口 Total population				男 Male
	2022 年 10 月 1 日 現 在 人 口 Population Oct. 1, 2022	2022 年 10 月 1 日 〜 2023 年 9 月 30 日 Oct. 1, 2022 to Sept. 30, 2023			2023 年 10 月 1 日 現 在 人 口 Population Oct. 1, 2023
		自 然 増 減 Natural change	社 会 増 減 Net migration	増 減 の 計 Total net change	
全　　　　　　国 Japan	60,757,789	-423,025	157,663	-265,362	60,492,427
01 北　海　道 Hokkaido	2,426,664	-24,725	2,735	-21,990	2,404,674
02 青　森　県 Aomori-ken	567,899	-7,301	-1,889	-9,190	558,709
03 岩　手　県 Iwate-ken	569,710	-6,910	-1,297	-8,207	561,503
04 宮　城　県 Miyagi-ken	1,111,869	-8,202	939	-7,263	1,104,606
05 秋　田　県 Akita-ken	439,111	-6,450	-917	-7,367	431,744
06 山　形　県 Yamagata-ken	504,579	-5,333	-1,363	-6,696	497,883
07 福　島　県 Fukushima-ken	883,997	-9,084	-2,077	-11,161	872,836
08 茨　城　県 Ibaraki-ken	1,417,992	-12,064	6,200	-5,864	1,412,128
09 栃　木　県 Tochigi-ken	952,482	-7,686	3,036	-4,650	947,832
10 群　馬　県 Gumma-ken	946,796	-8,456	3,785	-4,671	942,125
11 埼　玉　県 Saitama-ken	3,642,881	-22,998	20,611	-2,387	3,640,494
12 千　葉　県 Chiba-ken	3,104,173	-19,944	14,535	-5,409	3,098,764
13 東　京　都 Tokyo-to	6,889,255	-25,457	50,006	24,549	6,913,804
14 神　奈　川　県 Kanagawa-ken	4,579,464	-24,357	22,985	-1,372	4,578,092
15 新　潟　県 Niigata-ken	1,046,145	-10,658	-1,524	-12,182	1,033,963
16 富　山　県 Toyama-ken	494,651	-4,427	175	-4,252	490,399
17 石　川　県 Ishikawa-ken	542,634	-3,849	142	-3,707	538,927
18 福　井　県 Fukui-ken	368,011	-2,875	-1,188	-4,063	363,948
19 山　梨　県 Yamanashi-ken	393,941	-3,449	925	-2,524	391,417
20 長　野　県 Nagano-ken	987,939	-8,228	1,645	-6,583	981,356
21 岐　阜　県 Gifu-ken	944,667	-7,782	1,016	-6,766	937,901
22 静　岡　県 Shizuoka-ken	1,766,392	-14,344	2,139	-12,205	1,754,187
23 愛　知　県 Aichi-ken	3,734,318	-16,830	8,478	-8,352	3,725,966
24 三　重　県 Mie-ken	851,350	-6,937	7	-6,930	844,420
25 滋　賀　県 Shiga-ken	695,069	-2,955	2,448	-507	694,562
26 京　都　府 Kyoto-fu	1,217,215	-8,466	1,544	-6,922	1,210,293
27 大　阪　府 Osaka-fu	4,202,002	-27,223	16,153	-11,070	4,190,932
28 兵　庫　県 Hyogo-ken	2,567,269	-17,176	961	-16,215	2,551,054
29 奈　良　県 Nara-ken	614,418	-4,926	-214	-5,140	609,278
30 和　歌　山　県 Wakayama-ken	425,787	-4,721	-597	-5,318	420,469
31 鳥　取　県 Tottori-ken	260,094	-2,312	-458	-2,770	257,324
32 島　根　県 Shimane-ken	318,409	-3,133	-818	-3,951	314,458
33 岡　山　県 Okayama-ken	895,914	-6,379	-1,016	-7,395	888,519
34 広　島　県 Hiroshima-ken	1,337,933	-9,078	-352	-9,430	1,328,503
35 山　口　県 Yamaguchi-ken	624,394	-6,667	-212	-6,879	617,515
36 徳　島　県 Tokushima-ken	336,340	-3,360	-575	-3,935	332,405
37 香　川　県 Kagawa-ken	451,369	-4,016	461	-3,555	447,814
38 愛　媛　県 Ehime-ken	620,131	-6,383	-446	-6,829	613,302
39 高　知　県 Kochi-ken	319,583	-3,825	-118	-3,943	315,640
40 福　岡　県 Fukuoka-ken	2,422,727	-12,655	8,038	-4,617	2,418,110
41 佐　賀　県 Saga-ken	379,917	-2,807	277	-2,530	377,387
42 長　崎　県 Nagasaki-ken	603,890	-5,314	-1,069	-6,383	597,507
43 熊　本　県 Kumamoto-ken	814,285	-5,915	2,313	-3,602	810,683
44 大　分　県 Oita-ken	526,232	-4,937	472	-4,465	521,767
45 宮　崎　県 Miyazaki-ken	497,153	-4,651	-11	-4,662	492,491
46 鹿　児　島　県 Kagoshima-ken	737,962	-6,381	461	-5,920	732,042
47 沖　縄　県 Okinawa-ken	722,776	-1,399	1,317	-82	722,694

参考表5　都 道 府 県 、 男 女 別 人 口
Reference Table 5.　Computation of Population by Sex for Prefectures

都　道　府　県 Prefectures	総　人　口 Total population 2022 年 10 月 1 日 現　在　人　口 Population Oct. 1, 2022	女 Female 2022 年 10 月 1 日 ～ 2023 年 9 月 30 日 Oct. 1, 2022 to Sept. 30, 2023			2023 年 10 月 1 日 現　在　人　口 Population Oct. 1, 2023
		自　然　増　減 Natural change	社　会　増　減 Net migration	増　減　の　計 Total net change	
全　　　　　　国　Japan	64,189,000	−414,018	84,468	−329,550	63,859,450
01 北　海　道　Hokkaido	2,713,690	−26,217	306	−25,911	2,687,779
02 青　森　県　Aomori-ken	636,493	−7,969	−2,859	−10,828	625,665
03 岩　手　県　Iwate-ken	610,885	−7,396	−1,780	−9,176	601,709
04 宮　城　県　Miyagi-ken	1,168,108	−8,385	104	−8,281	1,159,827
05 秋　田　県　Akita-ken	490,790	−7,465	−1,468	−8,933	481,857
06 山　形　県　Yamagata-ken	536,446	−6,287	−1,835	−8,122	528,324
07 福　島　県　Fukushima-ken	906,184	−9,494	−2,881	−12,375	893,809
08 茨　城　県　Ibaraki-ken	1,421,563	−10,451	1,355	−9,096	1,412,467
09 栃　木　県　Tochigi-ken	956,339	−7,304	548	−6,756	949,583
10 群　馬　県　Gumma-ken	966,458	−8,014	1,203	−6,811	959,647
11 埼　玉　県　Saitama-ken	3,694,208	−17,005	13,680	−3,325	3,690,883
12 千　葉　県　Chiba-ken	3,161,802	−16,113	12,212	−3,901	3,157,901
13 東　京　都　Tokyo-to	7,148,912	−22,816	45,990	23,174	7,172,086
14 神　奈　川　県　Kanagawa-ken	4,653,025	−19,419	17,172	−2,247	4,650,778
15 新　潟　県　Niigata-ken	1,106,548	−11,525	−2,641	−14,166	1,092,382
16 富　山　県　Toyama-ken	521,883	−5,112	−431	−5,543	516,340
17 石　川　県　Ishikawa-ken	575,003	−4,154	−819	−4,973	570,030
18 福　井　県　Fukui-ken	384,844	−3,115	−1,272	−4,387	380,457
19 山　梨　県　Yamanashi-ken	407,933	−3,382	−125	−3,507	404,426
20 長　野　県　Nagano-ken	1,032,054	−9,163	−329	−9,492	1,022,562
21 岐　阜　県　Gifu-ken	1,001,096	−7,677	−108	−7,785	993,311
22 静　岡　県　Shizuoka-ken	1,815,905	−14,163	−641	−14,804	1,801,101
23 愛　知　県　Aichi-ken	3,760,853	−13,162	3,035	−10,127	3,750,726
24 三　重　県　Mie-ken	890,824	−6,838	−1,594	−8,432	882,392
25 滋　賀　県　Shiga-ken	713,862	−2,742	948	−1,794	712,068
26 京　都　府　Kyoto-fu	1,332,534	−8,448	845	−7,603	1,324,931
27 大　阪　府　Osaka-fu	4,580,482	−22,981	14,424	−8,557	4,571,925
28 兵　庫　県　Hyogo-ken	2,835,224	−16,720	330	−16,390	2,818,834
29 奈　良　県　Nara-ken	691,394	−5,111	−36	−5,147	686,247
30 和　歌　山　県　Wakayama-ken	477,478	−5,082	−1,045	−6,127	471,351
31 鳥　取　県　Tottori-ken	283,526	−2,617	−807	−3,424	280,102
32 島　根　県　Shimane-ken	339,500	−3,453	−942	−4,395	335,105
33 岡　山　県　Okayama-ken	966,403	−7,185	−1,030	−8,215	958,188
34 広　島　県　Hiroshima-ken	1,421,567	−9,444	−2,778	−12,222	1,409,345
35 山　口　県　Yamaguchi-ken	689,009	−7,388	−1,564	−8,952	680,057
36 徳　島　県　Tokushima-ken	367,512	−3,930	−1,060	−4,990	362,522
37 香　川　県　Kagawa-ken	482,691	−4,238	−679	−4,917	477,774
38 愛　媛　県　Ehime-ken	686,355	−6,953	−1,348	−8,301	678,054
39 高　知　県　Kochi-ken	356,122	−4,349	−991	−5,340	350,782
40 福　岡　県　Fukuoka-ken	2,693,319	−14,949	6,250	−8,699	2,684,620
41 佐　賀　県　Saga-ken	420,870	−3,421	23	−3,398	417,472
42 長　崎　県　Nagasaki-ken	679,238	−6,428	−3,165	−9,593	669,645
43 熊　本　県　Kumamoto-ken	904,042	−7,196	1,305	−5,891	898,151
44 大　分　県　Oita-ken	580,599	−5,524	−543	−6,067	574,532
45 宮　崎　県　Miyazaki-ken	555,185	−5,042	−411	−5,453	549,732
46 鹿　児　島　県　Kagoshima-ken	824,700	−7,474	−524	−7,998	816,702
47 沖　縄　県　Okinawa-ken	745,542	−717	444	−273	745,269

の　計　算　表－総人口、日本人人口（続き）
- Total population, Japanese population - Continued

都　道　府　県 Prefectures	日 本 人 人 口　Japanese population　男 女 計　Both sexes					
	2022 年 10 月 1 日 現　在　人　口 Population Oct. 1, 2022	2022 年 10 月 1 日 ～ 2023 年 9 月 30 日 Oct. 1, 2022 to Sept. 30, 2023				2023 年 10 月 1 日 現　在　人　口 Population Oct. 1, 2023
		自 然 増 減 Natural change	社 会 増 減 Net migration	国籍の異動 による純増減 (a)	増 減 の 計 Total net change	
全　　　　　　国　Japan	122, 030, 523	−847, 006	1, 926	7, 951	−837, 129	121, 193, 394
01 北　海　道　Hokkaido	5, 098, 127	−50, 995	−6, 246	15	−57, 226	5, 040, 901
02 青　森　県　Aomori-ken	1, 198, 175	−15, 275	−5, 663	−4	−20, 942	1, 177, 233
03 岩　手　県　Iwate-ken	1, 172, 805	−14, 308	−4, 802	6	−19, 104	1, 153, 701
04 宮　城　県　Miyagi-ken	2, 256, 312	−16, 631	−872	27	−17, 476	2, 238, 836
05 秋　田　県　Akita-ken	925, 666	−13, 921	−3, 094	−6	−17, 021	908, 645
06 山　形　県　Yamagata-ken	1, 033, 432	−11, 622	−4, 263	−1	−15, 886	1, 017, 546
07 福　島　県　Fukushima-ken	1, 776, 010	−18, 608	−6, 832	16	−25, 424	1, 750, 586
08 茨　城　県　Ibaraki-ken	2, 766, 533	−22, 941	−115	115	−22, 941	2, 743, 592
09 栃　木　県　Tochigi-ken	1, 864, 656	−15, 221	−1, 630	63	−16, 788	1, 847, 868
10 群　馬　県　Gumma-ken	1, 849, 569	−16, 921	−1, 839	269	−18, 491	1, 831, 078
11 埼　玉　県　Saitama-ken	7, 135, 928	−41, 460	17, 762	574	−23, 124	7, 112, 804
12 千　葉　県　Chiba-ken	6, 100, 120	−37, 084	17, 817	584	−18, 683	6, 081, 437
13 東　京　都　Tokyo-to	13, 442, 697	−50, 452	53, 832	1, 856	5, 236	13, 447, 933
14 神 奈 川 県　Kanagawa-ken	8, 990, 623	−44, 875	23, 556	664	−20, 655	8, 969, 968
15 新　潟　県　Niigata-ken	2, 135, 626	−22, 204	−6, 067	−7	−28, 278	2, 107, 348
16 富　山　県　Toyama-ken	998, 089	−9, 637	−1, 892	18	−11, 511	986, 578
17 石　川　県　Ishikawa-ken	1, 101, 612	−8, 050	−2, 410	26	−10, 434	1, 091, 178
18 福　井　県　Fukui-ken	737, 597	−6, 012	−2, 393	33	−8, 372	729, 225
19 山　梨　県　Yamanashi-ken	783, 662	−6, 899	−827	28	−7, 698	775, 964
20 長　野　県　Nagano-ken	1, 983, 772	−17, 444	−1, 312	109	−18, 647	1, 965, 125
21 岐　阜　県　Gifu-ken	1, 888, 381	−15, 771	−4, 978	60	−20, 689	1, 867, 692
22 静　岡　県　Shizuoka-ken	3, 484, 379	−29, 078	−6, 265	294	−35, 049	3, 449, 330
23 愛　知　県　Aichi-ken	7, 228, 026	−31, 377	−2, 548	707	−33, 218	7, 194, 808
24 三　重　県　Mie-ken	1, 688, 851	−14, 060	−5, 447	96	−19, 411	1, 669, 440
25 滋　賀　県　Shiga-ken	1, 373, 097	−5, 815	−64	106	−5, 773	1, 367, 324
26 京　都　府　Kyoto-fu	2, 485, 006	−16, 753	−3, 882	254	−20, 381	2, 464, 625
27 大　阪　府　Osaka-fu	8, 524, 292	−49, 876	12, 381	1, 240	−36, 255	8, 488, 037
28 兵　庫　県　Hyogo-ken	5, 286, 805	−33, 676	−6, 078	301	−39, 453	5, 247, 352
29 奈　良　県　Nara-ken	1, 291, 268	−10, 041	−1, 942	59	−11, 924	1, 279, 344
30 和 歌 山 県　Wakayama-ken	896, 012	−9, 785	−2, 571	12	−12, 344	883, 668
31 鳥　取　県　Tottori-ken	538, 769	−4, 929	−1, 851	9	−6, 771	531, 998
32 島　根　県　Shimane-ken	648, 112	−6, 657	−1, 913	23	−8, 547	639, 565
33 岡　山　県　Okayama-ken	1, 831, 869	−13, 623	−4, 666	51	−18, 238	1, 813, 631
34 広　島　県　Hiroshima-ken	2, 707, 568	−18, 585	−6, 799	100	−25, 284	2, 682, 284
35 山　口　県　Yamaguchi-ken	1, 297, 005	−13, 982	−4, 326	18	−18, 290	1, 278, 715
36 徳　島　県　Tokushima-ken	697, 834	−7, 311	−2, 371	−2	−9, 684	688, 150
37 香　川　県　Kagawa-ken	920, 314	−8, 299	−2, 379	−10	−10, 688	909, 626
38 愛　媛　県　Ehime-ken	1, 293, 904	−13, 342	−3, 863	−1	−17, 206	1, 276, 698
39 高　知　県　Kochi-ken	670, 554	−8, 167	−1, 909	−2	−10, 078	660, 476
40 福　岡　県　Fukuoka-ken	5, 030, 395	−27, 853	8, 083	257	−19, 513	5, 010, 882
41 佐　賀　県　Saga-ken	793, 195	−6, 248	−1, 368	6	−7, 610	785, 585
42 長　崎　県　Nagasaki-ken	1, 272, 479	−11, 769	−6, 254	20	−18, 003	1, 254, 476
43 熊　本　県　Kumamoto-ken	1, 699, 217	−13, 162	−995	11	−14, 146	1, 685, 071
44 大　分　県　Oita-ken	1, 091, 918	−10, 492	−2, 459	23	−12, 928	1, 078, 990
45 宮　崎　県　Miyazaki-ken	1, 044, 220	−9, 695	−2, 091	5	−11, 781	1, 032, 439
46 鹿 児 島 県　Kagoshima-ken	1, 549, 549	−13, 864	−2, 851	−19	−16, 734	1, 532, 815
47 沖　縄　県　Okinawa-ken	1, 446, 493	−2, 236	−1, 378	−52	−3, 666	1, 442, 827

(a)　Net increase or decrease by change of nationality

参考表5　都 道 府 県、男 女 別 人 口
Reference Table 5.　Computation of Population by Sex for Prefectures

都　道　府　県 Prefectures			日 本 人 人 口 Japanese population　　　　男 Male					
			2022 年 10 月 1 日 現　在　人　口 Population Oct. 1, 2022	2022 年 10 月 1 日 ～ 2023 年 9 月 30 日 Oct. 1, 2022 to Sept. 30, 2023				2023 年 10 月 1 日 現　在　人　口 Population Oct. 1, 2023
				自 然 増 減 Natural change	社 会 増 減 Net migration	国籍の異動 による純増減 (a)	増 減 の 計 Total net change	
全		国 Japan	59, 313, 678	−428, 022	12, 536	4, 201	−411, 285	58, 902, 393
01	北　海　道	Hokkaido	2, 406, 540	−24, 756	−1, 902	16	−26, 642	2, 379, 898
02	青　森　県	Aomori-ken	565, 466	−7, 299	−2, 458	1	−9, 756	555, 710
03	岩　手　県	Iwate-ken	566, 428	−6, 911	−2, 020	7	−8, 924	557, 504
04	宮　城　県	Miyagi-ken	1, 100, 451	−8, 222	−275	16	−8, 481	1, 091, 970
05	秋　田　県	Akita-ken	437, 527	−6, 451	−1, 231	−2	−7, 684	429, 843
06	山　形　県	Yamagata-ken	501, 689	−5, 339	−1, 871	3	−7, 207	494, 482
07	福　島　県	Fukushima-ken	877, 566	−9, 094	−3, 213	9	−12, 298	865, 268
08	茨　城　県	Ibaraki-ken	1, 379, 893	−12, 294	1, 072	51	−11, 171	1, 368, 722
09	栃　木　県	Tochigi-ken	930, 445	−7, 781	−252	26	−8, 007	922, 438
10	群　馬　県	Gumma-ken	913, 907	−8, 664	−631	117	−9, 178	904, 729
11	埼　玉　県	Saitama-ken	3, 541, 732	−23, 721	8, 851	297	−14, 573	3, 527, 159
12	千　葉　県	Chiba-ken	3, 024, 005	−20, 473	9, 590	292	−10, 591	3, 013, 414
13	東　京　都	Tokyo-to	6, 594, 825	−26, 587	24, 937	1, 002	−648	6, 594, 177
14	神　奈　川　県	Kanagawa-ken	4, 459, 291	−24, 894	11, 833	371	−12, 690	4, 446, 601
15	新　潟　県	Niigata-ken	1, 038, 955	−10, 669	−2, 543	1	−13, 211	1, 025, 744
16	富　山　県	Toyama-ken	485, 308	−4, 484	−823	14	−5, 293	480, 015
17	石　川　県	Ishikawa-ken	533, 936	−3, 879	−1, 122	13	−4, 988	528, 948
18	福　井　県	Fukui-ken	360, 969	−2, 880	−1, 131	19	−3, 992	356, 977
19	山　梨　県	Yamanashi-ken	385, 239	−3, 480	−122	21	−3, 581	381, 658
20	長　野　県	Nagano-ken	971, 288	−8, 258	7	67	−8, 184	963, 104
21	岐　阜　県	Gifu-ken	916, 486	−7, 961	−2, 298	36	−10, 223	906, 263
22	静　岡　県	Shizuoka-ken	1, 718, 052	−14, 628	−1, 979	151	−16, 456	1, 701, 596
23	愛　知　県	Aichi-ken	3, 601, 387	−17, 573	−340	352	−17, 561	3, 583, 826
24	三　重　県	Mie-ken	824, 151	−7, 069	−2, 592	43	−9, 618	814, 533
25	滋　賀　県	Shiga-ken	675, 751	−3, 017	262	53	−2, 702	673, 049
26	京　都　府	Kyoto-fu	1, 184, 894	−8, 382	−2, 144	128	−10, 398	1, 174, 496
27	大　阪　府	Osaka-fu	4, 073, 861	−27, 024	5, 709	622	−20, 693	4, 053, 168
28	兵　庫　県	Hyogo-ken	2, 510, 084	−17, 057	−3, 431	156	−20, 332	2, 489, 752
29	奈　良　県	Nara-ken	607, 491	−4, 929	−1, 214	33	−6, 110	601, 381
30	和　歌　山　県	Wakayama-ken	422, 670	−4, 710	−1, 090	8	−5, 792	416, 878
31	鳥　取　県	Tottori-ken	258, 206	−2, 315	−720	6	−3, 029	255, 177
32	島　根　県	Shimane-ken	313, 615	−3, 167	−775	15	−3, 927	309, 688
33	岡　山　県	Okayama-ken	880, 531	−6, 401	−2, 358	29	−8, 730	871, 801
34	広　島　県	Hiroshima-ken	1, 311, 569	−9, 107	−3, 267	53	−12, 321	1, 299, 248
35	山　口　県	Yamaguchi-ken	616, 257	−6, 633	−1, 814	12	−8, 435	607, 822
36	徳　島　県	Tokushima-ken	333, 975	−3, 372	−1, 017	2	−4, 387	329, 588
37	香　川　県	Kagawa-ken	444, 367	−4, 033	−1, 122	0	−5, 155	439, 212
38	愛　媛　県	Ehime-ken	613, 672	−6, 381	−1, 557	5	−7, 933	605, 739
39	高　知　県	Kochi-ken	316, 777	−3, 817	−633	0	−4, 450	312, 327
40	福　岡　県	Fukuoka-ken	2, 377, 704	−12, 788	4, 228	126	−8, 434	2, 369, 270
41	佐　賀　県	Saga-ken	376, 643	−2, 818	−587	5	−3, 400	373, 243
42	長　崎　県	Nagasaki-ken	598, 749	−5, 320	−2, 346	12	−7, 654	591, 095
43	熊　本　県	Kumamoto-ken	805, 680	−5, 941	7	2	−5, 932	799, 748
44	大　分　県	Oita-ken	518, 949	−4, 957	−969	12	−5, 914	513, 035
45	宮　崎　県	Miyazaki-ken	493, 632	−4, 653	−726	1	−5, 378	488, 254
46	鹿　児　島　県	Kagoshima-ken	732, 631	−6, 387	−800	−1	−7, 188	725, 443
47	沖　縄　県	Okinawa-ken	710, 434	−1, 446	−587	−1	−2, 034	708, 400

の 計 算 表－総人口、日本人人口（続き）
- Total population, Japanese population - Continued

都 道 府 県 Prefectures	日 本 人 人 口 Japanese population　女 Female					
	2022 年 10 月 1 日 現 在 人 口 Population Oct. 1, 2022	2022 年 10 月 1 日 ～ 2023 年 9 月 30 日 Oct. 1, 2022 to Sept. 30, 2023				2023 年 10 月 1 日 現 在 人 口 Population Oct. 1, 2023
		自 然 増 減 Natural change	社 会 増 減 Net migration	国籍の異動 による純増減 (a)	増 減 の 計 Total net change	
全　　　　　　　国　Japan	62,716,845	−418,984	−10,610	3,750	−425,844	62,291,001
01 北 海 道　Hokkaido	2,691,587	−26,239	−4,344	−1	−30,584	2,661,003
02 青 森 県　Aomori-ken	632,709	−7,976	−3,205	−5	−11,186	621,523
03 岩 手 県　Iwate-ken	606,377	−7,397	−2,782	−1	−10,180	596,197
04 宮 城 県　Miyagi-ken	1,155,861	−8,409	−597	11	−8,995	1,146,866
05 秋 田 県　Akita-ken	488,139	−7,470	−1,863	−4	−9,337	478,802
06 山 形 県　Yamagata-ken	531,743	−6,283	−2,392	−4	−8,679	523,064
07 福 島 県　Fukushima-ken	898,444	−9,514	−3,619	7	−13,126	885,318
08 茨 城 県　Ibaraki-ken	1,386,640	−10,647	−1,187	64	−11,770	1,374,870
09 栃 木 県　Tochigi-ken	934,211	−7,440	−1,378	37	−8,781	925,430
10 群 馬 県　Gumma-ken	935,662	−8,257	−1,208	152	−9,313	926,349
11 埼 玉 県　Saitama-ken	3,594,196	−17,739	8,911	277	−8,551	3,585,645
12 千 葉 県　Chiba-ken	3,076,115	−16,611	8,227	292	−8,092	3,068,023
13 東 京 都　Tokyo-to	6,847,872	−23,865	28,895	854	5,884	6,853,756
14 神 奈 川 県　Kanagawa-ken	4,531,332	−19,981	11,723	293	−7,965	4,523,367
15 新 潟 県　Niigata-ken	1,096,671	−11,535	−3,524	−8	−15,067	1,081,604
16 富 山 県　Toyama-ken	512,781	−5,153	−1,069	4	−6,218	506,563
17 石 川 県　Ishikawa-ken	567,676	−4,171	−1,288	13	−5,446	562,230
18 福 井 県　Fukui-ken	376,628	−3,132	−1,262	14	−4,380	372,248
19 山 梨 県　Yamanashi-ken	398,423	−3,419	−705	7	−4,117	394,306
20 長 野 県　Nagano-ken	1,012,484	−9,186	−1,319	42	−10,463	1,002,021
21 岐 阜 県　Gifu-ken	971,895	−7,810	−2,680	24	−10,466	961,429
22 静 岡 県　Shizuoka-ken	1,766,327	−14,450	−4,286	143	−18,593	1,747,734
23 愛 知 県　Aichi-ken	3,626,639	−13,804	−2,208	355	−15,657	3,610,982
24 三 重 県　Mie-ken	864,700	−6,991	−2,855	53	−9,793	854,907
25 滋 賀 県　Shiga-ken	697,346	−2,798	−326	53	−3,071	694,275
26 京 都 府　Kyoto-fu	1,300,112	−8,371	−1,738	126	−9,983	1,290,129
27 大 阪 府　Osaka-fu	4,450,431	−22,852	6,672	618	−15,562	4,434,869
28 兵 庫 県　Hyogo-ken	2,776,721	−16,619	−2,647	145	−19,121	2,757,600
29 奈 良 県　Nara-ken	683,777	−5,112	−728	26	−5,814	677,963
30 和 歌 山 県　Wakayama-ken	473,342	−5,075	−1,481	4	−6,552	466,790
31 鳥 取 県　Tottori-ken	280,563	−2,614	−1,131	3	−3,742	276,821
32 島 根 県　Shimane-ken	334,497	−3,490	−1,138	8	−4,620	329,877
33 岡 山 県　Okayama-ken	951,338	−7,222	−2,308	22	−9,508	941,830
34 広 島 県　Hiroshima-ken	1,395,999	−9,478	−3,532	47	−12,963	1,383,036
35 山 口 県　Yamaguchi-ken	680,748	−7,349	−2,512	6	−9,855	670,893
36 徳 島 県　Tokushima-ken	363,859	−3,939	−1,354	−4	−5,297	358,562
37 香 川 県　Kagawa-ken	475,947	−4,266	−1,257	−10	−5,533	470,414
38 愛 媛 県　Ehime-ken	680,232	−6,961	−2,306	−6	−9,273	670,959
39 高 知 県　Kochi-ken	353,777	−4,350	−1,276	−2	−5,628	348,149
40 福 岡 県　Fukuoka-ken	2,652,691	−15,065	3,855	131	−11,079	2,641,612
41 佐 賀 県　Saga-ken	416,552	−3,430	−781	1	−4,210	412,342
42 長 崎 県　Nagasaki-ken	673,730	−6,449	−3,908	8	−10,349	663,381
43 熊 本 県　Kumamoto-ken	893,537	−7,221	−1,002	9	−8,214	885,323
44 大 分 県　Oita-ken	572,969	−5,535	−1,490	11	−7,014	565,955
45 宮 崎 県　Miyazaki-ken	550,588	−5,042	−1,365	4	−6,403	544,185
46 鹿 児 島 県　Kagoshima-ken	816,918	−7,477	−2,051	−18	−9,546	807,372
47 沖 縄 県　Okinawa-ken	736,059	−790	−791	−51	−1,632	734,427

(a) Net increase or decrease by change of nationality

参考表6　都 道 府 県 、 男 女 別 出 生 児 数 及 び
Reference Table 6. Live births and Deaths by Sex for Prefectures

都　道　府　県 Prefectures		日　本　人　　Japanese					
		男女計　Both sexes		男　Male		女　Female	
		出生児数 Live births	死亡者数 Deaths	出生児数 Live births	死亡者数 Deaths	出生児数 Live births	死亡者数 Deaths
全　　　　　　国	Japan	739, 140	1, 586, 146	378, 810	806, 832	360, 330	779, 314
01 北　海　道	Hokkaido	24, 877	75, 872	12, 858	37, 614	12, 019	38, 258
02 青　森　県	Aomori-ken	5, 758	21, 033	2, 978	10, 277	2, 780	10, 756
03 岩　手　県	Iwate-ken	5, 567	19, 875	2, 854	9, 765	2, 713	10, 110
04 宮　城　県	Miyagi-ken	12, 370	29, 001	6, 328	14, 550	6, 042	14, 451
05 秋　田　県	Akita-ken	3, 738	17, 659	1, 925	8, 376	1, 813	9, 283
06 山　形　県	Yamagata-ken	5, 379	17, 001	2, 729	8, 068	2, 650	8, 933
07 福　島　県	Fukushima-ken	9, 101	27, 709	4, 694	13, 788	4, 407	13, 921
08 茨　城　県	Ibaraki-ken	15, 164	38, 105	7, 701	19, 995	7, 463	18, 110
09 栃　木　県	Tochigi-ken	10, 089	25, 310	5, 241	13, 022	4, 848	12, 288
10 群　馬　県	Gumma-ken	10, 220	27, 141	5, 236	13, 900	4, 984	13, 241
11 埼　玉　県	Saitama-ken	42, 333	83, 793	21, 671	45, 392	20, 662	38, 401
12 千　葉　県	Chiba-ken	35, 947	73, 031	18, 499	38, 972	17, 448	34, 059
13 東　京　都	Tokyo-to	87, 550	138, 002	44, 805	71, 392	42, 745	66, 610
14 神　奈　川　県	Kanagawa-ken	54, 361	99, 236	27, 955	52, 849	26, 406	46, 387
15 新　潟　県	Niigata-ken	11, 189	33, 393	5, 747	16, 416	5, 442	16, 977
16 富　山　県	Toyama-ken	5, 665	15, 302	2, 904	7, 388	2, 761	7, 914
17 石　川　県	Ishikawa-ken	6, 879	14, 929	3, 563	7, 442	3, 316	7, 487
18 福　井　県	Fukui-ken	4, 633	10, 645	2, 352	5, 232	2, 281	5, 413
19 山　梨　県	Yamanashi-ken	4, 429	11, 328	2, 289	5, 769	2, 140	5, 559
20 長　野　県	Nagano-ken	11, 458	28, 902	5, 941	14, 199	5, 517	14, 703
21 岐　阜　県	Gifu-ken	10, 643	26, 414	5, 455	13, 416	5, 188	12, 998
22 静　岡　県	Shizuoka-ken	19, 285	48, 363	9, 919	24, 547	9, 366	23, 816
23 愛　知　県	Aichi-ken	49, 374	80, 751	25, 191	42, 764	24, 183	37, 987
24 三　重　県	Mie-ken	9, 871	23, 931	5, 053	12, 122	4, 818	11, 809
25 滋　賀　県	Shiga-ken	9, 404	15, 219	4, 765	7, 782	4, 639	7, 437
26 京　都　府	Kyoto-fu	14, 219	30, 972	7, 304	15, 686	6, 915	15, 286
27 大　阪　府	Osaka-fu	55, 641	105, 517	28, 537	55, 561	27, 104	49, 956
28 兵　庫　県	Hyogo-ken	32, 873	66, 549	16, 851	33, 908	16, 022	32, 641
29 奈　良　県	Nara-ken	7, 060	17, 101	3, 617	8, 546	3, 443	8, 555
30 和　歌　山　県	Wakayama-ken	4, 996	14, 781	2, 520	7, 230	2, 476	7, 551
31 鳥　取　県	Tottori-ken	3, 446	8, 375	1, 739	4, 054	1, 707	4, 321
32 島　根　県	Shimane-ken	3, 908	10, 565	1, 981	5, 148	1, 927	5, 417
33 岡　山　県	Okayama-ken	11, 881	25, 504	6, 157	12, 558	5, 724	12, 946
34 広　島　県	Hiroshima-ken	17, 163	35, 748	8, 798	17, 905	8, 365	17, 843
35 山　口　県	Yamaguchi-ken	7, 324	21, 306	3, 727	10, 360	3, 597	10, 946
36 徳　島　県	Tokushima-ken	4, 005	11, 316	2, 081	5, 453	1, 924	5, 863
37 香　川　県	Kagawa-ken	5, 543	13, 842	2, 821	6, 854	2, 722	6, 988
38 愛　媛　県	Ehime-ken	7, 213	20, 555	3, 737	10, 118	3, 476	10, 437
39 高　知　県	Kochi-ken	3, 499	11, 666	1, 796	5, 613	1, 703	6, 053
40 福　岡　県	Fukuoka-ken	34, 488	62, 341	17, 747	30, 535	16, 741	31, 806
41 佐　賀　県	Saga-ken	5, 175	11, 423	2, 641	5, 459	2, 534	5, 964
42 長　崎　県	Nagasaki-ken	7, 939	19, 708	4, 111	9, 431	3, 828	10, 277
43 熊　本　県	Kumamoto-ken	11, 379	24, 541	5, 787	11, 728	5, 592	12, 813
44 大　分　県	Oita-ken	6, 384	16, 876	3, 233	8, 190	3, 151	8, 686
45 宮　崎　県	Miyazaki-ken	6, 711	16, 406	3, 371	8, 024	3, 340	8, 382
46 鹿　児　島　県	Kagoshima-ken	10, 151	24, 015	5, 107	11, 494	5, 044	12, 521
47 沖　縄　県	Okinawa-ken	12, 858	15, 094	6, 494	7, 940	6, 364	7, 154

資料：厚生労働省「人口動態統計」（概数）
　　　ただし、死亡者数は住所地不詳の数値を各都道府県別にあん分して含めた数値である。

死　亡　者　数－日本人、外国人（2022年10月～2023年９月）
－ Japanese, Foreigners, from October 2022 to September 2023

都　道　府　県 Prefectures	外　　国　　人　　Foreigners					
	男女計　Both sexes		男　Male		女　Female	
	出生児数 Live births	死亡者数 Deaths	出生児数 Live births	死亡者数 Deaths	出生児数 Live births	死亡者数 Deaths
全　　　　　国　Japan	18,799	8,836	9,755	4,758	9,044	4,078
01 北　海　道　Hokkaido	165	112	85	54	80	58
02 青　森　県　Aomori-ken	20	15	7	9	13	6
03 岩　手　県　Iwate-ken	18	16	8	7	10	9
04 宮　城　県　Miyagi-ken	89	45	41	21	48	24
05 秋　田　県　Akita-ken	14	8	6	5	8	3
06 山　形　県　Yamagata-ken	20	18	12	6	8	12
07 福　島　県　Fukushima-ken	66	36	32	22	34	14
08 茨　城　県　Ibaraki-ken	549	123	289	59	260	64
09 栃　木　県　Tochigi-ken	319	88	147	52	172	36
10 群　馬　県　Gumma-ken	562	111	274	66	288	45
11 埼　玉　県　Saitama-ken	1,804	347	931	208	873	139
12 千　葉　県　Chiba-ken	1,350	323	690	161	660	162
13 東　京　都　Tokyo-to	3,356	1,177	1,768	638	1,588	539
14 神　奈　川　県　Kanagawa-ken	1,654	555	844	307	810	248
15 新　潟　県　Niigata-ken	56	35	29	18	27	17
16 富　山　県　Toyama-ken	125	27	69	12	56	15
17 石　川　県　Ishikawa-ken	77	30	44	14	33	16
18 福　井　県　Fukui-ken	77	55	34	29	43	26
19 山　梨　県　Yamanashi-ken	110	42	49	18	61	24
20 長　野　県　Nagano-ken	140	87	73	43	67	44
21 岐　阜　県　Gifu-ken	442	130	250	71	192	59
22 静　岡　県　Shizuoka-ken	762	191	393	109	369	82
23 愛　知　県　Aichi-ken	2,151	766	1,145	402	1,006	364
24 三　重　県　Mie-ken	420	135	207	75	213	60
25 滋　賀　県　Shiga-ken	226	108	121	59	105	49
26 京　都　府　Kyoto-fu	263	424	145	229	118	195
27 大　阪　府　Osaka-fu	1,519	1,847	817	1,016	702	831
28 兵　庫　県　Hyogo-ken	601	821	317	436	284	385
29 奈　良　県　Nara-ken	70	66	34	31	36	35
30 和　歌　山　県　Wakayama-ken	30	48	12	23	18	25
31 鳥　取　県　Tottori-ken	14	14	9	6	5	8
32 島　根　県　Shimane-ken	85	14	44	10	41	4
33 岡　山　県　Okayama-ken	160	101	79	57	81	44
34 広　島　県　Hiroshima-ken	248	185	132	103	116	82
35 山　口　県　Yamaguchi-ken	64	137	24	58	40	79
36 徳　島　県　Tokushima-ken	26	5	14	2	12	3
37 香　川　県　Kagawa-ken	66	21	29	12	37	9
38 愛　媛　県　Ehime-ken	34	28	18	20	16	8
39 高　知　県　Kochi-ken	11	18	3	11	8	7
40 福　岡　県　Fukuoka-ken	543	294	286	153	257	141
41 佐　賀　県　Saga-ken	36	16	18	7	18	9
42 長　崎　県　Nagasaki-ken	64	37	26	20	38	17
43 熊　本　県　Kumamoto-ken	76	25	42	16	34	9
44 大　分　県　Oita-ken	68	37	35	15	33	22
45 宮　崎　県　Miyazaki-ken	21	19	12	10	9	9
46 鹿　児　島　県　Kagoshima-ken	35	26	20	14	15	12
47 沖　縄　県　Okinawa-ken	193	73	91	44	102	29

Source : Ministry of Health, Labour and Welfare, "Preliminary Report of the Vital Statistics"
　　　　For deaths, persons whose prefecture of residence is unknown are prorated to all the prefectures.

参考表7　都 道 府 県 、男 女 別 都 道 府 県 間
Reference Table 7.　Inter-Prefectural Migrants by Sex

都　道　府　県 Prefectures		日　本　人 Japanese					
		男女計　Both sexes		男　Male		女　Female	
		転入者数 In-migrants	転出者数 Out-migrants	転入者数 In-migrants	転出者数 Out-migrants	転入者数 In-migrants	転出者数 Out-migrants
全　　　　　　国	Japan	2,231,032	2,231,032	1,232,586	1,232,586	998,446	998,446
01 北 海 道	Hokkaido	47,311	52,863	28,262	29,859	19,049	23,004
02 青 森 県	Aomori-ken	15,308	20,874	9,214	11,679	6,094	9,195
03 岩 手 県	Iwate-ken	14,896	19,667	8,654	10,710	6,242	8,957
04 宮 城 県	Miyagi-ken	42,902	43,942	24,428	24,852	18,474	19,090
05 秋 田 県	Akita-ken	10,114	13,167	5,936	7,151	4,178	6,016
06 山 形 県	Yamagata-ken	11,456	15,644	6,670	8,492	4,786	7,152
07 福 島 県	Fukushima-ken	21,573	28,465	12,737	16,066	8,836	12,399
08 茨 城 県	Ibaraki-ken	47,018	47,365	27,572	26,897	19,446	20,468
09 栃 木 県	Tochigi-ken	30,274	32,506	17,624	18,408	12,650	14,098
10 群 馬 県	Gumma-ken	27,047	29,008	15,942	16,690	11,105	12,318
11 埼 玉 県	Saitama-ken	160,603	142,692	86,154	78,036	74,449	64,656
12 千 葉 県	Chiba-ken	141,317	123,751	76,676	68,040	64,641	55,711
13 東 京 都	Tokyo-to	405,020	350,705	212,419	188,676	192,601	162,029
14 神 奈 川 県	Kanagawa-ken	211,966	188,792	114,980	104,893	96,986	83,899
15 新 潟 県	Niigata-ken	20,026	26,137	11,687	14,425	8,339	11,712
16 富 山 県	Toyama-ken	11,575	13,499	6,739	7,628	4,836	5,871
17 石 川 県	Ishikawa-ken	15,996	18,275	9,385	10,480	6,611	7,795
18 福 井 県	Fukui-ken	8,206	10,676	4,864	6,043	3,342	4,633
19 山 梨 県	Yamanashi-ken	13,018	13,751	7,539	7,721	5,479	6,030
20 長 野 県	Nagano-ken	27,046	28,237	15,140	15,372	11,906	12,865
21 岐 阜 県	Gifu-ken	24,685	29,527	13,903	16,164	10,782	13,363
22 静 岡 県	Shizuoka-ken	48,525	55,333	28,559	31,550	19,966	23,783
23 愛 知 県	Aichi-ken	103,893	107,448	60,646	62,970	43,247	44,478
24 三 重 県	Mie-ken	23,966	29,545	14,377	17,131	9,589	12,414
25 滋 賀 県	Shiga-ken	25,725	26,175	14,564	14,793	11,161	11,382
26 京 都 府	Kyoto-fu	52,083	55,915	27,634	30,024	24,449	25,891
27 大 阪 府	Osaka-fu	159,096	146,735	84,676	79,899	74,420	66,836
28 兵 庫 県	Hyogo-ken	82,965	89,883	44,175	48,456	38,790	41,427
29 奈 良 県	Nara-ken	22,092	23,952	11,285	12,538	10,807	11,414
30 和 歌 山 県	Wakayama-ken	10,747	13,308	6,034	7,117	4,713	6,191
31 鳥 取 県	Tottori-ken	7,516	9,394	4,353	5,140	3,163	4,254
32 島 根 県	Shimane-ken	9,354	11,264	5,357	6,183	3,997	5,081
33 岡 山 県	Okayama-ken	25,350	29,823	14,116	16,515	11,234	13,308
34 広 島 県	Hiroshima-ken	40,908	48,056	23,884	27,458	17,024	20,598
35 山 口 県	Yamaguchi-ken	20,227	24,452	11,778	13,533	8,449	10,919
36 徳 島 県	Tokushima-ken	8,370	10,732	4,846	5,862	3,524	4,870
37 香 川 県	Kagawa-ken	14,723	16,947	8,539	9,608	6,184	7,339
38 愛 媛 県	Ehime-ken	16,340	20,288	9,598	11,250	6,742	9,038
39 高 知 県	Kochi-ken	8,392	10,285	4,864	5,487	3,528	4,798
40 福 岡 県	Fukuoka-ken	97,318	88,926	53,622	49,434	43,696	39,492
41 佐 賀 県	Saga-ken	14,534	15,969	7,971	8,622	6,563	7,347
42 長 崎 県	Nagasaki-ken	20,054	26,395	11,862	14,376	8,192	12,019
43 熊 本 県	Kumamoto-ken	27,087	28,183	15,575	15,744	11,512	12,439
44 大 分 県	Oita-ken	16,867	19,326	9,795	10,795	7,072	8,531
45 宮 崎 県	Miyazaki-ken	16,597	18,613	9,484	10,242	7,113	8,371
46 鹿 児 島 県	Kagoshima-ken	24,713	27,461	14,135	14,942	10,578	12,519
47 沖 縄 県	Okinawa-ken	26,233	27,081	14,332	14,635	11,901	12,446

資料：総務省統計局「住民基本台帳人口移動報告　月報」

転 出 入 者 数－日本人、外国人（2022年10月～2023年９月）
for Prefectures－Japanese, Foreigners, from October 2022 to September 2023

都 道 府 県 Prefectures	外 国 人　Foreigners 男女計　Both sexes		男　Male		女　Female	
	転入者数 In-migrants	転出者数 Out-migrants	転入者数 In-migrants	転出者数 Out-migrants	転入者数 In-migrants	転出者数 Out-migrants
全　　　　国　Japan	305, 447	305, 447	177, 367	177, 367	128, 080	128, 080
01 北 海 道　Hokkaido	5, 729	5, 027	3, 013	2, 652	2, 716	2, 375
02 青 森 県　Aomori-ken	956	1, 061	492	445	464	616
03 岩 手 県　Iwate-ken	1, 332	1, 222	726	615	606	607
04 宮 城 県　Miyagi-ken	2, 814	3, 401	1, 516	1, 802	1, 298	1, 599
05 秋 田 県　Akita-ken	642	432	352	220	290	212
06 山 形 県　Yamagata-ken	1, 218	869	692	500	526	369
07 福 島 県　Fukushima-ken	2, 625	2, 334	1, 577	1, 313	1, 048	1, 021
08 茨 城 県　Ibaraki-ken	11, 523	11, 851	7, 200	7, 634	4, 323	4, 217
09 栃 木 県　Tochigi-ken	7, 351	5, 983	4, 411	3, 655	2, 940	2, 328
10 群 馬 県　Gumma-ken	9, 784	8, 281	6, 269	5, 083	3, 515	3, 198
11 埼 玉 県　Saitama-ken	27, 956	21, 610	17, 005	12, 979	10, 951	8, 631
12 千 葉 県　Chiba-ken	20, 576	30, 631	12, 084	18, 926	8, 492	11, 705
13 東 京 都　Tokyo-to	45, 770	37, 236	25, 840	21, 326	19, 930	15, 910
14 神 奈 川 県　Kanagawa-ken	24, 590	18, 431	14, 585	10, 185	10, 005	8, 246
15 新 潟 県　Niigata-ken	2, 324	2, 118	1, 246	1, 166	1, 078	952
16 富 山 県　Toyama-ken	2, 017	1, 998	1, 273	1, 227	744	771
17 石 川 県　Ishikawa-ken	2, 332	2, 565	1, 492	1, 375	840	1, 190
18 福 井 県　Fukui-ken	1, 221	2, 530	757	1, 458	464	1, 072
19 山 梨 県　Yamanashi-ken	2, 292	1, 968	1, 336	1, 115	956	853
20 長 野 県　Nagano-ken	4, 536	4, 657	2, 791	2, 893	1, 745	1, 764
21 岐 阜 県　Gifu-ken	7, 575	6, 972	4, 328	4, 028	3, 247	2, 944
22 静 岡 県　Shizuoka-ken	9, 981	9, 341	5, 703	5, 584	4, 278	3, 757
23 愛 知 県　Aichi-ken	19, 100	23, 540	11, 219	14, 271	7, 881	9, 269
24 三 重 県　Mie-ken	6, 540	7, 095	3, 995	4, 311	2, 545	2, 784
25 滋 賀 県　Shiga-ken	5, 320	4, 394	3, 315	2, 829	2, 005	1, 565
26 京 都 府　Kyoto-fu	7, 248	6, 238	4, 190	3, 612	3, 058	2, 626
27 大 阪 府　Osaka-fu	17, 615	19, 575	9, 925	11, 938	7, 690	7, 637
28 兵 庫 県　Hyogo-ken	9, 940	10, 099	5, 498	5, 723	4, 442	4, 376
29 奈 良 県　Nara-ken	2, 336	1, 746	1, 326	918	1, 010	828
30 和 歌 山 県　Wakayama-ken	1, 158	832	597	415	561	417
31 鳥 取 県　Tottori-ken	810	772	401	364	409	408
32 島 根 県　Shimane-ken	1, 169	1, 458	613	769	556	689
33 岡 山 県　Okayama-ken	3, 373	5, 039	1, 816	2, 588	1, 557	2, 451
34 広 島 県　Hiroshima-ken	4, 014	7, 788	2, 454	4, 272	1, 560	3, 516
35 山 口 県　Yamaguchi-ken	2, 910	2, 462	1, 638	1, 151	1, 272	1, 311
36 徳 島 県　Tokushima-ken	965	1, 270	472	592	493	678
37 香 川 県　Kagawa-ken	1, 607	2, 192	819	1, 181	788	1, 011
38 愛 媛 県　Ehime-ken	1, 612	2, 230	868	1, 189	744	1, 041
39 高 知 県　Kochi-ken	812	695	470	367	342	328
40 福 岡 県　Fukuoka-ken	7, 487	11, 950	4, 420	6, 542	3, 067	5, 408
41 佐 賀 県　Saga-ken	1, 647	1, 349	809	718	838	631
42 長 崎 県　Nagasaki-ken	1, 581	1, 897	806	872	775	1, 025
43 熊 本 県　Kumamoto-ken	3, 503	3, 586	1, 711	1, 861	1, 792	1, 725
44 大 分 県　Oita-ken	3, 034	3, 232	1, 953	1, 879	1, 081	1, 353
45 宮 崎 県　Miyazaki-ken	1, 883	1, 388	803	621	1, 080	767
46 鹿 児 島 県　Kagoshima-ken	2, 439	1, 963	1, 199	928	1, 240	1, 035
47 沖 縄 県　Okinawa-ken	2, 200	2, 139	1, 362	1, 275	838	864

Source : Statistics Bureau, Ministry of Internal Affairs and Communications,
　　 "Monthly Report on Internal Migration in Japan Derived from the Basic Resident Registration"

88

参考表 8　都 道 府 県 、男 女 別
Reference Table 8.　Entries and Exits by Sex

| 都　道　府　県
Prefectures | 日　本　人　　　Japanese　　* | | | | | |
| | 男女計　Both sexes | | 男　Male | | 女　Female | |
	入国者数 Entries	出国者数 Exits	入国者数 Entries	出国者数 Exits	入国者数 Entries	出国者数 Exits
全　　　　　国　Japan	913,238	911,312	441,843	429,307	471,395	482,005
01 北　海　道　Hokkaido	13,571	14,265	5,258	5,563	8,313	8,702
02 青　森　県　Aomori-ken	2,214	2,311	1,007	1,000	1,207	1,311
03 岩　手　県　Iwate-ken	2,213	2,244	1,088	1,052	1,125	1,192
04 宮　城　県　Miyagi-ken	7,939	7,771	3,946	3,797	3,993	3,974
05 秋　田　県　Akita-ken	1,702	1,743	813	829	889	914
06 山　形　県　Yamagata-ken	1,979	2,054	1,097	1,146	882	908
07 福　島　県　Fukushima-ken	4,447	4,387	2,454	2,338	1,993	2,049
08 茨　城　県　Ibaraki-ken	13,817	13,585	7,568	7,171	6,249	6,414
09 栃　木　県　Tochigi-ken	12,149	11,547	6,807	6,275	5,342	5,272
10 群　馬　県　Gumma-ken	8,588	8,466	4,761	4,644	3,827	3,822
11 埼　玉　県　Saitama-ken	47,409	47,558	24,010	23,277	23,399	24,281
12 千　葉　県　Chiba-ken	49,729	49,478	24,911	23,957	24,818	25,521
13 東　京　都　Tokyo-to	252,831	253,314	112,997	111,803	139,834	141,511
14 神　奈　川　県　Kanagawa-ken	107,171	106,789	52,807	51,061	54,364	55,728
15 新　潟　県　Niigata-ken	5,444	5,400	2,849	2,654	2,595	2,746
16 富　山　県　Toyama-ken	4,135	4,103	2,342	2,276	1,793	1,827
17 石　川　県　Ishikawa-ken	4,225	4,356	2,046	2,073	2,179	2,283
18 福　井　県　Fukui-ken	2,899	2,822	1,500	1,452	1,399	1,370
19 山　梨　県　Yamanashi-ken	3,591	3,685	1,864	1,804	1,727	1,881
20 長　野　県　Nagano-ken	9,239	9,360	4,963	4,724	4,276	4,636
21 岐　阜　県　Gifu-ken	9,056	9,192	4,451	4,488	4,605	4,704
22 静　岡　県　Shizuoka-ken	25,994	25,451	14,931	13,919	11,063	11,532
23 愛　知　県　Aichi-ken	72,820	71,813	40,266	38,282	32,554	33,531
24 三　重　県　Mie-ken	10,545	10,413	5,960	5,798	4,585	4,615
25 滋　賀　県　Shiga-ken	10,836	10,450	6,366	5,875	4,470	4,575
26 京　都　府　Kyoto-fu	20,275	20,325	9,166	8,920	11,109	11,405
27 大　阪　府　Osaka-fu	63,096	63,076	29,178	28,246	33,918	34,830
28 兵　庫　県　Hyogo-ken	41,484	40,644	19,860	19,010	21,624	21,634
29 奈　良　県　Nara-ken	7,946	8,028	3,385	3,346	4,561	4,682
30 和　歌　山　県　Wakayama-ken	2,902	2,912	1,244	1,251	1,658	1,661
31 鳥　取　県　Tottori-ken	1,212	1,185	598	531	614	654
32 島　根　県　Shimane-ken	1,355	1,358	637	586	718	772
33 岡　山　県　Okayama-ken	6,681	6,874	3,495	3,454	3,186	3,420
34 広　島　県　Hiroshima-ken	14,127	13,778	7,441	7,134	6,686	6,644
35 山　口　県　Yamaguchi-ken	4,307	4,408	2,073	2,132	2,234	2,276
36 徳　島　県　Tokushima-ken	1,823	1,832	860	861	963	971
37 香　川　県　Kagawa-ken	2,760	2,915	1,238	1,291	1,522	1,624
38 愛　媛　県　Ehime-ken	3,693	3,608	1,726	1,631	1,967	1,977
39 高　知　県　Kochi-ken	1,551	1,567	616	626	935	941
40 福　岡　県　Fukuoka-ken	22,838	23,147	9,735	9,695	13,103	13,452
41 佐　賀　県　Saga-ken	2,245	2,178	1,031	967	1,214	1,211
42 長　崎　県　Nagasaki-ken	4,504	4,417	1,793	1,625	2,711	2,792
43 熊　本　県　Kumamoto-ken	6,743	6,642	3,484	3,308	3,259	3,334
44 大　分　県　Oita-ken	2,989	2,989	1,347	1,316	1,642	1,673
45 宮　崎　県　Miyazaki-ken	2,469	2,544	1,191	1,159	1,278	1,385
46 鹿　児　島　県　Kagoshima-ken	3,697	3,800	1,657	1,650	2,040	2,150
47 沖　縄　県　Okinawa-ken	9,998	10,528	3,026	3,310	6,972	7,218

資料：出入国在留管理庁「出入国管理統計」
　　　ただし、住所地が外国の出入国者数を
　　　それぞれ各都道府県別にあん分して含めた。
注)　＊滞在期間が3か月以内の者を除く。

Source : Immigration Services Agency, "Statistics on Legal Migrants"
For persons who live in foreign countries,
their entries and exits are prorated to all the prefectures.
Note) * Excluding persons whose period of stay abroad is less than three months.

出 入 国 者 数 ー日本人、外国人（2022年10月～2023年 9 月）
for Prefectures － Japanese, Foreigners, from October 2022 to September 2023

都　道　府　県 Prefectures	外　国　人　　　Foreigners　　*					
	男女計　Both sexes		男　Male		女　Female	
	入国者数 Entries	出国者数 Exits	入国者数 Entries	出国者数 Exits	入国者数 Entries	出国者数 Exits
全　　　　　国　Japan	2,336,993	2,096,788	1,202,724	1,057,597	1,134,269	1,039,191
01 北　海　道　Hokkaido	38,652	30,067	20,211	15,935	18,441	14,132
02 青　森　県　Aomori-ken	4,368	3,348	1,996	1,474	2,372	1,874
03 岩　手　県　Iwate-ken	5,841	4,226	2,537	1,925	3,304	2,301
04 宮　城　県　Miyagi-ken	16,937	14,435	8,712	7,212	8,225	7,223
05 秋　田　県　Akita-ken	3,206	2,707	1,444	1,262	1,762	1,445
06 山　形　県　Yamagata-ken	5,368	4,652	2,132	1,816	3,236	2,836
07 福　島　県　Fukushima-ken	9,987	8,404	4,543	3,671	5,444	4,733
08 茨　城　県　Ibaraki-ken	53,018	45,020	29,153	23,591	23,865	21,429
09 栃　木　県　Tochigi-ken	26,183	22,337	13,565	11,033	12,618	11,304
10 群　馬　県　Gumma-ken	31,294	25,970	16,187	12,957	15,107	13,013
11 埼　玉　県　Saitama-ken	143,578	133,395	73,792	66,058	69,786	67,337
12 千　葉　県　Chiba-ken	145,160	126,175	74,540	62,753	70,620	63,422
13 東　京　都　Tokyo-to	679,141	645,511	351,832	331,277	327,309	314,234
14 神　奈　川　県　Kanagawa-ken	192,414	181,972	99,574	92,822	92,840	89,150
15 新　潟　県　Niigata-ken	12,748	11,052	6,098	5,159	6,650	5,893
16 富　山　県　Toyama-ken	11,194	9,577	5,628	4,676	5,566	4,901
17 石　川　県　Ishikawa-ken	11,515	9,549	6,484	5,337	5,031	4,212
18 福　井　県　Fukui-ken	8,244	7,002	3,712	3,068	4,532	3,934
19 山　梨　県　Yamanashi-ken	13,197	11,894	6,539	5,713	6,658	6,181
20 長　野　県　Nagano-ken	23,605	20,856	11,615	9,875	11,990	10,981
21 岐　阜　県　Gifu-ken	30,322	25,039	14,762	11,748	15,560	13,291
22 静　岡　県　Shizuoka-ken	47,615	40,492	23,145	19,146	24,470	21,346
23 愛　知　県　Aichi-ken	153,057	134,556	77,952	66,082	75,105	68,474
24 三　重　県　Mie-ken	27,446	23,031	14,513	11,598	12,933	11,433
25 滋　賀　県　Shiga-ken	19,749	17,215	11,238	9,538	8,511	7,677
26 京　都　府　Kyoto-fu	57,390	52,129	29,436	26,326	27,954	25,803
27 大　阪　府　Osaka-fu	213,499	193,343	109,157	96,700	104,342	96,643
28 兵　庫　県　Hyogo-ken	80,836	73,308	41,444	36,827	39,392	36,481
29 奈　良　県　Nara-ken	10,502	9,400	5,343	4,751	5,159	4,649
30 和　歌　山　県　Wakayama-ken	4,900	4,297	2,034	1,723	2,866	2,574
31 鳥　取　県　Tottori-ken	3,020	2,472	1,250	1,025	1,770	1,447
32 島　根　県　Shimane-ken	4,167	3,725	1,739	1,626	2,428	2,099
33 岡　山　県　Okayama-ken	21,669	17,383	10,906	8,792	10,763	8,591
34 広　島　県　Hiroshima-ken	36,814	29,371	19,834	15,101	16,980	14,270
35 山　口　県　Yamaguchi-ken	10,511	8,409	5,355	4,240	5,156	4,169
36 徳　島　県　Tokushima-ken	4,815	3,774	2,209	1,647	2,606	2,127
37 香　川　県　Kagawa-ken	9,893	7,147	5,669	3,724	4,224	3,423
38 愛　媛　県　Ehime-ken	9,771	7,084	5,280	3,848	4,491	3,236
39 高　知　県　Kochi-ken	3,692	3,009	1,985	1,573	1,707	1,436
40 福　岡　県　Fukuoka-ken	73,643	62,975	39,647	33,715	33,996	29,260
41 佐　賀　県　Saga-ken	5,591	4,221	2,761	1,988	2,830	2,233
42 長　崎　県　Nagasaki-ken	9,824	7,488	5,102	3,759	4,722	3,729
43 熊　本　県　Kumamoto-ken	16,583	11,887	8,141	5,685	8,442	6,202
44 大　分　県　Oita-ken	13,924	11,338	7,059	5,692	6,865	5,646
45 宮　崎　県　Miyazaki-ken	4,973	3,799	2,342	1,809	2,631	1,990
46 鹿　児　島　県　Kagoshima-ken	8,835	6,523	3,799	2,809	5,036	3,714
47 沖　縄　県　Okinawa-ken	18,302	15,224	10,328	8,511	7,974	6,713

資料：出入国在留管理庁「出入国管理統計」　　　　Source : Immigration Services Agency, "Statistics on Legal Migrants"
　　　ただし、住所地不詳の出入国者数を　　　　　　For persons whose prefecture of residence is unknown,
　　　それぞれ各都道府県別にあん分して含めた。　　their entries and exits are prorated to all the prefectures.
注)　* 滞在期間が3か月以内の者を除く。　　　　　Note) * Excluding persons whose intended period of stay is less than three months.

参考表9　都　道　府　県、年　齢（5　歳　階　級）、

Reference Table 9.　Population by Age (Five-Year Groups) and Sex

都　道　府　県 Prefectures	総　人　口　　　男　女　計							
	総　数 Total	0～4歳 years old	5～9	10～14	15～19	20～24	25～29	30～34
全　　　　　国 Japan	124,351,877	4,087,476	4,837,937	5,247,832	5,493,550	6,235,906	6,478,799	6,379,833
01 北　海　道 Hokkaido	5,092,453	142,231	175,816	195,790	209,852	225,649	227,389	234,638
02 青　森　県 Aomori-ken	1,184,374	32,131	40,860	45,349	48,442	43,202	44,175	48,463
03 岩　手　県 Iwate-ken	1,163,212	31,747	41,226	47,213	49,434	44,384	44,849	50,212
04 宮　城　県 Miyagi-ken	2,264,433	69,477	86,272	94,668	101,649	121,374	115,872	115,399
05 秋　田　県 Akita-ken	913,601	21,553	28,145	33,240	35,393	28,613	30,048	34,226
06 山　形　県 Yamagata-ken	1,026,207	29,693	37,555	42,202	44,961	39,875	39,429	43,735
07 福　島　県 Fukushima-ken	1,766,645	52,065	66,891	71,245	77,607	69,201	72,509	81,794
08 茨　城　県 Ibaraki-ken	2,824,595	86,830	106,637	119,002	127,392	133,813	134,120	138,045
09 栃　木　県 Tochigi-ken	1,897,415	57,694	72,361	79,917	86,543	86,565	87,960	93,899
10 群　馬　県 Gumma-ken	1,901,772	58,757	70,696	80,259	88,412	90,203	89,082	91,245
11 埼　玉　県 Saitama-ken	7,331,377	241,566	283,868	305,402	322,804	385,984	402,236	396,490
12 千　葉　県 Chiba-ken	6,256,665	204,634	239,486	258,727	272,982	324,036	339,154	331,889
13 東　京　都 Tokyo-to	14,085,890	461,138	526,235	525,608	542,364	856,026	1,042,500	942,580
14 神　奈　川　県 Kanagawa-ken	9,228,870	300,749	351,479	378,506	399,828	507,298	544,292	505,097
15 新　潟　県 Niigata-ken	2,126,345	62,536	77,488	87,995	92,801	85,757	86,202	93,782
16 富　山　県 Toyama-ken	1,006,739	31,139	36,553	40,589	44,629	43,611	44,384	44,524
17 石　川　県 Ishikawa-ken	1,108,957	36,707	43,840	47,705	52,354	58,160	53,676	52,330
18 福　井　県 Fukui-ken	744,405	25,572	29,926	33,601	35,746	31,656	32,662	34,945
19 山　梨　県 Yamanashi-ken	795,843	25,115	29,596	32,421	36,799	39,041	35,913	35,995
20 長　野　県 Nagano-ken	2,003,918	64,325	77,370	86,562	92,193	79,600	83,880	89,252
21 岐　阜　県 Gifu-ken	1,931,212	61,533	75,810	86,878	91,955	92,860	85,719	87,001
22 静　岡　県 Shizuoka-ken	3,555,288	110,815	137,561	155,981	162,205	153,234	159,939	168,074
23 愛　知　県 Aichi-ken	7,476,692	271,479	315,604	340,254	350,099	407,681	428,107	417,346
24 三　重　県 Mie-ken	1,726,812	55,872	66,681	75,631	80,031	79,223	80,744	82,197
25 滋　賀　県 Shiga-ken	1,406,630	52,393	61,963	67,998	70,273	75,657	71,951	71,919
26 京　都　府 Kyoto-fu	2,535,224	78,525	93,671	102,619	115,338	154,433	141,363	122,465
27 大　阪　府 Osaka-fu	8,762,857	296,441	330,655	357,100	381,642	491,617	510,889	474,512
28 兵　庫　県 Hyogo-ken	5,369,888	180,732	213,818	234,721	245,679	259,560	248,750	253,098
29 奈　良　県 Nara-ken	1,295,525	40,324	49,254	55,456	60,425	61,867	53,249	55,348
30 和　歌　山　県 Wakayama-ken	891,820	27,708	33,430	37,484	39,047	34,429	34,670	37,735
31 鳥　取　県 Tottori-ken	537,426	18,768	22,095	23,744	24,732	22,276	21,545	23,600
32 島　根　県 Shimane-ken	649,563	21,944	26,514	28,512	29,507	25,873	25,521	28,072
33 岡　山　県 Okayama-ken	1,846,707	64,329	74,648	81,153	85,382	95,017	91,690	88,952
34 広　島　県 Hiroshima-ken	2,737,848	93,707	112,854	124,734	126,749	131,637	130,574	133,875
35 山　口　県 Yamaguchi-ken	1,297,572	40,009	48,085	54,809	57,313	54,741	52,166	54,022
36 徳　島　県 Tokushima-ken	694,927	21,070	24,936	27,548	28,687	29,077	28,008	29,127
37 香　川　県 Kagawa-ken	925,588	30,414	36,380	40,419	42,424	39,735	38,953	42,157
38 愛　媛　県 Ehime-ken	1,291,356	39,124	48,507	55,324	56,525	50,686	52,270	56,214
39 高　知　県 Kochi-ken	666,422	19,607	23,868	26,358	28,251	26,160	24,944	26,295
40 福　岡　県 Fukuoka-ken	5,102,730	189,564	220,513	233,462	233,627	276,030	271,190	262,842
41 佐　賀　県 Saga-ken	794,859	29,540	35,143	38,250	39,259	35,776	33,772	35,840
42 長　崎　県 Nagasaki-ken	1,267,152	43,552	52,469	57,352	57,054	48,574	48,025	53,265
43 熊　本　県 Kumamoto-ken	1,708,834	63,304	74,854	80,770	79,143	74,972	72,948	78,755
44 大　分　県 Oita-ken	1,096,299	35,866	43,322	48,087	49,498	46,792	45,010	47,560
45 宮　崎　県 Miyazaki-ken	1,042,223	37,758	44,853	49,941	48,172	40,141	40,617	44,406
46 鹿　児　島　県 Kagoshima-ken	1,548,744	55,889	67,186	73,663	70,130	60,867	60,402	66,463
47 沖　縄　県 Okinawa-ken	1,467,963	71,550	80,963	83,583	78,218	72,943	75,451	80,153

男　女　別　人　口－総人口（2023年10月 1 日現在）
for Prefectures - Total population, October 1, 2023

					Total population	Both sexes				
35～39	40～44	45～49	50～54	55～59	60～64	65～69	70～74	75～79	80～84	85歳以上 and over
7,047,196	7,764,757	9,115,046	9,650,266	8,279,476	7,507,229	7,332,080	8,816,983	7,473,824	5,895,224	6,708,463
270,051	305,683	368,010	379,423	340,787	335,690	341,861	424,536	332,678	261,870	320,499
59,329	69,660	81,579	85,647	82,146	86,274	90,815	104,934	79,588	62,391	79,389
58,916	68,594	80,396	80,831	76,921	81,592	87,107	99,164	74,223	62,348	84,055
132,474	148,635	166,834	164,570	143,394	141,955	147,995	169,860	124,649	97,510	121,846
43,388	52,442	61,671	61,352	59,062	67,952	75,442	87,288	64,469	53,081	76,236
53,529	61,257	69,004	67,905	64,699	71,321	77,227	89,599	65,116	52,600	76,500
96,106	106,484	122,095	122,396	116,199	125,684	133,778	149,471	106,432	84,505	112,183
157,470	175,793	206,229	216,687	184,465	173,475	184,528	219,908	178,840	137,377	143,984
109,036	121,235	141,219	144,966	123,614	119,259	127,387	149,218	116,099	85,636	94,807
101,075	114,607	139,448	148,079	126,265	115,058	120,653	145,916	123,779	94,008	104,230
425,383	469,444	558,076	607,950	501,691	418,686	399,818	495,585	444,465	350,639	321,290
363,444	399,535	470,231	513,983	423,893	359,110	346,051	429,429	386,632	301,523	291,926
954,135	1,003,193	1,101,527	1,160,669	984,631	780,149	647,454	735,066	666,956	540,914	614,745
539,985	598,733	708,639	789,723	673,940	540,184	468,783	564,081	511,701	414,262	431,590
111,708	127,295	151,534	152,193	139,451	138,078	149,684	178,628	137,995	109,066	144,152
50,545	58,102	74,537	79,048	64,462	61,665	62,855	79,139	72,943	53,558	64,456
57,718	64,913	81,777	84,952	70,452	66,300	67,267	81,404	73,463	53,642	62,297
39,466	43,744	52,315	54,156	47,860	48,102	48,056	58,141	45,794	36,252	46,411
40,515	44,977	54,401	60,118	55,707	52,656	53,256	61,183	49,634	40,074	48,442
101,951	116,971	145,215	151,293	133,010	127,009	128,319	152,876	131,900	105,826	136,366
100,188	113,051	138,495	147,325	127,338	120,223	119,768	147,792	126,835	98,946	109,495
195,141	216,353	257,254	275,655	239,471	222,217	223,411	268,870	228,426	180,324	200,357
448,342	480,611	563,682	605,591	500,630	424,453	381,753	463,149	419,472	330,292	328,147
92,140	101,941	124,647	133,559	116,217	108,664	105,927	127,732	110,721	86,786	98,099
81,249	89,584	104,911	107,454	89,140	82,017	79,556	95,621	78,915	59,565	66,464
132,957	148,171	182,997	197,449	166,037	145,903	137,868	179,804	164,555	128,707	142,362
494,127	530,594	645,390	726,422	602,730	496,952	444,975	572,135	533,903	439,088	433,685
286,925	320,833	392,268	429,757	365,486	329,527	315,770	387,317	342,430	267,146	296,071
64,930	72,639	90,225	100,348	87,948	80,645	81,012	102,632	90,836	72,886	75,501
44,955	49,250	60,989	67,070	60,404	59,627	59,894	72,957	62,571	50,144	59,456
28,587	32,614	37,048	36,359	32,323	34,643	38,072	43,719	34,181	25,793	37,327
33,157	37,404	43,828	43,018	37,878	41,276	44,693	54,315	43,885	33,069	51,097
99,692	107,965	130,824	135,661	111,304	107,401	110,975	135,029	121,387	91,659	113,639
149,791	165,424	199,998	210,806	172,670	159,989	160,756	198,816	176,637	133,438	155,393
63,986	72,814	89,179	93,576	79,182	79,174	87,017	111,873	94,529	74,239	90,858
34,951	40,384	47,741	48,750	43,916	45,097	50,530	61,131	48,489	36,752	48,733
49,304	55,314	67,971	68,706	57,077	55,408	58,982	73,840	63,628	45,604	59,272
66,080	74,855	91,026	93,563	82,403	83,438	88,252	109,124	89,248	67,254	87,463
32,253	37,746	46,779	47,713	40,883	43,689	46,141	57,529	49,694	37,399	51,113
296,987	328,669	367,492	366,767	308,598	295,047	304,398	369,956	289,351	223,775	264,462
43,052	48,203	53,081	51,714	48,181	51,400	55,585	63,864	46,301	36,769	49,129
63,841	71,940	82,327	85,894	80,632	87,128	94,814	109,740	81,047	64,611	84,887
93,218	102,311	112,655	109,338	104,316	110,114	119,399	135,055	102,084	81,547	114,051
56,772	64,648	74,991	74,497	65,549	69,137	76,227	91,894	74,047	57,177	75,225
54,237	62,463	70,253	67,503	62,336	68,616	76,155	87,000	65,834	51,553	70,385
81,613	91,741	99,050	96,951	94,973	105,779	120,396	128,632	92,704	75,187	107,118
92,497	95,938	105,208	102,879	89,205	89,466	91,418	92,031	54,758	48,432	63,270

参考表9　都　道　府　県　、年　齢　（5　歳　階　級）、
Reference Table 9.　Population by Age (Five-Year Groups) and Sex

都　道　府　県 Prefectures	総　人　口　　男							
	総　数 Total	0〜4歳 years old	5〜9	10〜14	15〜19	20〜24	25〜29	30〜34
全　　　　　　国　Japan	60,492,427	2,092,972	2,478,427	2,688,536	2,818,276	3,211,819	3,333,298	3,273,378
01 北　海　道　Hokkaido	2,404,674	72,979	89,857	100,044	107,806	117,187	116,856	118,580
02 青　森　県　Aomori-ken	558,709	16,518	20,872	23,162	24,896	23,100	23,280	25,082
03 岩　手　県　Iwate-ken	561,503	16,255	21,111	24,259	25,369	23,547	23,858	26,050
04 宮　城　県　Miyagi-ken	1,104,606	35,527	44,344	48,303	52,148	62,766	59,923	58,823
05 秋　田　県　Akita-ken	431,744	11,054	14,397	16,935	18,218	15,514	15,893	17,704
06 山　形　県　Yamagata-ken	497,883	15,233	19,202	21,621	23,218	21,386	21,002	22,628
07 福　島　県　Fukushima-ken	872,836	26,467	34,023	36,751	40,171	38,120	38,829	43,246
08 茨　城　県　Ibaraki-ken	1,412,128	44,332	54,765	61,090	65,848	72,277	73,169	74,438
09 栃　木　県　Tochigi-ken	947,832	29,767	37,342	41,039	44,597	45,791	47,586	50,512
10 群　馬　県　Gumma-ken	942,125	30,152	36,134	41,073	45,749	48,180	47,789	48,815
11 埼　玉　県　Saitama-ken	3,640,494	123,739	145,339	156,534	165,434	198,815	206,467	205,996
12 千　葉　県　Chiba-ken	3,098,764	104,753	122,845	132,968	139,978	165,907	175,073	172,068
13 東　京　都　Tokyo-to	6,913,804	235,881	268,499	269,366	276,846	429,908	526,586	477,811
14 神　奈　川　県　Kanagawa-ken	4,578,092	154,098	179,867	193,969	205,913	260,265	283,973	263,302
15 新　潟　県　Niigata-ken	1,033,963	31,869	39,800	45,105	47,895	45,442	45,189	48,436
16 富　山　県　Toyama-ken	490,399	16,023	18,728	20,901	23,195	23,874	23,880	23,819
17 石　川　県　Ishikawa-ken	538,927	18,807	22,588	24,439	26,953	31,450	28,624	27,045
18 福　井　県　Fukui-ken	363,948	13,089	15,466	17,234	18,412	17,304	17,319	18,401
19 山　梨　県　Yamanashi-ken	391,417	12,755	15,104	16,618	18,971	20,753	19,428	18,945
20 長　野　県　Nagano-ken	981,356	33,183	39,743	44,294	47,459	42,176	44,731	46,342
21 岐　阜　県　Gifu-ken	937,901	31,350	38,852	44,555	46,757	47,999	44,541	45,152
22 静　岡　県　Shizuoka-ken	1,754,187	56,863	70,858	80,174	83,190	81,290	85,369	88,623
23 愛　知　県　Aichi-ken	3,725,966	139,524	161,842	174,465	179,735	212,324	224,805	220,738
24 三　重　県　Mie-ken	844,420	28,790	34,150	38,734	40,952	41,269	43,175	43,213
25 滋　賀　県　Shiga-ken	694,562	26,834	31,896	34,856	36,463	40,386	38,330	37,558
26 京　都　府　Kyoto-fu	1,210,293	40,376	47,904	52,799	59,214	78,792	71,570	61,339
27 大　阪　府　Osaka-fu	4,190,932	151,847	169,143	182,552	194,587	245,310	252,769	235,920
28 兵　庫　県　Hyogo-ken	2,551,054	92,329	109,750	120,047	125,719	129,209	122,701	126,363
29 奈　良　県　Nara-ken	609,278	20,651	25,199	28,353	30,583	30,576	25,825	27,235
30 和　歌　山　県　Wakayama-ken	420,469	14,184	17,126	19,075	20,119	17,980	17,475	19,163
31 鳥　取　県　Tottori-ken	257,324	9,689	11,396	12,073	12,781	11,760	10,986	11,941
32 島　根　県　Shimane-ken	314,458	11,162	13,754	14,621	15,311	13,925	13,474	14,444
33 岡　山　県　Okayama-ken	888,519	33,133	38,275	41,649	44,372	48,044	46,688	44,951
34 広　島　県　Hiroshima-ken	1,328,503	48,091	57,651	63,792	65,149	69,326	68,076	69,897
35 山　口　県　Yamaguchi-ken	617,515	20,386	24,888	27,976	29,411	29,138	27,461	28,285
36 徳　島　県　Tokushima-ken	332,405	10,900	12,891	14,130	14,758	15,175	14,644	14,979
37 香　川　県　Kagawa-ken	447,814	15,552	18,620	20,831	21,779	21,146	20,302	21,832
38 愛　媛　県　Ehime-ken	613,302	20,100	24,815	28,304	29,038	26,552	27,180	28,895
39 高　知　県　Kochi-ken	315,640	9,998	12,182	13,484	14,530	14,217	13,194	13,387
40 福　岡　県　Fukuoka-ken	2,418,110	96,620	112,978	119,550	118,680	138,673	134,793	129,257
41 佐　賀　県　Saga-ken	377,387	15,171	18,110	19,462	20,076	18,095	17,018	17,883
42 長　崎　県　Nagasaki-ken	597,507	22,281	27,033	29,456	29,272	25,350	24,259	26,701
43 熊　本　県　Kumamoto-ken	810,683	32,133	38,144	41,526	40,563	37,978	36,925	39,129
44 大　分　県　Oita-ken	521,767	18,250	22,110	24,600	25,542	24,804	23,351	24,294
45 宮　崎　県　Miyazaki-ken	492,491	19,269	22,906	25,491	24,589	20,597	20,494	22,116
46 鹿　児　島　県　Kagoshima-ken	732,042	28,374	34,508	37,859	35,995	30,618	29,910	32,022
47 沖　縄　県　Okinawa-ken	722,694	36,634	41,420	42,417	40,035	37,524	38,528	40,018

男　女　別　人　口－総人口（2023年10月1日現在）（続き）
for Prefectures - Total population, October 1, 2023 - Continued

					Total population	Male				
35～39	40～44	45～49	50～54	55～59	60～64	65～69	70～74	75～79	80～84	85歳以上 and over
3,592,723	3,937,929	4,619,713	4,868,427	4,143,127	3,719,325	3,568,626	4,161,037	3,365,436	2,457,990	2,161,388
135,129	151,877	182,533	186,337	162,920	160,591	161,685	193,154	143,001	102,713	101,425
29,850	35,255	41,152	42,386	39,896	41,468	42,623	47,988	34,740	23,720	22,721
30,310	35,235	41,199	41,574	38,543	40,606	42,744	47,395	33,423	24,542	25,483
67,164	74,768	84,672	83,744	72,090	70,215	72,181	81,088	57,231	41,004	38,615
22,124	26,891	31,705	30,679	28,976	33,058	36,170	41,199	28,493	20,436	22,298
27,604	31,320	35,467	34,280	32,067	35,137	37,913	43,721	30,548	21,810	23,726
50,152	55,676	63,798	63,550	59,495	63,446	66,698	73,269	49,724	35,170	34,251
83,057	91,747	107,915	112,670	94,602	86,844	91,034	105,555	83,069	61,194	48,522
57,570	63,555	73,829	75,396	63,113	60,105	63,209	72,246	54,384	37,122	30,669
52,993	59,507	71,993	75,811	64,163	57,765	59,855	69,874	57,496	40,489	34,287
220,452	242,663	289,420	314,953	257,258	212,663	198,136	234,892	201,607	152,806	113,320
188,187	206,048	242,930	264,948	218,058	182,333	170,228	203,293	175,552	131,328	102,267
484,946	510,911	559,185	585,915	505,837	398,297	321,509	350,564	297,150	218,299	196,294
279,562	307,833	363,356	404,166	349,566	277,687	232,930	268,238	230,570	175,653	147,144
57,641	65,046	77,464	77,987	69,814	69,012	73,720	85,518	63,814	45,738	44,473
26,261	30,076	38,519	40,608	32,014	30,471	30,203	37,058	33,185	22,270	19,314
29,457	32,843	41,730	42,909	34,769	32,337	32,295	38,005	33,492	22,532	18,652
20,233	22,387	26,872	27,653	23,754	23,711	23,488	27,868	20,938	15,363	14,456
21,121	23,061	27,880	30,723	28,157	26,451	26,108	29,491	22,882	17,281	15,688
52,436	59,780	74,113	77,468	66,856	63,221	63,296	73,514	61,107	45,885	45,752
51,343	57,490	70,655	74,033	62,950	58,463	57,240	69,770	58,427	42,237	36,087
101,678	111,609	132,493	141,315	121,760	111,434	110,197	128,889	104,838	77,517	66,090
235,372	250,470	290,971	312,254	257,872	214,219	188,514	218,748	190,820	142,107	111,186
48,002	52,425	63,506	67,931	58,254	53,241	50,973	59,964	50,259	37,081	32,501
41,760	45,472	52,741	54,439	44,473	40,156	38,790	45,560	36,435	26,210	22,203
66,040	72,632	90,215	97,256	80,932	70,639	65,690	82,505	72,676	53,498	46,216
245,696	262,267	318,443	359,401	297,114	244,171	213,766	263,380	233,684	179,848	141,034
142,653	157,598	191,925	209,527	176,755	157,769	150,642	179,794	152,216	111,149	94,908
31,716	35,076	43,728	48,181	41,429	37,939	37,924	47,196	40,542	31,396	25,729
22,517	24,203	30,478	32,803	28,369	28,221	28,575	33,776	27,682	20,514	18,209
14,412	16,620	18,842	18,300	15,791	16,749	18,431	20,787	15,495	10,337	10,934
16,925	19,168	22,801	21,950	18,960	20,436	22,134	26,305	20,304	13,387	15,397
50,290	54,317	65,667	67,694	54,615	52,228	53,710	63,556	54,822	38,621	35,887
76,692	83,712	100,741	105,825	85,408	78,241	77,685	93,427	80,009	55,589	49,192
32,558	36,736	45,146	46,598	38,170	38,085	41,584	52,388	41,461	29,773	27,471
17,619	20,562	23,878	23,930	21,196	21,599	24,286	29,280	22,408	15,155	15,015
25,257	27,872	34,209	34,635	28,139	27,072	28,474	34,811	29,027	19,209	19,047
33,070	37,408	45,615	46,093	39,756	39,938	41,715	50,924	39,943	27,036	26,920
16,146	18,956	23,551	23,615	19,683	21,202	21,957	26,999	22,218	15,106	15,215
146,653	161,884	181,176	179,873	148,022	141,161	144,754	170,726	126,528	89,128	77,654
21,406	23,880	26,450	25,348	22,986	24,791	26,643	30,161	20,883	14,455	14,569
31,623	35,212	40,533	41,766	38,091	41,859	45,306	52,009	35,819	25,173	25,764
46,226	50,777	56,024	53,336	49,611	52,724	57,215	64,160	46,185	32,584	35,443
28,829	32,499	37,616	36,673	31,434	32,995	36,309	43,192	32,916	23,217	23,136
26,500	30,743	34,704	33,082	29,664	32,784	36,325	40,779	29,548	20,947	21,953
39,482	44,245	48,666	46,878	45,281	51,040	58,370	62,635	42,471	30,480	33,208
46,009	47,617	53,207	51,934	44,464	44,751	45,392	45,386	25,414	20,881	21,063

参考表9 都道府県、年齢（5歳階級）、
Reference Table 9. Population by Age (Five-Year Groups) and Sex

都 道 府 県 Prefectures	総 人 口 女							
	総　数 Total	0〜4歳 years old	5〜9	10〜14	15〜19	20〜24	25〜29	30〜34
全　　　　国 Japan	63,859,450	1,994,504	2,359,510	2,559,296	2,675,274	3,024,087	3,145,501	3,106,455
01 北 海 道 Hokkaido	2,687,779	69,252	85,959	95,746	102,046	108,462	110,533	116,058
02 青 森 県 Aomori-ken	625,665	15,613	19,988	22,187	23,546	20,102	20,895	23,381
03 岩 手 県 Iwate-ken	601,709	15,492	20,115	22,954	24,065	20,837	20,991	24,162
04 宮 城 県 Miyagi-ken	1,159,827	33,950	41,928	46,365	49,501	58,608	55,949	56,576
05 秋 田 県 Akita-ken	481,857	10,499	13,748	16,305	17,175	13,099	14,155	16,522
06 山 形 県 Yamagata-ken	528,324	14,460	18,353	20,581	21,743	18,489	18,427	21,107
07 福 島 県 Fukushima-ken	893,809	25,598	32,868	34,494	37,436	31,081	33,680	38,548
08 茨 城 県 Ibaraki-ken	1,412,467	42,498	51,872	57,912	61,544	61,536	60,951	63,607
09 栃 木 県 Tochigi-ken	949,583	27,927	35,019	38,878	41,946	40,774	40,374	43,387
10 群 馬 県 Gumma-ken	959,647	28,605	34,562	39,186	42,663	42,023	41,293	42,430
11 埼 玉 県 Saitama-ken	3,690,883	117,827	138,529	148,868	157,370	187,169	195,769	190,494
12 千 葉 県 Chiba-ken	3,157,901	99,881	116,641	125,759	133,004	158,129	164,081	159,821
13 東 京 都 Tokyo-to	7,172,086	225,257	257,736	256,242	265,518	426,118	515,914	464,769
14 神 奈 川 県 Kanagawa-ken	4,650,778	146,651	171,612	184,537	193,915	247,033	260,319	241,795
15 新 潟 県 Niigata-ken	1,092,382	30,667	37,688	42,890	44,906	40,315	41,013	45,346
16 富 山 県 Toyama-ken	516,340	15,116	17,825	19,688	21,434	19,737	20,504	20,705
17 石 川 県 Ishikawa-ken	570,030	17,900	21,252	23,266	25,401	26,710	25,052	25,285
18 福 井 県 Fukui-ken	380,457	12,483	14,460	16,367	17,334	14,352	15,343	16,544
19 山 梨 県 Yamanashi-ken	404,426	12,360	14,492	15,803	17,828	18,288	16,485	17,050
20 長 野 県 Nagano-ken	1,022,562	31,142	37,627	42,268	44,734	37,424	39,149	42,910
21 岐 阜 県 Gifu-ken	993,311	30,183	36,958	42,323	45,198	44,861	41,178	41,849
22 静 岡 県 Shizuoka-ken	1,801,101	53,952	66,703	75,807	79,015	71,944	74,570	79,451
23 愛 知 県 Aichi-ken	3,750,726	131,955	153,762	165,789	170,364	195,357	203,302	196,608
24 三 重 県 Mie-ken	882,392	27,082	32,531	36,897	39,079	37,954	37,569	38,984
25 滋 賀 県 Shiga-ken	712,068	25,559	30,067	33,142	33,810	35,271	33,621	34,361
26 京 都 府 Kyoto-fu	1,324,931	38,149	45,767	49,820	56,124	75,641	69,793	61,126
27 大 阪 府 Osaka-fu	4,571,925	144,594	161,512	174,548	187,055	246,307	258,120	238,592
28 兵 庫 県 Hyogo-ken	2,818,834	88,403	104,068	114,674	119,960	130,351	126,049	126,735
29 奈 良 県 Nara-ken	686,247	19,673	24,055	27,103	29,842	31,291	27,424	28,113
30 和 歌 山 県 Wakayama-ken	471,351	13,524	16,304	18,409	18,928	16,449	17,195	18,572
31 鳥 取 県 Tottori-ken	280,102	9,079	10,699	11,671	11,951	10,516	10,559	11,659
32 島 根 県 Shimane-ken	335,105	10,782	12,760	13,891	14,196	11,948	12,047	13,628
33 岡 山 県 Okayama-ken	958,188	31,196	36,373	39,504	41,010	46,973	45,002	44,001
34 広 島 県 Hiroshima-ken	1,409,345	45,616	55,203	60,942	61,600	62,311	62,498	63,978
35 山 口 県 Yamaguchi-ken	680,057	19,623	23,197	26,833	27,902	25,603	24,705	25,737
36 徳 島 県 Tokushima-ken	362,522	10,170	12,045	13,418	13,929	13,902	13,364	14,148
37 香 川 県 Kagawa-ken	477,774	14,862	17,760	19,588	20,645	18,589	18,651	20,325
38 愛 媛 県 Ehime-ken	678,054	19,024	23,692	27,020	27,487	24,134	25,090	27,319
39 高 知 県 Kochi-ken	350,782	9,609	11,686	12,874	13,721	11,943	11,750	12,908
40 福 岡 県 Fukuoka-ken	2,684,620	92,944	107,535	113,912	114,947	137,357	136,397	133,585
41 佐 賀 県 Saga-ken	417,472	14,369	17,033	18,788	19,183	17,681	16,754	17,957
42 長 崎 県 Nagasaki-ken	669,645	21,271	25,436	27,896	27,782	23,224	23,766	26,564
43 熊 本 県 Kumamoto-ken	898,151	31,171	36,710	39,244	38,580	36,994	36,023	39,626
44 大 分 県 Oita-ken	574,532	17,616	21,212	23,487	23,956	21,988	21,659	23,266
45 宮 崎 県 Miyazaki-ken	549,732	18,489	21,947	24,450	23,583	19,544	20,123	22,290
46 鹿 児 島 県 Kagoshima-ken	816,702	27,515	32,678	35,804	34,135	30,249	30,492	34,441
47 沖 縄 県 Okinawa-ken	745,269	34,916	39,543	41,166	38,183	35,419	36,923	40,135

男　女　別　人　口－総人口（2023年10月1日現在）（続き）
for Prefectures - Total population, October 1, 2023 - Continued

					Total population	Female				
35～39	40～44	45～49	50～54	55～59	60～64	65～69	70～74	75～79	80～84	85歳以上 and over
3,454,473	3,826,828	4,495,333	4,781,839	4,136,349	3,787,904	3,763,454	4,655,946	4,108,388	3,437,234	4,547,075
134,922	153,806	185,477	193,086	177,867	175,099	180,176	231,382	189,677	159,157	219,074
29,479	34,405	40,427	43,261	42,250	44,806	48,192	56,946	44,848	38,671	56,668
28,606	33,359	39,197	39,257	38,378	40,986	44,363	51,769	40,800	37,806	58,572
65,310	73,867	82,162	80,826	71,304	71,740	75,814	88,772	67,418	56,506	83,231
21,264	25,551	29,966	30,673	30,086	34,894	39,272	46,089	35,976	32,645	53,938
25,925	29,937	33,537	33,625	32,632	36,184	39,314	45,878	34,568	30,790	52,774
45,954	50,808	58,297	58,846	56,704	62,238	67,080	76,202	56,708	49,335	77,932
74,413	84,046	98,314	104,017	89,863	86,631	93,494	114,353	95,771	76,183	95,462
51,466	57,680	67,390	69,570	60,501	59,154	64,178	76,972	61,715	48,514	64,138
48,082	55,100	67,455	72,268	62,102	57,293	60,798	76,042	66,283	53,519	69,943
204,931	226,781	268,656	292,997	244,433	206,023	201,682	260,693	242,858	197,833	207,970
175,257	193,487	227,301	249,035	205,835	176,777	175,823	226,136	211,080	170,195	189,659
469,189	492,282	542,342	574,754	478,794	381,852	325,945	384,502	369,806	322,615	418,451
260,423	290,900	345,283	385,557	324,374	262,497	235,853	295,843	281,131	238,609	284,446
54,067	62,249	74,070	74,206	69,637	69,066	75,964	93,110	74,181	63,328	99,679
24,284	28,026	36,018	38,440	32,448	31,194	32,652	42,081	39,758	31,288	45,142
28,261	32,070	40,047	42,043	35,683	33,963	34,972	43,399	39,971	31,110	43,645
19,233	21,357	25,443	26,503	24,106	24,391	24,568	30,273	24,856	20,889	31,955
19,394	21,916	26,521	29,395	27,550	26,205	27,148	31,692	26,752	22,793	32,754
49,515	57,191	71,102	73,825	66,154	63,788	65,023	79,362	70,793	59,941	90,614
48,845	55,561	67,840	73,292	64,388	61,760	62,528	78,022	68,408	56,709	73,408
93,463	104,744	124,761	134,340	117,711	110,783	113,214	139,981	123,588	102,807	134,267
212,970	230,141	272,711	293,337	242,758	210,234	193,239	244,401	228,652	188,185	216,961
44,138	49,516	61,141	65,628	57,963	55,423	54,954	67,768	60,462	49,705	65,598
39,489	44,112	52,170	53,015	44,667	41,861	40,766	50,061	42,480	33,355	44,261
66,917	75,539	92,782	100,193	85,105	75,264	72,178	97,299	91,879	75,209	96,146
248,431	268,327	326,947	367,021	305,616	252,781	231,209	308,755	300,219	259,240	292,651
144,272	163,235	200,343	220,230	188,731	171,758	165,128	207,523	190,214	155,997	201,163
33,214	37,563	46,497	52,167	46,519	42,706	43,088	55,436	50,294	41,490	49,772
22,438	25,047	30,511	34,267	32,035	31,406	31,319	39,181	34,889	29,630	41,247
14,175	15,994	18,206	18,059	16,532	17,894	19,641	22,932	18,686	15,456	26,393
16,232	18,236	21,027	21,068	18,918	20,840	22,559	28,010	23,581	19,682	35,700
49,402	53,648	65,157	67,967	56,689	55,173	57,265	71,473	66,565	53,038	77,752
73,099	81,712	99,257	104,981	87,262	81,748	83,071	105,389	96,628	77,849	106,201
31,428	36,078	44,033	46,978	41,012	41,089	45,433	59,485	53,068	44,466	63,387
17,332	19,822	23,863	24,820	22,720	23,498	26,244	31,851	26,081	21,597	33,718
24,047	27,442	33,762	34,071	28,938	28,336	30,508	39,029	34,601	26,395	40,225
33,010	37,447	45,411	47,470	42,647	43,500	46,537	58,200	49,305	40,218	60,543
16,107	18,790	23,228	24,098	21,200	22,487	24,184	30,530	27,476	22,293	35,898
150,334	166,785	186,316	186,894	160,576	153,886	159,644	199,230	162,823	134,647	186,808
21,646	24,323	26,631	26,366	25,195	26,609	28,942	33,703	25,418	22,314	34,560
32,218	36,728	41,794	44,128	42,541	45,269	49,508	57,731	45,228	39,438	59,123
46,992	51,534	56,631	56,002	54,705	57,390	62,184	70,895	55,899	48,963	78,608
27,943	32,149	37,375	37,824	34,115	36,142	39,918	48,702	41,131	33,960	52,089
27,737	31,720	35,549	34,421	32,672	35,832	39,830	46,221	36,286	30,606	48,432
42,131	47,496	50,384	50,073	49,692	54,739	62,026	65,997	50,233	44,707	73,910
46,488	48,321	52,001	50,945	44,741	44,715	46,026	46,645	29,344	27,551	42,207

96

付1　「人口推計」における人口の算出方法

Ⅰ　概要

1　人口推計の範囲

　　人口推計の範囲は、我が国に常住している*全人口（外国人を含む。）である。ただし、外国人のうち、外国政府の外交使節団・領事機関の構成員（随員及び家族を含む。）及び外国軍隊の軍人・軍属（家族を含む。）は除いている。

　*　3か月以上にわたって住んでいる又は住むことになっている者をいう。

2　推計の方法

(1)　推計の基本式

　　人口推計では、下に示すとおり、前年10月1日現在の人口を基準人口（推計の基礎となる人口）とし、その後1年間（前年10月1日〜当年9月30日）の自然動態、社会動態及び国籍異動による異動人口を求め、これを加減することにより、当年10月1日現在の人口を算出している。

【推計の基本式】

　当年10月1日現在の人口

　＝基準人口（前年10月1日現在）

　　　＋1年間の異動人口（自然動態、社会動態及び国籍異動）

　　　　人口＝基準人口（前年10月1日現在）
　　　　　　　＋1年間の自然動態
　　　　　　　＋1年間の社会動態
　　　　　　　＋1年間の国籍異動（日本人についてのみ）

　　　　自然動態＝出生児数－死亡者数
　　　　社会動態＝入国者数－出国者数
　　　　　　都道府県別人口を算出する場合は、更に次の式を加える。
　　　　　　　　＋都道府県間転入者数－都道府県間転出者数
　　　　国籍異動＝日本国籍取得者数－日本国籍喪失者数

(2)　推計の方法

①　国勢調査の翌年の人口

　ア　国勢調査の確定人口（不詳補完値）を基準人口として用いている。

　イ　国勢調査の確定人口を前年10月1日現在の人口（基準人口）として、その後1年間の自然動態・社会動態による異動人口を他の人口関連資料から求め、これを加減することにより当年10月1日現在における人口を算出している。

② 国勢調査の翌年以外の年の人口
ア 前年10月1日現在の人口を基準人口として用いている。
イ 前述①と同様、前年の人口に、その後の異動人口を加減することにより、当年
10月1日現在における人口を算出している。

（例）2023年10月1日現在人口の算出方法
・ 2023年10月1日現在人口
＝2022年10月1日現在人口　＋1年間（2022年10月～2023年9月）の自然動態
＋1年間（2022年10月～2023年9月）の社会動態
＋1年間（2022年10月～2023年9月）の国籍異動

3　推計のための基礎資料
・ 出生児数及び死亡者数 ・・・・・・・・・・・・・ 「人口動態統計（概数）」（厚生労働省）
・ 出入国者数 ・・・・・・・・・・・・・・・・・・・・ 「出入国管理統計」（出入国在留管理庁）
・ 日本国籍取得者数及び日本国籍喪失者数・・・・ 法務省資料及び官報
・ 都道府県間転出入者数
・・・・・・・・・・・ 「住民基本台帳人口移動報告 月報」（総務省統計局）
・ その他 ・・・・・・・・・・ 「国勢調査」（総務省統計局）

Ⅱ　推計方法
1　推計のための各要素
（1）　基準人口
国勢調査の翌年は、国勢統計の確定人口を基準人口とし、国勢調査の翌年以外の
年は前年10月1日現在人口の確定値を基準人口とする。
（2）　異動人口（＝自然動態＋社会動態＋国籍異動）
ア　自然動態（＝出生児数－死亡者数）
「人口動態統計（概数）」（厚生労働省）による出生児数及び死亡者数を用いる。
なお、都道府県及び年齢不詳の死亡者数は、不詳を除く死亡者数の都道府県別
年齢別割合により比例配分し、各都道府県の年齢別死亡者数に含める。
死亡者数は、出生年月により、前年10月1日現在の年齢別に集計して用いる。
イ　社会動態（＝入国超過数＋都道府県間転入超過数）
（ア）入国超過数（＝入国者数－出国者数）
「出入国管理統計」（出入国在留管理庁)による入国者数及び出国者数を用
いる。ただし、日本人は海外滞在期間3か月以内の出入（帰）国者（出国か
ら入国までの期間が3か月以内の者）を除き、外国人は国内滞在期間3か月
以内の者を除く。
なお、「住所地が外国」の日本人は、年齢（各歳）別に出入国者数の都道府
県別割合により比例配分して、各都道府県の出入国者数に加算する。
また、都道府県及び年齢不詳の外国人の出入国者数は、出入国者数の都道
府県別年齢別割合により比例配分し、各都道府県の年齢（各歳）別出入国者
数に含める。

　　　　日本人は、出生年月別に集計されていないため、「出入国管理統計」の年齢
　　　別結果を用い、外国人は、出生年月により、前年10月１日現在の年齢別に集
　　　計して用いる。
　（イ）都道府県間転入超過数（＝転入者数－転出者数）
　　　　「住民基本台帳人口移動報告」（総務省）による都道府県間転出入者数を用
　　　いる。
　ウ　国籍異動（＝日本国籍取得者数－日本国籍喪失者数）
　　　「官報に基づく帰化人口」（官報告示（「日本国に帰化を許可する件」）による
　　「日本国籍を取得した者」を、総務省で出生年月により前年10月１日現在の年齢
　　別に集計した数）及び「日本国籍取得者数及び喪失者数」（法務省）を用いる。

2　全国及び都道府県、年齢、男女別人口の推計

　　基準人口に、年齢（各歳）、男女別に、その後１年間の出生児数、死亡者数、入国者数、
　出国者数及び都道府県間転入超過数を加減（日本人については、更に日本国籍取得者数
　及び日本国籍喪失者数を加減）して当年10月１日現在の都道府県、年齢（各歳）、男女
　別総人口及び日本人人口を算出する。
　　これらを年齢（５歳階級）別に足し上げ「都道府県、年齢（５歳階級）、男女別人口－
　総人口、日本人人口」を算出する。また、「全国、年齢（各歳）、男女別人口－総人口、
　日本人人口」及び「都道府県、男女別人口－総人口、日本人人口」を算出する。

（例：男性の人口の推計）

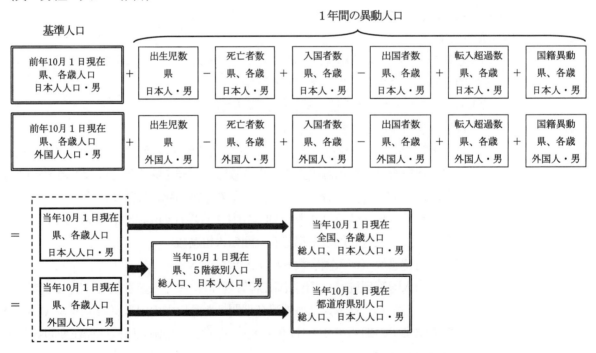

付2　用語の解説

◎　人口構成に関するもの

人口性比：女性100人に対する男性の数 $= \dfrac{\text{男性の人口}}{\text{女性の人口}} \times 100$

◎　人口増減に関するもの

自然動態：自然増減 ＝ 出生児数－死亡者数

（都道府県別人口について）

社会動態：社会増減 ＝ 入国超過数＋都道府県間転入超過数

入国超過数 ＝ 入国者数－出国者数

都道府県間転入超過数 ＝ 都道府県間転入者数－都道府県間転出者数

国籍異動 ＝ 日本国籍取得者数－日本国籍喪失者数

◎　年齢構造に関するもの

年少人口指数 $= \dfrac{\text{15歳未満人口}}{\text{15～64歳人口}} \times 100$

老年人口指数 $= \dfrac{\text{65歳以上人口}}{\text{15～64歳人口}} \times 100$

従属人口指数 $= \dfrac{\text{15歳未満人口＋65歳以上人口}}{\text{15～64歳人口}} \times 100$

老年化指数 $= \dfrac{\text{65歳以上人口}}{\text{15歳未満人口}} \times 100$

付3　既刊の人口推計資料

　総務省統計局では、各年10月１日現在の都道府県別人口と全国年齢別人口（大正10年以降）及び各月１日現在の全国人口（昭和25年11月以降）を推計し公表している。

　これらの人口については、公表後、人口動態統計の数字を置き換えたり、推計の期首・期末時の国勢調査結果による補間補正を行うなどの改定を行っているが、必ずしも各年（又は各月）の表題のついた報告書にその年（又は月）の人口の最新改定値が掲載されていない。

　そこで、利用の便を考慮して、各年（又は各月）の人口（最新改定値）がどの報告書等に掲載されているかを次表に示した。

（全国　男女別人口）

人　　　口		資　料　名	備　考
大正 10 年～昭和 24 年各年 10 月 1 日現在人口	沖縄県を含む	人口推計資料 1956－1「大正 9 年～昭和 15 年および昭和 22 年～25 年全国年令別人口の推計」	・昭和 15 年～19 年（沖縄県を含む）は「人口推計月報昭和 42 年 8 月」・補間補正済み・1953-2 男女計のみ
	沖縄県を含まない	人口推計資料 1953－2「大正 9 年～昭和 25 年わが国年次別人口の推計」	
昭和 25 年 11 月～40 年 9 月　各月 1 日現在人口		人口推計月報（改訂数字特集）　　　　　　－昭和 42 年 10 月刊－	・補間補正済み・男女計のみ・沖縄県を含まない
昭和 40 年 11 月～45 年 9 月　各月 1 日現在人口		人口推計月報（改訂数字特集）　　　　　　－昭和 47 年 10 月刊－	・補間補正済み・沖縄県を含まない
昭和 45 年 11 月～50 年 9 月　各月 1 日現在人口		人口推計月報（改訂数字特集）　　　　　　－昭和 53 年 3 月刊－	補間補正済み
昭和 50 年 11 月～55 年 9 月　各月 1 日現在人口		人口推計月報（改訂数字特集）　　　　　　－昭和 58 年 8 月刊－	同　上
昭和 55 年 11 月～60 年 9 月　各月 1 日現在人口		人口推計月報（改訂数字特集）　　　　　　－昭和 62 年 12 月刊－	同　上
昭和 60 年 11 月～平成 2 年 9 月　各月 1 日現在人口		人口推計月報　昭和 60 年及び平成 2 年国勢調査結果による補間補正　　　　　　－平成 4 年 10 月刊－	同　上
平成 2 年 11 月～7 年 9 月　各月 1 日現在人口		人口推計資料 No.69　人口推計 国勢調査結果による補間補正人口　　　　　　－平成 9 年 12 月刊－	同　上
平成 7 年 11 月～12 年 9 月　各月 1 日現在人口		人口推計資料 No.74　人口推計 国勢調査結果による補間補正人口　　　　　　－平成 14 年 7 月刊－	同　上
平成 12 年 11 月～17 年 9 月　各月 1 日現在人口		人口推計資料 No.79　人口推計 国勢調査結果による補間補正人口　　　　　　－平成 18 年 12 月刊－	同　上
平成 17 年 11 月～22 年 9 月　各月 1 日現在人口		人口推計資料 No.84　人口推計 国勢調査結果による補間補正人口　　　　　　－平成 24 年 3 月刊－	同　上
平成 22 年 11 月～27 年 9 月　各月 1 日現在人口		人口推計資料 No.89　人口推計 国勢調査結果による補間補正人口　　　　　　－平成 29 年 3 月刊－	同　上
2015 年（平成 27 年）11 月～2020 年（令和 2 年）9 月　各月 1 日現在人口		人口推計資料 No.94　人口推計 国勢調査結果による補間補正人口　　　　　　－2022 年（令和 4 年）3 月刊－	同　上

（全国　男女別人口）（続き）

人　口	資　料　名	備　考
2020年（令和2年）11月～ 2021年（令和3年）10月 各月1日現在人口	人口推計資料No.95 人口推計　「2021年（令和3年）10月1日現在」	
2021年（令和3年）11月～ 2022年（令和4年）10月 各月1日現在人口	人口推計資料No.96 人口推計　「2022年（令和4年）10月1日現在」	
2022年（令和4年）11月～ 2023年（令和5年）10月 各月1日現在人口	人口推計資料No.97 人口推計　「2023年（令和5年）10月1日現在」	

人　口	資　料　名	備　考
2023年（令和5年）11月 以降　各月1日現在人口	2024年（令和6年）4月以降の人口推計 　　　　　　　　　－各月1日現在人口－	・インターネット

（都道府県　男女別人口　－各年10月1日現在－）

人　口	資　料　名	備　考
大正10年～昭和24年	人口推計資料1957－1 「大正9年～昭和25年都道府県人口の推計」	・補間補正済み ・昭和20年～25年は 沖縄県を含まない
昭和26年～29年	人口推計資料No.21 「昭和26年～29年各年10月1日現在都道府県人口の 推計（改訂）」	・補間補正済み ・沖縄県を含まない
昭和31年～34年	人口推計資料No.26 「昭和31年～34年各年10月1日現在都道府県人口の 推計（改訂）」	同　上
昭和36年～39年	人口推計資料No.35 「昭和36年～39年各年10月1日現在都道府県人口の 推計（改訂）」	同　上
昭和41年～44年	人口推計資料No.42 「昭和41年～44年各年10月1日現在都道府県人口の 推計（改訂）」	同　上
昭和46年～49年	人口推計資料No.49 「昭和46年～49年各年10月1日現在都道府県人口の 推計（改訂）」	補間補正済み
昭和51年～54年	人口推計資料No.55 「昭和51年～54年各年10月1日現在都道府県人口の 推計（改訂）」	同　上
昭和56年～59年	人口推計資料No.59 「昭和56年～59年各年10月1日現在都道府県人口の 推計（改訂）」	同　上
昭和61年～平成元年	人口推計資料No.64 「昭和61年～平成元年各年10月1日現在都道府県人 口の推計」昭和60年及び平成2年国勢調査結果による 補間補正	同　上
平成3年～6年	人口推計資料No.69 人口推計　国勢調査結果による補間補正人口 　　　　　　　　　－平成9年12月刊－	同　上
平成8年～11年	人口推計資料No.74 人口推計　国勢調査結果による補間補正人口 　　　　　　　　　－平成14年7月刊－	同　上

(都道府県　男女別人口　－各年10月1日現在－)（続き）

人　口	資　料　名	備　考
平成13年～16年	人口推計資料 No.79 人口推計 国勢調査結果による補間補正人口 　　　　　　　　　　－平成18年12月刊－	同　上
平成18年～21年	人口推計資料 No.84 人口推計 国勢調査結果による補間補正人口 　　　　　　　　　　－平成24年3月刊－	同　上
平成23年～26年	人口推計資料 No.89 人口推計 国勢調査結果による補間補正人口 　　　　　　　　　　－平成29年3月刊－	同　上
2016年（平成28年）～ 2019年（令和元年）	人口推計資料 No.94 人口推計 国勢調査結果による補間補正人口 　　　　　　　　－2022年（令和4年）3月刊－	同　上
2021年（令和3年）	人口推計資料 No.95 人口推計 「2021年（令和3年）10月1日現在」	
2022年（令和4年）	人口推計資料 No.96 人口推計 「2022年（令和4年）10月1日現在」	
2023年（令和5年）	人口推計資料 No.97 人口推計 「2023年（令和5年）10月1日現在」	

(全国　年齢、男女別人口　－各年10月1日現在－)

人　口	資　料　名	備　考
大正10年～昭和15年 昭和23年、24年	人口推計資料 1956－1「大正9年～昭和15年および昭和22年～25年全国年令別人口の推計」	・補間補正済み ・昭和22年～25年は沖縄県を含まない
昭和26年	人口推計資料 1953－1 「昭和26年10月1日現在全国年令別人口の推計」	沖縄県を含まない
昭和27年、28年	人口推計資料 1954－3 「昭和28年10月1日現在全国年令別人口の推計」	同　上
昭和29年	人口推計資料 1955－2 「昭和29年10月1日現在全国年令別人口の推計」	同　上
昭和31年、32年	人口推計資料 No.16 「昭和33年10月1日現在全国年令別人口の推計」	同　上
昭和33年、34年	人口推計資料 No.18 「昭和34年10月1日現在全国年令別人口の推計」	同　上
昭和36年～38年	人口推計資料 No.25 「昭和38年10月1日現在全国年令別人口の推計」	同　上
昭和39年	人口推計資料 No.28 「昭和39年10月1日現在全国年令別人口の推計」	同　上
昭和41年、42年	人口推計資料 No.32 「昭和42年10月1日現在全国年令別人口の推計」	同　上
昭和43年	人口推計資料 No.34 「昭和43年10月1日現在全国年令別人口の推計」	同　上
昭和44年	人口推計資料 No.38 「昭和44年10月1日現在全国年令別人口の推計」	同　上
昭和46年、47年	人口推計資料 No.44 「昭和47年10月1日現在全国年齢別人口の推計」	
昭和48年	人口推計資料 No.46 「昭和48年10月1日現在全国年齢別人口の推計」	

（全国　都道府県　年齢、男女別人口　－各年 10 月 1 日現在－）

人　　口	資　料　名	備　　考
昭和 49 年	人口推計資料 No. 47 「昭和 49 年 10 月 1 日現在推計人口」	昭和 46 年～48 年の都道府県別人口の記載あり
昭和 51 年	人口推計資料 No. 48 「昭和 51 年 10 月 1 日現在推計人口」	
昭和 52 年	人口推計資料 No. 50 「昭和 52 年 10 月 1 日現在推計人口」	
昭和 53 年	人口推計資料 No. 51 「昭和 53 年 10 月 1 日現在推計人口」	
昭和 54 年	人口推計資料 No. 52 「昭和 54 年 10 月 1 日現在推計人口」	
昭和 56 年	人口推計資料 No. 53 「昭和 56 年 10 月 1 日現在推計人口」	
昭和 57 年	人口推計資料 No. 54 「昭和 57 年 10 月 1 日現在推計人口」	
昭和 58 年	人口推計資料 No. 56 「昭和 58 年 10 月 1 日現在推計人口」	
昭和 59 年	人口推計資料 No. 57 「昭和 59 年 10 月 1 日現在推計人口」	
昭和 61 年	人口推計資料 No. 58 「昭和 61 年 10 月 1 日現在推計人口」	
昭和 62 年	人口推計資料 No. 60 「昭和 62 年 10 月 1 日現在推計人口」	
昭和 63 年	人口推計資料 No. 61 「昭和 63 年 10 月 1 日現在推計人口」	
平成元年	人口推計資料 No. 62 「平成元年 10 月 1 日現在推計人口」	
平成 3 年	人口推計資料 No. 63 「平成 3 年 10 月 1 日現在推計人口」	
平成 4 年	人口推計資料 No. 65 「平成 4 年 10 月 1 日現在推計人口」	
平成 5 年	人口推計資料 No. 66 「平成 5 年 10 月 1 日現在推計人口」	
平成 6 年	人口推計資料 No. 67 「平成 6 年 10 月 1 日現在推計人口」	
平成 8 年	人口推計資料 No. 68 「平成 8 年 10 月 1 日現在推計人口」	
平成 9 年	人口推計資料 No. 70 人口推計年報 「平成 9 年 10 月 1 日現在推計人口」	
平成 10 年	人口推計資料 No. 71 人口推計年報 「平成 10 年 10 月 1 日現在推計人口」	
平成 11 年	人口推計資料 No. 72 人口推計年報 「平成 11 年 10 月 1 日現在推計人口」	
平成 13 年	人口推計資料 No. 73 人口推計年報 「平成 13 年 10 月 1 日現在推計人口」	
平成 14 年	人口推計資料 No. 75 人口推計年報 「平成 14 年 10 月 1 日現在推計人口」	

104

（全国　都道府県　年齢、男女別人口　－各年 10 月 1 日現在－）（続き）

人　口	資　料　名	備　考
平成 15 年	人口推計資料 No.77 人口推計年報 「平成 15 年 10 月 1 日現在推計人口」	
平成 16 年	人口推計資料 No.78 人口推計年報 「平成 16 年 10 月 1 日現在推計人口」	
平成 18 年	人口推計資料 No.80 人口推計年報 「平成 18 年 10 月 1 日現在推計人口」	
平成 19 年	人口推計資料 No.81 人口推計年報 「平成 19 年 10 月 1 日現在推計人口」	
平成 20 年	人口推計資料 No.82 人口推計年報 「平成 20 年 10 月 1 日現在推計人口」	
平成 21 年	人口推計資料 No.83 人口推計 「平成 21 年 10 月 1 日現在」	
平成 23 年	人口推計資料 No.85 人口推計 「平成 23 年 10 月 1 日現在」	
平成 24 年	人口推計資料 No.86 人口推計 「平成 24 年 10 月 1 日現在」	
平成 25 年	人口推計資料 No.87 人口推計 「平成 25 年 10 月 1 日現在」	
平成 26 年	人口推計資料 No.88 人口推計 「平成 26 年 10 月 1 日現在」	
2016 年（平成 28 年） ～2019 年（令和元年）	人口推計資料 No.94 人口推計 国勢調査結果による補間補正人口 　　　　　－2022 年（令和 4 年）　3 月刊－	補間補正済み
2021 年（令和 3 年）	人口推計資料 No.95 人口推計 「2021 年（令和 3 年）10 月 1 日現在」	
2022 年（令和 4 年）	人口推計資料 No.96 人口推計 「2022 年（令和 4 年）10 月 1 日現在」	
2023 年（令和 5 年）	人口推計資料 No.97 人口推計 「2023 年（令和 5 年）10 月 1 日現在」	

（その他）

資　料　名	備　考
人口推計資料 No.76 「我が国の推計人口」大正 9 年～平成 12 年 　　　　　－平成 15 年 9 月刊－	大正 9 年国勢調査以降、平成 12 年までの主な推計結果を掲載
人口推計資料 No.36 「日本の推計人口」 　　　　　－昭和 45 年 3 月刊－	大正 10 年以降、昭和 44 年 3 月までの人口推計について、その推計方法、推計結果などをまとめて掲載
「明治 5 年以降わが国の人口」 　　　　内閣統計局　－昭和 5 年刊－	明治 5 年～大正 9 年各年 1 月 1 日現在男女別全国推計人口
「道府県現住人口」 　　　　内閣統計局　－明治 42 年 8 月刊－	明治 17 年～40 年　道府県現住人口
「道府県現住人口」 　　　　内閣統計局　－明治 40 年 11 月刊－	明治 17 年～36 年　道府県現住人口

Appendix 1 Outline of the Population Estimates

I Outline

1 Coverage of the population estimates

The population estimates cover all the population, including foreigners, who usually live in Japan. However, of the foreigners, foreign diplomatic and consular corps, including their party or family members, and foreign military personnel, including their family members, are excluded.

2 Method of the estimation

The population estimates are calculated using the recent census population(as of October 1) as the base by the following formula.

[Basic formula]

Estimated population of the stated year＝Estimated population of the previous year*
＋ Total net change during the year

Total net change＝Natural change + Migration change
＋ Net increase by change of nationality**

Natural change＝Live births－Deaths

Migration change＝(Entries－Exits)＋(Net inter-prefectural migrants)***
Net inter-prefectural migrants＝In-migrants－Out-migrants

Net increase by change of nationality＝Acquisition of Japanese nationality－Loss of Japanese nationality

*   : The census population for the year when the population census was held.
**   : Only for the Japanese.
*** : Only for the population by prefectures.

3 Sources for the estimation

Live births and Deaths   : "Vital Statistics (preliminary report)", Ministry of Health, Labour and Welfare

Entries and Exits   : "Statistics on Legal Migrants", the Immigration Services Agency

Net increase by change of nationality
: The Statistics Bureau, Ministry of Internal Affairs and Communications tabulated the data of Ministry of Justice

Inter-prefectural migrants : "Monthly Report on Internal Migration in Japan Derived from the Basic Resident Registration", Statistics Bureau, Ministry of Internal Affairs and Communications

Others   :   "Population Census", Statistics Bureau, Ministry of Internal Affairs and Communications

II *The estimation method*

1 *Elements of the population estimates*

a. Base population

The complete counts of Census population are used as the base population for the year following a Population Census, and for the year after the following year and thereafter, the final population estimates as of October 1 of the previous year is used as the base population.

b. Total net change (= Natural change + Migration change + Net increase by change of nationality)

(i) Natural change (= Live births – Deaths)

For live births and deaths, the data of the Vital Statistics (preliminary results) (Ministry of Health, Labour and Welfare) is used.

Note that the number of deaths at unknown age and of unknown prefecture is divided according to the age-at-death distribution by prefecture of all those whose age at death and prefecture are identified and added to the corresponding age and prefecture data.

The number of deaths is tabulated by the age on October 1 of the previous year referring to the birth date and used for the estimates.

(ii) Migration change (= Entry/exit balance of immigrants + Entry/exit balance of inter-prefecture migrants)

(1) Entry/exit balance of immigrants (=Entries – Exits)

For entering/exiting immigrants, the data of the Statistics on Legal Migrants (the Immigration Services Agency) is used. Note that the numbers of Japanese whose period of stay in foreign countries is within 3 months (i.e., reentry within 3 months from the last departure) and foreigners whose period of stay in Japan is within 3 months are excluded.

The number of Japanese whose place of residence is in a foreign country is divided according to the distribution of the number of entering/exiting people by prefecture for each age and added to the number of the entering/exiting people of the corresponding prefecture.

The number of entering/exiting foreigners whose age and residence (prefecture) is not identified is divided according to the age and prefecture distribution of entering/exiting foreigners and added to the data of corresponding prefecture by age (single years).

As the data of Japanese is not tabulated by birth date, the data by age of the Statistics on Legal Migrants is used. Foreigners are tabulated by the age on October 1 of the previous year referring to their birth dates.

(2) Entry/exit balance of inter-prefecture migrants (= In-migrants – Out-migrants)

The data of inter-prefectural migrants of the Report of Internal Migration in Japan Derived from the Basic Resident Registration (Statistics Bureau, Ministry of Internal Affairs and Communications) is used.

(iii) Net increase by change of nationality (= Acquisition of Japanese nationality – Loss of Japanese nationality)

"The number of naturalized Japanese based on the data of the official gazette":

the data created by Ministry of Internal Affairs and Communications tabulating "the number of the people who acquired Japanese nationality," which was reported in the public notice through the official gazette "concerning the permission for naturalization," by age as of October 1 of the previous year referring to birth date, and the "numbers of the acquisition and loss of Japanese nationality" (Ministry of Justice) are used.

2 *Estimates of the population of all of Japan and of each prefecture by age and sex*

Japan's total population and Japanese population by prefecture, age (single years) and sex as of October 1 of the year are calculated by adding or subtracting the live births, deaths, entering/exiting immigrants, entry/exit balance of inter-prefecture migrants (and also the number of the people who acquired or lost Japanese nationality specifically for the Japanese population) in the previous one year period to or from the base population by age (single years) and sex.

These numbers are aggregated in each age group to tabulate Japan's total population and Japanese population by prefecture, age (five-year groups) and sex. Additionally, Japan's total population and Japanese population by age (single years) and sex for all Japan and Japan's total population and Japanese population by prefecture and sex are calculated.

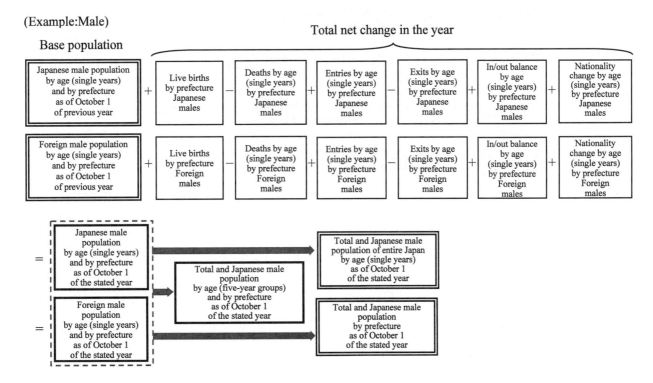

Appendix 2   Explanation of Terms

◎ Population composition

Sex Ratio : Number of males per 100 females $= \dfrac{\text{males}}{\text{females}} \times 100$

◎ Population increase and decrease

Natural Change   Live births－Deaths

(Only for the population by prefectures)

Migration Change   Entries－Exits＋Net inter-prefectural migrants

Net inter-prefectural migrants = In-migrants－Out-migrants

Net increase by change of nationality

= Acquisition of Japanese nationality－Loss of Japanese nationality

◎ Age composition

Child dependency ratio $= \dfrac{\text{Population under 15}}{\text{Population aged 15 to 64}} \times 100$

Aged dependency ratio $= \dfrac{\text{Population aged 65 and over}}{\text{Population aged 15 to 64}} \times 100$

Dependency ratio $= \dfrac{\text{Population under 15 + Population aged 65 and over}}{\text{Population aged 15 to 64}} \times 100$

Aging index $= \dfrac{\text{Population aged 65 and over}}{\text{Population under 15}} \times 100$

Appendix 3　　List of Publication　－　Current Population Estimates Series

The Statistics Bureau has been estimating population for prefectures and Japan population by age as of October 1 of each year since 1921 as well as Japan population as of the first day of each month since November 1950. However, the estimated population once published has sometimes been revised according to the revision of the statistics used in the estimation or adjusted in order to link the estimated series to the results of the latest Population Census. The reports listed in the following tables include the final or latest figures of the corresponding population available at present.

(Population by sex for Japan)

Population		Report	Note
Population as of Oct. 1, each year from 1921 to 1949	incl. Okinawa-ken	"Population Estimates Series" 1956-1	· Population as including Okinawa-ken from 1940 to 1944 has been reported in "Monthly Report on Current Population Estimates" Aug. 1967.
	excl. Okinawa-ken	"Population Estimates Series" 1953-2	· With intercensal adjustment · Only both sexes for 1953-2
Population as of 1st of each month from Nov. 1950 to Sept. 1965		"Monthly Report on Current Population Estimates, Special Report on Revised Figures"　　　　－October 1967－	· With intercensal adjustment · Only both sexes · Okinawa-ken not included
Population as of 1st of each month from Nov. 1965 to Sept. 1970		"Monthly Report on Current Population Estimates, Special Report on Revised Figures"　　　　－October 1972－	· With intercensal adjustment · Okinawa-ken not included
Population as of 1st of each month from Nov. 1970 to Sept. 1975		"Monthly Report on Current Population Estimates, Special Report on Revised Figures"　　　　－March 1978－	With intercensal adjustment
Population as of 1st of each month from Nov. 1975 to Sept. 1980		"Monthly Report on Current Population Estimates, Special Report on Revised Figures"　　　　－August 1983－	do.
Population as of 1st of each month from Nov. 1980 to Sept. 1985		"Monthly Report on Current Population Estimates, Special Report on Revised Figures"　　　　－December 1987－	do.
Population as of 1st of each month from Nov. 1985 to Sept. 1990		"Monthly Report on Current Population Estimates, Intercensal Adjustment"　　　　－October 1992－	do.
Population as of 1st of each month from Nov. 1990 to Sept. 1995		"Population Estimates Series" No.69　　　　－December 1997－	do.
Population as of 1st of each month from Nov. 1995 to Sept. 2000		"Population Estimates Series" No.74　　　　－July 2002－	do.
Population as of 1st of each month from Nov. 2000 to Sept. 2005		"Population Estimates Series" No.79　　　　－December 2006－	do.
Population as of 1st of each month from Nov. 2005 to Sept. 2010		"Population Estimates Series" No.84　　　　－March 2012－	do.
Population as of 1st of each month from Nov. 2010 to Sept. 2015		"Population Estimates Series" No.89　　　　－March 2017－	do.
Population as of 1st of each month from Nov. 2015 to Sept. 2020		"Population Estimates Series" No.94　　　　－March 2022－	do.

110

(Population by sex for Japan) (continued)

Population	Report	Note
Population as of 1st of each month from Nov. 2020 to Oct. 2021	"Population Estimates Series" No.95	
Population as of 1st of each month from Nov. 2021 to Oct. 2022	"Population Estimates Series" No.96	
Population as of 1st of each month from Nov. 2022 to Oct. 2023	"Population Estimates Series" No.97	

Population	Report	Note
Population as of 1st of each month since Nov. 2023	"Monthly Report on Current Population Estimates" for each month since Apr. 2024	· Internet

(Population by sex for prefectures as of October 1, each year)

Population	Report	Note
Population from 1921 to 1949	"Population Estimates Series" 1957-1	· With intercensal adjustment · Okinawa-ken not included from 1945 to 1950
Population from 1951 to 1954	"Population Estimates Series" No.21	· With intercensal adjustment · Okinawa-ken not included
Population from 1956 to 1959	"Population Estimates Series" No.26	do.
Population from 1961 to 1964	"Population Estimates Series" No.35	do.
Population from 1966 to 1969	"Population Estimates Series" No.42	do.
Population from 1971 to 1974	"Population Estimates Series" No.49	With intercensal adjustment
Population from 1976 to 1979	"Population Estimates Series" No.55	do.
Population from 1981 to 1984	"Population Estimates Series" No.59	do.
Population from 1986 to 1989	"Population Estimates Series" No.64	do.
Population from 1991 to 1994	"Population Estimates Series" No.69	do.
Population from 1996 to 1999	"Population Estimates Series" No.74	do.
Population from 2001 to 2004	"Population Estimates Series" No.79	do.
Population from 2006 to 2009	"Population Estimates Series" No.84	do.
Population from 2011 to 2014	"Population Estimates Series" No.89	do.
Population from 2016 to 2019	"Population Estimates Series" No.94	do.
Population of 2021	"Population Estimates Series" No.95	
Population of 2022	"Population Estimates Series" No.96	
Population of 2023	"Population Estimates Series" No.97	

(Population by age and sex for Japan as of October 1, each year)

Population	Report	Note
Population from 1921 to 1940	"Population Estimates Series"1956-1	With intercensal adjustment
Population of 1948 and 1949	"Population Estimates Series" 1956-1	· With intercensal adjustment · Okinawa-ken not included
Population of 1951	"Population Estimates Series" 1953-1	Okinawa-ken not included
Population of 1952 and 1953	"Population Estimates Series" 1954-3	do.
Population of 1954	"Population Estimates Series" 1955-2	do.
Population of 1956 and 1957	"Population Estimates Series" No.16	do.
Population of 1958 and 1959	"Population Estimates Series" No.18	do.
Population from 1961 to 1963	"Population Estimates Series" No.25	do.
Population of 1964	"Population Estimates Series" No.28	do.
Population of 1966 and 1967	"Population Estimates Series" No.32	do.
Population of 1968	"Population Estimates Series" No.34	do.
Population of 1969	"Population Estimates Series" No.38	do.
Population of 1971 and 1972	"Population Estimates Series" No.44	
Population of 1973	"Population Estimates Series" No.46	

(Population by age and sex for Japan and population by age group and sex for prefectures
as of October 1, each year)

Population	Report	Note
Population of 1974	"Population Estimates Series" No.47	From 1971 to 1973 also included.
Population of 1976	"Population Estimates Series" No.48	
Population of 1977	"Population Estimates Series" No.50	
Population of 1978	"Population Estimates Series" No.51	
Population of 1979	"Population Estimates Series" No.52	
Population of 1981	"Population Estimates Series" No.53	
Population of 1982	"Population Estimates Series" No.54	
Population of 1983	"Population Estimates Series" No.56	
Population of 1984	"Population Estimates Series" No.57	
Population of 1986	"Population Estimates Series" No.58	
Population of 1987	"Population Estimates Series" No.60	
Population of 1988	"Population Estimates Series" No.61	
Population of 1989	"Population Estimates Series" No.62	
Population of 1991	"Population Estimates Series" No.63	
Population of 1992	"Population Estimates Series" No.65	
Population of 1993	"Population Estimates Series" No.66	
Population of 1994	"Population Estimates Series" No.67	
Population of 1996	"Population Estimates Series" No.68	
Population of 1997	"Population Estimates Series" No.70	
Population of 1998	"Population Estimates Series" No.71	
Population of 1999	"Population Estimates Series" No.72	

(Population by age and sex for Japan and population by age group and sex for prefectures
as of October 1, each year) (continued)

Population	Report	Note
Population of 2001	"Population Estimates Series" No.73	
Population of 2002	"Population Estimates Series" No.75	
Population of 2003	"Population Estimates Series" No.77	
Population of 2004	"Population Estimates Series" No.78	
Population of 2006	"Population Estimates Series" No.80	
Population of 2007	"Population Estimates Series" No.81	
Population of 2008	"Population Estimates Series" No.82	
Population of 2009	"Population Estimates Series" No.83	
Population of 2011	"Population Estimates Series" No.85	
Population of 2012	"Population Estimates Series" No.86	
Population of 2013	"Population Estimates Series" No.87	
Population of 2014	"Population Estimates Series" No.88	
Population of 2016 to 2019	"Population Estimates Series" No.94	With intercensal adjustment
Population of 2021	"Population Estimates Series" No.95	
Population of 2022	"Population Estimates Series" No.96	
Population of 2023	"Population Estimates Series" No.97	

(Others)

Report	Note
"Population Estimates Series No.76 Population Estimates of Japan",1920-2000 September 2003	This report presents the main results of the population estimates for each year from 1920 to 2000.
"Population Estimates Series No.36 Population Estimates of Japan", March 1970	This report presents the history of the population estimates from 1921 to 1969 March, as well as changes in the method of estimation and time series table for population estimates.
"Population of Japan since 1872", 1930	This report presents the estimated Japanese population by sex as of January 1 each year from 1872 to 1920.

『人口推計資料』の利用について

人口推計資料については、次の方法により利用（閲覧・入手等）することができます。

インターネット

人口推計に関する結果は、インターネットを通じて提供しています。

◆ 統計局ホームページ　　　　　　　https://www.stat.go.jp/data/jinsui/index.html

人口推計		検索

◆ 政府統計の総合窓口（e-Stat）　　https://www.e-stat.go.jp/

資料の閲覧

資料は、総務省統計図書館のほか、国立国会図書館及び各支部、都道府県統計主管課、都道府県立図書館などで閲覧することができます。

◆ 総務省統計図書館　　　　　　　〒162-8668　東京都新宿区若松町19−1

　　　　　　　　　　　　　　　　　TEL　03（5273）1132

資料の入手

資料は、一般財団法人 日本統計協会を通じて入手できます。また、全国各地の官報販売所でも取り扱っています。

◆ 一般財団法人　日本統計協会　　　〒169-0073 東京都新宿区百人町2−4−6

　　　　　　　　　　　　　　　　　　メイト新宿ビル6F

　　　　　　　　　　　　　　　　TEL　03（5332）3151

◆ 政府刊行物センター（霞が関）　　〒100-0013　東京都千代田区霞が関1−4−1

　　　　　　　　　　　　　　　　　　日土地ビル1F

　　　　　　　　　　　　　　　　TEL　03（3504）3885

《引用・転載について》

本書の統計データ、図表を利用する場合は、出典を記載してください。出典を編集・加工等して利用した場合はその旨も明記してください。

（出典記載例）「人口推計資料」（総務省統計局）

　　　　　　　「人口推計」（総務省統計局）

総務省統計局編集等・（一財）日本統計協会発行の新刊案内

新版 日本長期統計総覧（全5巻）			A4判 586頁～746頁 CD-ROM付		

我が国の統計を集大成した「日本長期統計総覧」を20年ぶりに抜本的に改訂。　第1巻～第4巻は定価22,000円、第5巻は定価23,100円

書名	判型	頁数	付録		定価
第 73 回 日 本 統 計 年 鑑　令和6年	B5判	794 頁	電子データ提供	定 価	16,500 円
統 計 で み る 日 本 2024	A5判	338 頁		定 価	2,750 円
日 本 の 統 計 2024	A5判	306 頁		定 価	2,420 円
世 界 の 統 計 2024	A5判	300 頁		定 価	2,420 円
STATISTICAL HANDBOOK OF JAPAN 2023	A5判	214 頁		定 価	3,960 円
社 会 生 活 統 計 指 標 2024	A4判	526 頁	電子データ提供	定 価	9,900 円
統 計 で み る 都 道 府 県 の す が た 2024	A4判	172 頁	電子データ提供	定 価	3,300 円
統 計 で み る 市 区 町 村 の す が た 2024	A4判	324 頁	電子データ提供	定 価	5,830 円
デ ー タ 分 析 の た め の 統 計 学 入 門	A4判	428 頁		定 価	1,980 円
GDP 統 計 を 知 る 国 民 経 済 計 算 の 基 礎 －改訂第2版－	A5判	190 頁		定 価	2,420 円
公 的 統 計 に よ る 統 計 入 門	A5判	178 頁		定 価	1,650 円
2019 年 全 国 家 計 構 造 調 査 報 告	A4判	656 頁	電子データ提供	定 価	8,470 円
令 和 2 年 国 勢 調 査 報 告					
ライフステージでみる日本の人口・世帯	A4判	66 頁		定 価	1,210 円
第1巻 人口等基本集計結果 その1 全国編	A4判	382 頁	CD-ROM付	定 価	7,590 円
第1巻 人口等基本集計結果 その2 都道府県・市区町村編(6分冊)	A4判 390頁～644頁		CD-ROM付	定 価	5,830円～7,150円
第2巻 就業状態等基本集計結果 その1 全国編	A4判	454 頁	CD-ROM付	定 価	7,480 円
第2巻 就業状態等基本集計結果 その2 都道府県・市区町村編(6分冊)	A4判 378頁～538頁		CD-ROM付	定 価	7,590円～8,360円
第3巻 従業地・通学地集計結果及び人口移動集計結果					
その1　全国編	A4判	228 頁	CD-ROM付	定 価	8,140 円
その2　都道府県・市区町村編(6分冊)	A4判 406頁～566頁		CD-ROM付	定 価	7,920円～8,360円
第4巻 抽出詳細集計結果 その1 全国編	A4判	334 頁	電子データ提供	定 価	7,150 円
第4巻 抽出詳細集計結果 その2 都道府県・市区町村編(6分冊)	A4判 368頁～598頁		電子データ提供	定 価	8,250円～9,900円
最終報告書 日本の人口・世帯	A4判	540 頁	電子データ提供	定 価	10,120 円
令 和 3 年 社 会 生 活 基 本 調 査 報 告					
第1巻 全国・地域 生活時間編	A4判	610 頁	CD-ROM付	定 価	10,230 円
第2巻 全国・地域 生活行動編	A4判	534 頁	CD-ROM付	定 価	9,900 円
第3巻 詳細行動分類による生活時間編	A4判	368 頁	電子データ提供	定 価	9,240 円
令 和 3 年 経 済 セ ン サ ス - 活 動 調 査 報 告					
第1巻 解説・資料編	A4判	410 頁	電子データ提供	定 価	8,360 円
第2巻 統計表編	A4判	262 頁	電子データ提供	定 価	8,030 円
令 和 4 年 就 業 構 造 基 本 調 査 報 告					
第1巻 全 国 編	A4判	636 頁	電子データ提供	定 価	10,450 円
第2巻 地 域 編	A4判	628 頁	電子データ提供	定 価	10,450 円
労 働 力 調 査 年 報　令和5年	A4判	342 頁	電子データ提供	定 価	6,820 円
人口推計資料№97　人口推計 －令和5年10月1日現在－	A4判	118 頁		定 価	3,300 円
住 民 基 本 台 帳 人 口 移 動 報 告 年 報　令和4年	A4判	280 頁	電子データ提供	定 価	3,960 円
家 計 消 費 状 況 調 査 年 報　令和4年	A4判	178 頁		定 価	3,410 円
家 計 調 査 年 報 ＜ Ⅰ 家 計 収 支 編 ＞　令和4年	A4判	432 頁	電子データ提供	定 価	7,480 円
家 計 調 査 年 報 ＜ Ⅱ 貯 蓄 ・ 負 債 編 ＞　令和4年	A4判	246 頁	電子データ提供	定 価	5,390 円
小 売 物 価 統 計 調 査 年 報　令和4年	A4判	288 頁	電子データ提供	定 価	7,260 円
サ ー ビ ス 産 業 動 向 調 査 年 報　令和4年	A4判	126 頁		定 価	3,080 円
科 学 技 術 研 究 調 査 報 告　令和5年	A4判	346 頁	電子データ提供	定 価	4,620 円
消 費 者 物 価 指 数 年 報　令和5年	A4判	226 頁	電子データ提供	定 価	6,380 円
個 人 企 業 経 済 調 査 報 告　令和5年	A4判	300 頁		定 価	4,290 円
経 済 構 造 実 態 調 査 報 告　2022年	A4判	216 頁		定 価	7,480 円
「 月 刊 統 計 」・・年間購読（割引あり）もできます。	B5判			定 価	990 円

（定価は、税込価格です）

人 口 推 計 資 料 No.97
人口推計 －令和5年10月1日現在－

Population Estimates Series No.97
CURRENT POPULATION ESTIMATES AS OF OCTOBER 1, 2023

令和6年7月発行　　　　定価:3,300円（本体価格 3,000円 ＋ 税10%）
Issued in July 2024　　Price:3,300yen（3,000yen ＋ tax10%）
編集：　総 務 省 統 計 局

発 行　一般財団法人 日 本 統 計 協 会
Published by Japan Statistical Association
東京都新宿区百人町2丁目4番6号メイト新宿ビル内
Meito Shinjuku Bldg, 2-4-6, Hyakunincho, Shinjuku-ku,
Tokyo, 169-0073
T E L：(03)5332-3151　F A X：(03)5389-0691
E-mail ：jsa@jstat.or.jp
振　　替：00120-4-1944
印　　刷:名取印刷工業有限会社

ISBN978-4-8223-4228-9　　C0033　　¥3000E